4185 84 sc. a

HISTOIRE NATURELLE DE L'UNIVERS,

DANS LAQUELLE ON RAPPORTE des Raisons Physiques, sur les Effets les plus curieux, & les plus extraordinaires de la Nature.

Enrichie de Figures en Taille-douce.

Par Monsieur COLONNE Gentilhomme Romain.

TOME SECOND.

A PARIS,
Chez ANDRÉ CAILLEAU, Quay des Augustins, au coin de la ruë Gist-le-Cœur, à S. André.

M. DCC. XXXIV.
Avec Approbation & Privilege du Roy.

De la bibliothèque de Crozat

HISTOIRE NATURELLE DE L'UNIVERS.

✣✣✣✣✣✣✣✣✣✣✣✣✣✣✣✣✣✣✣✣✣✣

SUITE DE LA SECONDE PARTIE.

CHAPITRE V.

Des Termes, ou Eaux chaudes.

OUR une plus grande démonstration des feux que la terre renferme dans son sein, je crois à propos de proposer la considération des eaux chaudes, que l'on voit dans tous les pays du monde, qui sont, je crois, échauffées (du moins une bonne partie) par ces feux soûterreins.

Je sçais qu'il y a des Auteurs qui préten-

Tome II. A

dent que cette chaleur vient de ce que ces eaux paſſent à travers des terres minérales, pleines de ſoulphre & de métaux, avec leſquels les eaux fermentent, & en acquierent la chaleur qu'elles font paroître. De nos temps un ſçavant Medecin, qui a fait un Traité des eaux de Spa, attribuë la chaleur de toutes les eaux minérales à cette fermentation. » L'experience, dit-il, for-
» tifie cette opinion ; car ſi l'on met une
» grande quantité de ſoulphre pilé avec
» égale partie de fer en limaille, & que
» l'humectant avec de l'eau on expoſe à
» l'air cette compoſition, il s'y fait une
» ſi forte fermentation, que ſouvent cette
» pâte s'enflâme. Ce qui arrive, à mon
» avis, de ce que le feu ſulphureux, qui
» eſt dans le métal & dans le ſoulphre étant
» dégagé par l'eau & par l'air qui ouvre
» les pores de ces mineraux, le feu interieur
» ſe manifeſte par le mouvement & par
» la chaleur. Mais je ne ſçais ſi par cette
» experience particuliere du fer & du ſoul-
» phre, ajoûte-t-il encore, on peut con-
» clure l'effet de toutes les eaux chaudes
» qui coulent ſur la terre. Cela pourroit
» donner quelque ſoupçon, ſeulement pour
» les eaux qui paſſent à travers des mines
» de fer, d'autant que l'on ne voit pas
» que le ſoulphre ſeul, ni mêlé avec les

» autres métaux, produise cette fermenta-
» tion, étant arrosé avec l'eau. Il faut
» d'ailleurs que l'air y concoure, sans le-
» quel le feu & la chaleur ne se produisent
» pas, comme l'experience l'enseigne, &c.

Cet habile homme touche la difficulté :
car en effet, cela peut arriver dans les mines de fer, & non ailleurs. Nous avons
même plusieurs eaux ferrugineuses qui passent à travers des mines de fer, qui ne
sont point chaudes, comme sont entr'autres celles de Forges, & auprès de Paris
celles de Chaillot qui sont froides, quoiqu'elles passent visiblement dans des mines de fer. La nature donc peut produire
quelquefois la chaleur des eaux par la fermentation précedente, parce qu'elle produit le même effet en diverses maniéres,
& suivant les diverses circonstances : mais
il me paroît mal à propos de réduire la
chaleur de toutes les eaux chaudes à cette
fermentation, quand nous avons des feux
visibles qui les échauffent. Dira-t-on, par
exemple, que les eaux que nous avons vû
que le Mont-Ecla jette de son gouffre, ou
qui coulent sur le dos de cette montagne
pleine de feu visible, soient échauffées par
la fermentation, ou par un feu effectif ?
Dira-t-on, que les eaux boüillantes du
champ de Phlegre, près de Pozzolo, boüil-

lent par la simple fermentation, lorsqu'on y voit un feu réel & effectif, qui est une branche de celui qui sort par le Vesuve. Et d'autant que ce lieu est digne de remarque, je crois à propos de faire la description de ce champ tel qu'il est à present, on y verra ce mélange du feu & de l'eau, & comme un abregé des merveilles les plus étonnantes de la nature.

*Il y a à deux lieuës de Pozzolo une petite vallée ovale, de l'étenduë de trois ou quatre milles, large d'environ trois; elle est environnée de plusieurs petites montagnes, des racines & du milieu desquelles sortent par plusieurs fentes (horrible spectacle) quantité de flammes ou de fumées soulphreuses.

Ce sont apparemment ces collines que la fable appelle Geants, jettant feu, & lesquels avoient été surmontez par Hercule en les traversant. Elles paroissent blanches de loin, comme si elles étoient couvertes

---

* J'ai suivi dans cette Rélation ce qu'un Ami m'écrivoit à ce sujet, aussi-bien qu'Henri Bacco Allemand & Cesar Engennius dans la description du Royaume de Naples, qui se rapportent dans toutes les circonstances, quoique ces deux derniers donnent la moitié moins de grandeur à cette Vallée.

de neige; mais de près on voit que c'est du soulphre, qui est encore en plus grande quantité dans leur interieur. C'est vraisemblablement l'aliment de la flamme & des fumées puantes qui sortent de ces fentes, dont tous les environs sont empuantis, & qui par les vents sont portez souvent jusqu'à Naples. En marchant sur la terre de ces champs, on l'entend retentir comme une voûte; & de fait elle l'est aussi, car le dedans est plein d'une eau ardente & boüillonnante, qui avec beaucoup de bruit & de mugissemens se fait entendre en plusieurs endroits par où elle parcourt dans ces antres soûterrains. Ces fleuves enflammez sont le Cocite & le Phlegeton par où l'on passoit aux Enfers, tant célebrez par les Poëtes. Ils ne sont pas si cachez qu'ils ne se fassent connoître visiblement; car sur la superficie de cette voûte on voit une quantité incroyable de trous, que Bacco & Engennius, font monter au nombre de 2000. qui correspondent à ces fleuves de feu, qu'on voit même quelquefois. C'est une chose horrible d'entendre le siflement & le mugissement des vapeurs renfermées au dedans, qui parcourant de tous côtez, sortent par ces trous en forme d'une fumée épaisse, qui paroît souvent la nuit mêlée de flammes. Ce-

A iij

pendant la nature de ce feu eſt ſi benigne, qu'au lieu de brûler un linge qu'on y approche, il l'humecte & le moüille. Merveille qui paroîtra incroyable à ceux qui ne feront pas reflexion, que ce feu eſt mêlé avec une ſi grande quantité de vapeurs d'eau, qu'il ne peut qu'humecter, au lieu de brûler. De même que ce qu'on voit arriver à un linge moüillé dans l'eau-de-vie, qui brûle ſans qu'il en ſoit offenſé, parce que le phlegme de l'eau-de-vie le défend de la combuſtion. Ces eaux neanmoins ſont de telle nature, qu'un animal y étant mis dedans, en peu de tems la chair en eſt conſumée ſans qu'il en reſte que le ſquelette ; ce qui arrive ſans doute, par raport à ce que ces eaux étant pleines de l'eſprit de ſoulphre, qui eſt une eſpéce d'eau forte, cet eſprit diſſipe la chair en petites parcelles, & inviſibles. Si l'on met une plume ou quelqu'autre nature legere ſur ces trous, la violence de l'exhalaiſon la chaſſe en l'air & la fait ſauter comme une balle. Preſque au milieu de ce terrible & flamboyant amphitheatre de ces eaux brûlantes, il y a un petit lac noir comme de l'ancre, & dont les bords ſont toûjours environnez d'une écume épaiſſe & boueuſe comme de la poix fonduë. Ce ſont les noires ondes du fameux lac d'Averne, que les dieux prenoient à témoins de leurs fermens, & ils en retiennent encore le nom. Quoique l'eau en paroisse si noire, cependant étant tirée dans un vase, elle est fort claire, ce qui vient apparamment de ce que ce petit lac est d'une profondeur extrême, & qu'il ne reflechit pas la lumiére, qui se perd dans cet abîme, dont en plusieurs lieux on ne trouve pas le fonds; ce qui joint au limon impur qui est au-tour de ses bords, peut être la cause de ce qu'il paroît si noir. Il est merveilleux, que quoique ce lac soit aussi profond, il ne laisse pas pourtant de boüillir: mais ce qui pourroit étonner, c'est que quoique d'ordinaire il n'ait qu'un boüillonnement fort leger, il y a des jours qu'il élance ses eaux vers le ciel à la hauteur de 15 & 20 pieds, comme une fontaine jaillissante; ce qui n'arrive que lorsque la mer, qui n'en est loin que de deux ou trois milles, est agitée & tempêtueuse; & à proportion de sa fureur, les eaux du lac s'élancent plus ou moins haut; car lorsque la mer est tranquille, le lac n'a que son boüillonnement ordinaire: marque assez évidente qu'ils ont communication ensemble par des canaux soûterrains, par où les eaux de la mer passent sous ces voûtes ardentes, dont on a parlé ci-dessus; & où l'eau s'échauffe aussi-bien que les autres des

A iiij

environs, & dont ce lac peut être l'origine par son épanchement.

Il y a proche ce lac l'antre de la Sibille, qui descend sous terre, où l'on voit sa chambre, ses bains, & qui alloit autrefois jusqu'à Cumes, où est l'autre ouverture de cet antre si renommé. On y entre par un passage étroit & embarrassé de ronces & d'épines : sa largeur est environ de dix pieds, sur douze de haut ; on ne pénètre à présent que jusqu'à 230 pas, la continuation en étant empêchée par la terre qui s'est affaissée à cette distance ; on s'y baigne encore aujourd'hui : cette grotte & plusieurs autres choses sont à peu près de même, comme Virgile les a chantées. Ce lieu si horrible n'est aucunement nuisible, ni contraire à la santé, au contraire, son air est fort salutaire ; & ceux qui sont attaqués de maladies froides, ou d'indisposition du poûmon, viennent y demeurer au Printemps, & se trouvent ordinairement fort soulagés. On assure qu'en recevant dans les oreilles la fumée qui sort de ces trous, on guérit souvent de la surdité ; & les paysans des environs y trouvent de quoi gagner leur vie, par le soulphre & le vitriol qu'ils recueïllent dans ces lieux.

Dion Cassius, dans la vie d'Auguste, veut que cette plaine ait été autrefois une grande montagne, qui s'élevoit au-dessus des autres collines qui étoient à ses pieds, & que les feux & les tremblemens l'ont reduite en une vallée telle que nous l'avons representée. Tous les environs du pays sont remplis de differens bains chauds, & de plusieurs autres choses curieuses. Ce n'est pas une des moindres que celle laquel'on voit à 300 pas delà, où étoit autrefois le fameux lac Lucrin, tant celebré par les anciens & les modernes pour son excellent poisson, qui est à present une montagne qu'un tremblement de terre éleva en 1538. & dont j'ai fait l'histoire dans le chapitre des montagnes; on la montre aux voyageurs comme un miracle qu'on ne croiroit pas dans Pline s'il le contoit, aussi-bien que d'autres choses de cette nature, qui n'ont rien de prodigieux, après avoir vû qu'au milieu de la mer le feu soûterrain a formé des Isles; à plus forte raison en un lieu, où la terre est visiblement pleine de feux.

En traversant ces collines brûlantes, on passe par le lac d'Agnano, ou de S. Germain, qui est à present un vilain marais, dans lequel la mer entroit autrefois par un canal qu'on y avoit fait à force de mains. Proche de ce marais il y a des étuves dont la chaleur vient du feu soûterrain, qui fait suer bien-fort ceux qui y vont pour guérir de la goutte & de plusieurs autres maladies. A la droite du marais, on voit quelque chose de plus merveilleux que tout cela, c'est ce qu'on apelle *Grotta del Cane*, la grotte du Chien, parce qu'on se sert ordinairement d'un chien pour en faire l'experience. Charles VIII. Roi de France la fit faire sur un âne, qui mourut peu après. Cette grotte a environ 13 pieds de longueur, sur six de largeur & sept de hauteur. Elle est chaude comme une étuve, & Pline dit, qu'on l'appelloit l'antre de Caron, *mortiferum spiritum exhalans*. Quand on veüt faire l'experience, l'homme qui est le gardien de cette grotte entre dedans, il se baisse & s'agenoüille peu à peu, tenant toûjours la tête droite; il s'asseoit sur ses talons, de maniere que ses mains puissent toucher la terre. Alors il empoigne un chien par les quatre pattes, & le couche promptement sur le côté contre terre: à l'instant même cet animal entre en convulsion, il tourne les yeux, il tire la langue, il s'allonge sans crier, il se roidit, & celui qui le tient le jette comme mort hors de la caverne; on le met incontinent dans le lac, qui n'est qu'à vingt pas de là, en moins d'une minute il reprend ses esprits, il sort de l'eau en nageant, il court, il crie, comme en exprimant la joye qu'il a de se voir délivré. Sans doute que l'eau dissipe la vapeur qui étoit montée au cerveau, & qui étant fort grossiere & terrestre peut être dissipée par l'eau, de la même maniere qu'on la dissipe souvent en prenant un air frais & meilleur. En un mot, tout animal qu'on y puisse mettre meurt en peu de tems, aussi-bien que les hommes ; car nous lisons que Dom Pierre de Tolede, Vice-Roi de Naples, y fit entrer deux Esclaves (sans doute condamnez à mort) qui y perdirent la vie en peu de momens, si violente est la vapeur qui sort de la terre de cette grotte : il est à remarquer que cette vapeur n'est dangereuse qu'à un pied ou demi pied de terre, & qu'étant debout, elle ne fait pas grand mal.

Avant de quitter cette grotte, je crois que je ferai plaisir au Lecteur de rapporter quelques experiences nouvelles qu'on y a faites, & surtout les raisons que rendent (quoique contraires) deux Sçavans de nos jours sur la cause de l'effet de cette grotte.

1°. L'experience ordinaire comme nous l'avons dit, c'est que l'on prend un chien, & lui tenant le nez dans la vapeur *qui ne monte pas plus haut* qu'environ un pied, il meurt, ou pour mieux dire, il reste comme mort en peu de tems : mais en le retirant & le plongeant dans le lac, ou le laiſſant à l'air, il revient peu à peu.

2°. Un flambeau s'éteint dans un moment, quand on le met dans la vapeur.

3°. Un piſtolet n'y peut tirer.

4°. Monſieur Addiſſon, non content de ces experiences, prit un roſeau, & l'ayant fendu il mit dans le tuyau une traînée de poudre, enſorte qu'un bout étoit dans la vapeur & l'autre au-deſſus, & ayant mis le feu au bout ſuperieur, l'autre bout s'enflamma auſſi. Il réitera cette experience deux ou trois fois, pour voir s'il pouvoit diſſiper tout à fait la vapeur, ce qu'il fit de telle ſorte qu'après il pouvoit tirer le piſtolet à l'ordinaire. Il obſerva combien de tems un chien étoit à mourir quand on le tenoit dans cette vapeur, & combien il étoit à revenir quand on le tiroit aſſez-tôt pour cela, & il n'y trouva aucune difference ſenſible. Une vipere ſouffrit la vapeur neuf minutes pour la premiere fois & dix pour la ſeconde; on la reprit la premiere fois, & elle attira alors une ſi grande quantité d'air dans ſes poûmons, qu'elle en devint deux fois plus groſſe qu'auparavant, & peut-être que ce fût ce qui la fit vivre plus long-tems la ſeconde fois.

Le Docteur Connort a compoſé & prononcé dans une des Academies de Rome un discours sur ce sujet. * Il attribuë cet effet de la mort de ces animaux & l'extinction des lumieres, à la rarefaction de l'air, produite par la chaleur de la grotte & par l'irruption violente de la fumée.

Mais comment est-il possible (demande M. Addisson) que la fumée pour grande qu'elle soit puisse resister au pressement de tout l'Atmosphere. Quant à la chaleur, il remarque qu'elle n'est pas considerable; Quoi qu'il en soit, voulant se satisfaire davantage, il mit dans la fumée de la vapeur une phiole, bien mince & bouchée avec de la cire; cette phiole auroit assurement crevé dans un air assés rarefié pour tuer un chien, ou pour éteindre un flambeau, mais il n'arriva rien de tel: enfin pour lever toute difficulté, il emprunta un barométre, qu'il attacha de maniére dans la grotte que la boule étoit tout-à-fait couverte de la vapeur, elle y demeura demi-heure, sans que le vif-argent descendît. On supose généralement, que cette vapeur est sulfureuse; mais M. Addisson dit, que cette supposition n'a aucun fondement, car lors qu'on a mis la main

---

* Imprimé en Angleterre.

dans cette vapeur & qu'on la flaire elle n'a aucune odeur. (Elle devroit même, à mon avis, s'enflammer quand on y met une chandelle, & non pas l'éteindre.) Il ajoûte qu'ayant tenu dans la même vapeur un paquet d'allumettes où il avoit mis le feu, elles s'éteignirent en un instant, comme si on les avoit plongées dans l'eau. Notre Voyageur suppose que cette vapeur est gluante & visqueuse, & par cela on trouve le moyen de rendre raison de tout ce qui se passe dans la grotte ; car d'un côté l'onctuosité épaisse rend pésante cette vapeur & incapable de monter plus haut. Et de l'autre, la chaleur de la terre est suffisante pour l'agiter & la soûtenir à cette hauteur, autrement il faudroit bien plus de force & de chaleur pour rarefier & dissiper la vapeur. " Cette vapeur, dit-il,
" sera trop épaisse pour tenir les poûmons
" en mouvement pendant quelque tems,
" & les animaux y mourront plûtôt ou
" plustard, selon que leur sang circule plus
" ou moins vîte. Le feu n'y durera pas
" plus que dans l'eau, parce que la va-
" peur s'enveloppant de la même maniére
" autour de la flamme, elle empêche
" l'air d'y arriver. Les parties en sont plus
" liées que celles des liqueurs, & pour

cela elles font affés tenuës pour ne pas "
arrêter le feu qui a une fois pris à une "
traînée de poudre ; c'eſt pourquoi elles "
peuvent être tout-à-fait rompuës & diffi- "
pées par la repetition de cette experience. "
Il y a une vapeur onĉteuſe qui fort du "
ſur-moût des raiſins, quand ils font pref- "
ſez dans une cuve, qui éteint la lumiére "
qu'on y met. Peut-être auſſi qu'elle feroit "
perdre haleine aux plus foibles animaux "
ſi on en faiſoit l'épreuve, &c. „

En effet, il y a plus d'apparence que tout
cela ſe produiſe par l'épaiſſeur de l'air,
comme le dit notre Auteur, que par la
prétenduë rarefaction du Docteur Connort,
qui a été néanmoins fort applaudie.

Cependant je confidere que par des principes directement oppoſés, on peut rendre raiſon des effets de cette grotte, &
même qu'il ſe peut que la cauſe ne ſoit
pas prouvée ni par l'une ni par l'autre de
ces raiſons. Ce qui me perſuade de plus
en plus la miſere de notre eſprit, qui ne
pouvant juger que par les ſens, ne peut
rien aſſurer de certain, & je me confirme
en partie ſur ce que j'ai dit au commencement de mon ouvrage des opinions des
Philoſophes : *Que les ſiſtêmes de Philoſo-*
phie ſont des imaginations ingenieuſes, &
des lenitifs pour appaiſer cette démangeaiſon

que l'on a de sçavoir, plûtôt que des veritez certaines. Je crois que par cette raison les Sceptiques & les Pirroniens, qui sont des Sceptiques outrés, n'étoient pas si reprehensibles de douter de tout, non pas que je veüille dire qu'il faille laisser toûjours notre esprit vacillant, mais prenant un juste milieu, ne pas parler d'un ton si affirmatif & si présomptueux, que le font la plûpart des Dogmatistes, & surtout les Cartesiens, qui veulent qu'on croye tout ce qu'ils disent comme des articles de foi. Je croirois donc que sans ôter à l'esprit l'aliment qu'il desire, l'on peut se contenter de croire modestement que les raisons que je dis, ou que quelque autre peut encore mieux dire sur certains effets de la nature, sont fort probables, mais non pas si certaines, qu'il ne puisse pas y en avoir d'autres meilleures; qu'on doit sçavoir ce qu'on en peut dire, & sans s'obstiner dans son opinion, se contenter de ce qu'on conjecture, si l'on ne sçait pas la vérité certaine des choses qu'on desire de connoître.

Mais pour revenir où nous en étions, je dirai que quoique ces choses & autres semblables soient curieuses, parce qu'elles sont rares, cependant elles sont fort naturelles, quand on considere que la terre est pleine
de

de feux, qui parcourent dans ſes entrailles comme le ſang dans nos veines, & que ces feux font boüillir les eaux qui ſont au-deſſus d'eux, & envoyent des exhalaiſons terreſtres & ſoulphreuſes en certains endroits plus fortement qu'en certains autres; car les feux qui ſortent de l'Etna, du Veſuve, de Stromboli, & de ſemblables Volcans, ſont repandus en pluſieurs autres endroits, où ils produiſent la chaleur des eaux plus fortement que la prétenduë fermentation dont on a parlé, laquelle à la verité peut quelquefois, comme j'ai dit, produire un ſemblable effet. Mais, à mon avis, le plus commun eſt celui qui provient de ces feux, qui ſont ſans doute repandus dans la plus grande partie des terres de la Sicile, du Royaume de Naples & autres endroits de l'Italie. Pour commencer à donner une deſcription hiſtorique de ces eaux boüillantes, j'entrerai en matiére par la Sicile, qui a été appellée avec raiſon le Royaume & la demeure de Vulcain, & c'eſt en ce lieu où il ſemble que la nature ait aſſemblé ce qu'il y a de plus extraordinaire ſur ce ſujet.

Il y a une infinité d'endroits dans cette Iſle, particulierement au-tour de l'Etna & des campagnes voiſines, qui ſont remplis de ſources d'eaux acides, boüillantes

& soulphreuses. Et les lieux d'où elles sortent sont ordinairement accompagnés de flammes ou de fumées.

Il est vrai aussi que dans ces sortes d'eaux l'on y trouve ordinairement du soulphre, du vitriol, du bitume & d'autre matiere onctueuse, mais ce sont les alimens du feu qui est dans la terre. On y trouve aussi des cendres, des sels, des pierres-ponces, & autres pierres brûlées, avec des substances métalliques, car il n'y a point de mine métallique sans soulphre, comme on le verra en parlant des mineraux. Ce qui marque que c'est le feu qui brûle ces pierres & produit ces cendres, & c'est ce qui cause leur odeur forte & puante, & leurs couleurs differentes, blanches, brunes, sanguines, aussi-bien que leurs diverses proprietés, suivant le different mélange des matieres minerales, & selon qu'elles sont plus ou moins grossieres & spirituelles.

Au milieu de la Sicile il y a deux lacs fameux, l'un appellé *Pergufe*, autrefois de Proserpine, l'autre appellé *Melphiti*, & anciennement *Pelicorus*, éloignez l'un de l'autre d'environ une lieuë & demie, & qu'on croit avoir communication ensemble par des canaux soûterrains, aussi-bien qu'avec l'Etna, à cause que lorsqu'il vomit des flammes ils sont plus agités qu'à l'ordinaire : l'un & l'autre sont très-puans & pleins d'eau soulphreuse & bitumineuse, d'où les Siciliens tirent même du bitume, particulierement de celui de Pelicorus.

Ces eaux sont aussi pleines de cendres, de soulphre, & de la même odeur que le feu de l'Etna. Elles boüillonnent toûjours, s'élevant en l'air à la hauteur de plus de trois coudées, & souvent mêlées de flammes. C'est pourquoi les Poëtes feignirent que Pluton ayant fait ouvrir la terre pour enlever Proserpine, afin d'ôter tout soupçon de son enlevement il fit naître ces lacs ; les eaux qui en sortent par trois differens ruisseaux se precipitent aussi sous terre, à peu de distance de leur source, sans sçavoir où elles vont se rendre.

Plus loin, dans le Diocése de Palerme, il y a plusieurs bains soulphreux, célébres pour l'usage & la guérison de diverses maladies. Proche de Trapani, au pied du mont Erice, il y a une grande quantité d'eaux chaudes, de vertus différentes. La plufpart de celles-ci, quoique fort chaudes & soulphreuses, sont néanmoins bonnes à boire quand elles sont froides, parce qu'apparemment elles ne passent point à travers d'aucun sel, ni de la mine de feu, mais seulement par-

B ij

dessus la voûte de la fournaise ardente, & qu'elles n'en ont pris que la vapeur subtile & spiritueuse, qui s'exhale en se refroidissant. Il y a encore aujourd'hui trois bains depuis la mediocre chaleur jusqu'à la plus grande. A une portée de mousquet il y a un très-grand lac soulphreux, qui de tems en tems boüillonne fortement & jette des flammes : Il s'appelle à present *Gurgus*, & autrefois *Herbesus*, selon Solin. Proche le Cap de Ferro, on trouve la source fort boüillante & très-chaude, appellée *Rupi*, & en venant vers Girgenti (Agrigento) il y a un autre lac, ou plûtôt abîme dans lequel on ne trouve point de fond, dont les eaux soulphreuses & boüillantes s'élevent fort souvent au milieu à la hauteur d'une demi-pique, qu'on remarque quelquefois mêlées de flammes bleuâtres. En descendant vers le Cap Passaro [Pelore] il y a trois semblables lacs. Proche Catania & Siracuse plusieurs autres, où les Anciens avoient bâti de superbes Edifices, dont il reste encore quelques ruines dans les campagnes. Autour de l'Etna tout en est plein. Mais un des Termes le plus remarquable & le plus estimé, sont les eaux de saint *Calocero*, entre Auguste & Salentino [*Leontino*.] Au milieu de la haute montagne de saint Calocero, on trouve differentes cavernes en forme de labirinthe, dont quelques-unes ont tant de profondeur qu'elles donnent de l'épouvante, & de toutes lesquelles sort souvent un bruit épouvantable, causé apparemment par les vents exterieurs qui s'engouffrent dans ces lieux, & par les vapeurs des eaux chaudes. Il y a entr'autres un Antre d'une profondeur immense, duquel sortent plusieurs ruisseaux d'eau chaude, d'où s'élevent des vapeurs qui étant reçûës dans la partie superieure de cette grotte sont très-bonnes à plusieurs maladies, faisant suer ceux qui y demeurent. On y voit encore des siéges creusés dans le roc, qui sont un ouvrage de l'antiquité. Il y a aussi plusieurs trous d'où sortent ces vapeurs chaudes, excellentes pour la sourdité, maux de tête, foiblesse de nerfs, &c.

Dans le sommet de cette montagne il y a plusieurs sources de differentes eaux, & & entr'autres une très-claire, qui dans le moment qu'on la boit lâche le ventre. Ce qui arrive apparemment de ce qu'elle est chargée d'un sel très-subtil, pénetrant & incisif, qui pénetre & passe en un instant; de maniere que si on n'en sçait pas la vertu, on s'expose à la risée des gens, parce qu'elle ne donne pas le tems de se retirer. Je n'aurois jamais fini, si je voulois raconter toutes les proprietés differentes de ces eaux, & faire le récit de toutes celles qui sont en Sicile; cependant je ne laisserai pas de dire qu'entre la Sicile & l'Affrique on trouve l'Isle Pantalaria, dont la terre rouge est si chaude, qu'à peine ceux qui y marchent à pieds nuds en peuvent supporter la chaleur, qui est encore plus sensible en certains lieux où l'on creuse la terre. Ce qui est une marque évidente du feu interne qui se glisse à travers les mers, comme nous l'avons remarqué ci-devant.

Mais si nous repassons en Italie, qui pourra faire l'histoire de toutes les sources d'eaux chaudes dont elle est pleine? On ne voit autre chose dans la Calabre, car cette Province étant entre l'Etna & le Vesuve toute la campagne en est remplie, aussi-bien que celle qui est autour de Naples, qui n'est éloigné des campagnes de Phlegre que de deux ou trois lieuës.

Les eaux des Isles d'Ischia, de Procita, de Bayes, sont célebres pour les maux des yeux; celles qu'on nomme du Soleil, de la Lune, de l'Empereur, sont fort bonnes, entr'autres celle de Cantorelli est très-renommée, par la vertu qu'elle a de tirer le fer des blessures. Dans les champs de Luculle, il y en a une de couleur de lait, que cette eau peut acquerir en paſſant par quelque terre blanche comme eſt la craye, ou autre ſemblable, & ſe charger de ſes particules les plus déliées, ce qui la fait paroître blanche, & peut-être épaiſſe comme le lait.

En allant vers Pouſilipo dans les champs de Luculle, il y a auſſi deux fontaines, dont celle qui eſt à droite eſt claire, l'autre eſt de couleur de lait, par la même raiſon que je viens de dire. Mais ce qu'il y a de particulier, dit-on, c'eſt que l'hiver ces eaux ſont chaudes, & l'eſté aſſez fraîches; ce qui peut arriver comme à tous les puits, qui paroiſſent frais l'eſté, comparés à la chaleur de l'air, & chauds en hiver par la même comparaiſon. On peut dire auſſi que les pores de la terre étant plus reſſerrés en hiver, le feu qui les environne ne s'éxhale pas tant, & les échauffe davantage. Que ſi l'on joint les deux choſes enſemble, on trouvera peut-être la raiſon de ce qui paroît une choſe prodigieuſe, & qu'on exagére ſans doute un peu, comme il eſt ordinaire à la plûpart de ceux qui racontent des merveilles.

Les Bains de Ciceron ne ſont pas loin. Ils ont cela de particulier, qu'il y a deux grandes ſources d'eau à deux pas l'une de l'autre, dont la premiere eſt fort chaude, & l'autre fort froide, & l'on ſe ſert de l'une & de l'autre pour rendre l'eau du bain aussi chaude & aussi froide que l'on veut. Il faut remarquer qu'en allant sur la mer qui n'est qu'à un jet de pierre des étuves de Neron, si l'on en touche l'eau on la trouve fort chaude, & le sable qui est dessous est tout-à-fait brûlant, ce qui marque que dans ces lieux il y a une branche des feux qui sont à Phlegre, & qui sortent par la bouche du Vesuve. Et il est à croire que la fontaine chaude passe par-dessus ces feux, & que l'autre froide vient d'un lieu opposé ou éloigné de ces feux, quoiqu'elles se rendent l'une & l'autre dans le même endroit, & que pour cela elle conserve sa fraîcheur naturelle.

Il y a aussi à Bayes un bain dont les eaux s'enflamment si on en approche une chandelle. Ce qui marque qu'elles abondent en huile de Petreol & en esprits bitumineux, comme nous le verrons en parlant de ces sortes d'eaux, dont près de Cumes il y en a une Fontaine tout-à-fait semblable. En un mot dans tous les lieux où il y a des feux souterrains, comme on ne peut pas douter qu'il n'y en ait au-tour de Pozzole & aux environs de Naples, qui n'est qu'à trois lieuës de Pozzole, d'où il n'y a jusqu'au Vesuve que cinq ou six petites lieuës; dans tous ces endroits, dis-je, on trouve des
eaux,

eaux chaudes, & autres merveilles semblables à celles que nous venons de raconter.

J'interromprai un moment ma narration pour raconter un fait que le Pere du Tertre nous rapporte dans son Histoire des Antilles.

,, Il y a aux Antilles, dit-il, une mon-
,, tagne de soulphre qui apparemment brûle
,, dedans, car il en sort de l'eau très-boüil-
,, lante, laquelle ne perd pas sa chaleur,
,, quoique la mer la couvre quelquefois
,, [dans le flux,] mais on la voit sortir
,, toute chaude à gros boüillons à travers
,, les flots. A cent pas de cette grande fon-
,, taine, & à trois ou quatre de la mer,
,, il y a une mare, qui n'est qu'un recepta-
,, cle de plusieurs petites fontaines boüil-
,, lantes qui sont au-tour d'elle. Trois ou
,, quatre pas à l'entour de cette mare, la
,, terre y est chaude comme du feu. Il ne
,, faut que donner un coup ou deux de bê-
,, che pour voir fumer & entendre boüillir,
,, & jaillir une fontaine d'eau toute boüil-
,, lante. Un jour je pris plaisir à faire éva-
,, porer de cette eau dans un plat d'étain,
,, au fond duquel il y demeura l'épaisseur
,, d'une feüille de papier de soulphre vif,
,, auquel ayant mis le feu il brûla tout aussi-
tôt. ,, Cette experience peut confirmer dans l'opinion où je suis que la plûpart des Termes sont échauffez par des feux

Tome II. C

foûterrains, & que le foulphre eft l'aliment de ces feux.

Mais qui pourroit faire le détail de toutes les fources d'eau chaude dont le Royaume de Naples eft plein, & leurs diverfes proprietés, qui ont été célébrées tant par les Hiftoriens que par les Poëtes, à qui elles ont fourni matiére pour former leurs fables ingenieufes? Il faut remarquer auffi que quelques-unes qui étoient dans le territoire de Pozzole ont ceffé de couler, ou elles ont été defféichées par les incendies, par les tremblemens de terre & autres femblables accidens qui ont changé l'état de la terre de ces lieux.

C'eft ce qui fait que beaucoup de chofes qui étoient du tems de Pline ne font plus, & dans la fuite des tems il en arrivera de même des chofes dont je parle. Il eft à remarquer encore que prefque toutes les particularités que j'ai décrites, foit de Pozzole ou aux environs de Naples, font enfermées dans l'étenduë d'environ quinze lieuës de pays.

Cela me fait voir, que fi je voulois décrire en détail tous les Termes ou eaux chaudes, je ne dis pas qui font fur la terre, mais feulement en Italie, je me rendrois ennuyeux au Lecteur; c'eft pourquoi je ne ferai qu'en toucher legerement le nombre des plus fameuses & remarquables, & dire deux mots sur celles qui ont quelque vertu ou autre chose fort extraordinaire.

Nous avons vû celles qui ont quelque correspondance sensible avec le feu d'Etna ou du Vesuve. Voyons à present celles qui n'ont pas une communication si visible avec des feux soûterrains, si terribles, comme ceux de ces deux montagnes dont nous avons parlé.

Nous avons déja vû qu'autour de Florence & de Bologne, il y avoit quelques feux qui paroissoient foiblement dans les Appenins. Ces feux quoique foibles ne laissent pas d'échauffer les eaux qui courent dans le sein de la terre. Nous dirons à present qu'on compte dans l'Etrurie seule plus de quarante Termes fameux. Il y en a six dans les terres de Lucques, à *Florenzuole, Malapietra, Corsena, Des Ducs, S. Jean, la Ville.* Dans les terres de Pise trois, *Della Regina, Delle Aque, S. Juliano*; dans celles de Volterre, *S. Bagno del morto, Casciscotto, del Duca, Planitico, San Michele*, & plusieurs autres de moindre nom. Dans les terres de Sienne dix, *San Philippe, San Caschiano, Aque Borre, Bagno d'Avignone, Bagno, Balle, Clusino, Bagno Russellano, Bagno Rappolano, Bagno Saturnio, Bagno del monte Alceto.*

Dans le Latium, près de Viterbe, on trouve le petit lac de *Bullicana*, qui est d'une chaleur extrême, & dont j'ai vû les eaux boüillir plus fort que celles qui sont dans un chauderon sur un grand feu. Outre ce lac, il y a les Termes de *Baſſetto, Cruciano, de Palazzi, Caſtellino, di Caſtro, Bagno Reggio*, & un autre près du lac de *Vico*.

Près de Rome, sur le chemin de Tivoli, [*Tibur*,] il y a le grand lac qu'on appelle *La ſolpharata albula*, qui est d'une profondeur, ou pour mieux dire, où l'on ne trouve point de fond, qui abonde fort en soulphre, & dont les eaux pétrifient toutes les terres des environs, de laquelle vertu pétrifiante nous parlerons dans le chapitre des eaux extraordinaires. Je dirai seulemeut que ce lac sur sa superficie est aſſés froid, mais un peu au-dedans à la profondeur d'une pique les eaux sont si chaudes, qu'il n'y a point d'homme ou d'animal qui n'en soit brûlé & tué presque en un instant Ce qui vient apparemment de ce que la superficie de ce lac est rafraîchie par l'air, & que le feu qui l'échauffe est fort profond, puisqu'on ne trouve point la profondeur de ce lac. Je dirai au surplus, que c'est de cet endroit qu'Agrippa tira les eaux chaudes qu'il fit conduire dans les Termes magniques qu'il avoit fait bâtir auprès de Tivoli, & où Auguste alloit souvent pour sa santé. J'ai vû ce lac dont les exhalaisons sulphureuses & puantes se font sentir près d'un mille de loin. Il y a d'autres Termes aux environs, dont les Empereurs Romains avoient conduit les eaux dans cette capitale de l'Univers, & on voit encore les restes de ces superbes édifices, qui font bien sentir qu'ils sont l'ouvrage des Maîtres du monde, lesquelles eaux sont ou negligées ou oubliées, comme n'étant point propres à la guérison d'aucun mal, mais seulement bonnes pour la propreté & le luxe.

Dans l'Etat de Modene on ne manque pas de feux & de fumées sulphureuses. Proche de Reggio sont célébres les *Aquariennes*, & ensuite celles de *San Martino*, & de *Santa Maria*. Dans une petite étenduë il y a trois fontaines, celle de *S. Christophe*, de *Medile* & de *S. Martin*, de la nature desquelles Fallopius a écrit un Traité.

Dans les terres de Padouë & de Verone, celles d'*Aponotano*, *di Casanuova*, de *S. Pierre*, de *Montegrotti* [*Mons Egroti* ,] de *Monte Ostone*, & trois autres à une demi-lieuë, qui sont semblables à celles de Barges en France, mais il faut prendre garde de ne les point prendre trop chaudes.

Celles de *San Bartolomeo*, est de même, & celle de *Sainte Marie*, qui n'en est pas bien loin. Quoique ces eaux soient semblables & boueuses, néanmoins elles font un effet different, car les premieres desseichent & consolident, & celles-ci ramolissent assés bien.

En Allemagne on en compte près de cinquante, très-renommées, sans beaucoup d'autres de moindre nom. Il y en a neuf en Hongrie. En Pologne plusieurs. En Espagne plus de quarante, entre lesquelles les plus renommées sont *Las caldas del Rey* proche Tolede, *Hava Fons*, qui consume tout ce qu'on y met, & cependant ces eaux sont bonnes à boire, ce qui arrive à cause qu'étant boüillantes les sels qu'elles contiennent déchirent la chair, mais froides elles ne font point de mal à l'estomach, & au surplus, elles fertilisent les champs; & enfin celles de *Tralus* & de *Compostelle*. En Portugal il y en a huit. *La caldas de Obidos alvor*, & au tour du fleuve Mincio il y a plusieurs Termes d'eau chaude & boüillante. Il y en a aussi en Algarve, à Beira au Couvent de la *Foes*, & proche Conimbre *Las Fervenças*, dont les eaux abîment tout par où elles passent, & plusieurs autres.

Dans la Gréce il y en a un grand nombre, principalement dans la seule Isle de

Thermia, ainsi nommée par la quantité de Termes qu'elle contient. * Près de Bouno, à un Village appellé Capigli, il y a de Termes dont on ne peut supporter la chaleur. Ces bains sont assés bien ornés, & on s'y vient baigner : ils sont proche du Port. Au reste ceux qui sont curieux de connoître les noms & les proprietés de la plus grande partie des eaux chaudes connuës, n'auront qu'à consulter Vasconcellus, Baccius, Ruitz, Duval, & autres Auteurs qui en ont écrit au long, & qui ont fait l'Histoire particuliere de quelques Provinces ou Royaumes ; car je me rendrois trop ennuyeux si je voulois les décrire toutes.

Je ne parle pas de celles de France, qui sont en grand nombre, & très-connuës, comme celles du Mont d'Or, de Bourbon, & plusieurs autres.

Je ne puis cependant passer outre sans dire que les eaux d'Aix-la-Chapelle sont si sulphureuses, qu'on y a trouvé quelquefois des morceaux de soulphre qui nageoient dessus : elles dorerent le gobelet d'une personne qui avoit pris trois jours de suite les eaux dans un gobelet d'argent, comme si un Orfévre l'avoit doré. Les Capucins

(*) Whelers, voyage de Grece, & Tournefort.

de Plombiere ont dans leur jardin une fontaine tiede, d'où l'on tire des paillettes d'or ou dorées. A cette occasion M. Tauvri dit, que le pus qui sort des abcès de poitrine, dore souvent les instrumens des Chirurgiens.

Par le nombre de celles qui sont en Europe, on peut comprendre celles des autres parties du Monde; car dans les lieux où nous avons vû qu'il y a des Volcans, ces endroits en sont remplis, particulierement dans l'Amerique, où l'on ne peut pas aller un peu loin, qu'on n'en trouve quelques-unes dans son chemin. * Pierre d'Alvarado écrivant à son Général Cortés, après l'avoir informé d'un Volcan qui est dans le Mexique, duquel il lui mande qu'il sortoit des pierres aussi grosses qu'une maison, & d'un autre moindre, dont la fumée occupoit demi lieuë de tour: Il dit aussi qu'il trouva une Riviere considerable, dont les eaux qui coulent de cette montagne, à cause qu'elles puent le soulphre, sont si chaudes, que ses Soldats n'avoient pû la passer à gué, jusqu'à ce qu'il en eût trouvé une autre froide qui se déchargeoit dans celle-là, qui avoit facilité son passage. Au tour des Volcans du Perou on voit plusieurs

* Histoire du Mexique & des conquêtes de Cortés.

ruisseaux de cette nature. Vers le Chili les Historiens rapportent, qu'outre une grande quantité de lacs, on voit descendre de ces montagnes de feu, des rivieres entieres toutes boüillantes.

En un mot, c'est une regle générale & facile à comprendre, que dans les endroits où l'on voit des feux qui s'exhalent par ces affreuses bouches de montagnes, il y a aussi des eaux chaudes, qui reçoivent l'impression de l'élement près duquel elles passent.

Entre ces eaux chaudes, le grand lac de Potosi dans la vallée de Trapaye est fameux. Il est rond comme s'il étoit fait au compas; l'eau en est si chaude qu'on ne peut la souffrir que sur les bords, d'où on la dérive en ruisseaux pour faire moudre certains instrumens pour les mines, où sans cette eau on auroit de la peine à y travailler. Cependant il est remarquable que l'eau que l'on en dérive, ne diminuë point celle du lac, dont on verra la raison dans le chapitre suivant, en parlant de la pénétration des eaux, & de la formation des lacs. On voit ce lac qui boût dans le milieu, & cela avec une telle violence qu'on diroit qu'il veut sortir & s'épancher au dehors, comme un chauderon qui boût sur le feu.

Je ne parlerai point des eaux chaudes

d'Affrique, & de celles qui font dans les cavernes du Mont-Atlas, & autres lieux, d'autant que ce feroit abufer de la patience du Lecteur, & l'ennuyer en cas qu'il ne le foit déja; car par celles que nous avons décrites, qui font dans une partie de l'Europe, on peut fort bien comprendre que par-tout où il y a des Volcans, foit auprès, ou un peu loin, on trouvera des eaux chaudes.

C'eft ce qui me fait croire que la chaleur des eaux vient plûtôt des feux fur lefquels elles paffent, que de la fimple fermentation. Quoique, je le redis encore, il n'eft pas impoffible que cela n'arrive quelquefois, & ce d'autant plus, comme je l'ai dit, qu'on voit plufieurs eaux ferrugineufes, fulphureufes & vitrioliques qui font froides.

De maniére que je me tiens aux chofes vifibles pour la caufe générale, & je ne nie pas que la fermentation telle qu'on l'entend ne puiffe être quelquefois une caufe particuliére, parce qu'il eft certain que la nature a plufieurs moyens pour produire un même effet.

Ce que j'ai prétendu faire connoître dans ce Chapitre par la chaleur de ces eaux, c'eft que le feu eft répandu en plufieurs endroits de la terre, plus ou moins profondément.

Et que ces feux que l'on néglige d'obſerver peuvent être quelquefois la cauſe de grands effets, entre leſquels les plus terribles ſont ſans doute les tremblemens de terre, qui renverſent, & même quelquefois abîment dans les gouffres de la terre des Villes entieres. Deſquels effets on verra quelques exemples dans le cours de cette Hiſtoire, que je prie le Lecteur de remarquer à ce propos ; car pour faire que la terre tremble & qu'elle s'entr'ouvre, il faut une cauſe très-forte & convenable à l'effet.

CHAPITRE VI.

De la pénétration de l'eau dans le sein de la terre, & de la circulation de cet élement.

JE crois avoir montré par des expériences certaines que le Globe de la terre nourrit des feux dans son interieur, qui parcourent plus ou moins profondément dans son sein. Il nous faut voir à present qu'il en est à peu près de même de l'eau.

Nous remarquerons d'abord qu'il n'est pas douteux, car l'experience le confirme, que la terre est un amas de petits corps figurés qui ne se joignent pas parfaitement, & qui ne se touchant pas dans tous leurs points forment un tout poreux, par lesquels pores des particules plus petites peuvent pénetrer. Aussi voit-on que l'eau qui est formée, comme nous l'avons dit, de corpuscules plus subtils que ceux de la terre pénetre en peu de tems à travers, & que ne s'arrêtant pas sur sa superficie, elle passe outre & l'humecte aussi avant qu'elle peut la pénétrer, n'étant arrêtée que par quelque corps fort compacte, tel qu'est la pierre, ou par une terre déja humectée, & propre à former la pierre, comme est la *Glaise*, dont les particules humides bouchent déja les pores.

Cela étant, il est évident que la mer, les lacs, les rivieres & les autres eaux qui s'appuyent sur la terre, & particulierement la mer qui est l'assemblage des eaux, doivent pénétrer la terre dans tous les endroits où elle est pénétrable, & avec d'autant plus de facilité, que cet élement y est poussé par le tourbillon de l'air & de l'Ether, qui doit le chasser vers le centre, comme nous l'avons expliqué dans le traité du Mouvement.

Il est à remarquer aussi, que si cette eau de la mer, ou toute autre qui pénètre la terre, trouve quelque obstacle pour pénétrer jusqu'au centre, elle doit s'arrêter, ou être poussée par le poids & par l'effort de l'eau qui survient à reparoître hors de la terre dans les lieux où elle peut sortir, & quelquefois former des lacs & des rivieres.

Il faut observer encore que le Globe de la terre n'est pas un corps solide, comme plusieurs se l'imaginent, mais qu'il est plein de grottes profondes & de divers canaux, de maniere que l'eau peut couler par ces grandes fibres, (si j'ose me servir de ce terme,) & elle peut même s'arrêter dans quelque creux de la terre, & y former des lacs, & même de petites mers plus ou moins grandes, suivant la grandeur des lieux où elle est contrainte de s'arrêter.

Sénéque avoit conçu ces choses par le seul secours de son esprit, avant qu'elles fussent aussi-bien éclaircies qu'elles le sont aujourdhui. ,, Il faut concevoir, dit-il,
,, dans l'interieur de la terre à peu près ce
,, ce que nous voyons au-dessus d'elle,
,, tant à l'égard de la construction de ses
,, parties que des autres choses. Il faut com-
,, prendre qu'elle renferme des antres vastes,
,, des gouffres, des Cavernes tortueu-
,, ses & profondes, des rochers, des
,, plaines, des abîmes, & de grands
,, vuides, dans lesquels souvent des
,, Villes & des montagnes entieres se sont
,, abîmées, lorsque la terre s'est ou-
,, verte par les tremblemens; & de la mê-
,, me maniere que nous voyons couler en
,, certains lieux des ruisseaux & des rivie-
,, res sur sa superficie, en quelqu'autres en-
,, droits les vallées remplies par des lacs,
,, & en d'autres des assemblages d'eaux
,, qu'on appelle *Mers*, la même chose se
,, fait ainsi au-dedans d'icelle &c. L'Expérience nous a fait connoître que l'opinion de Sénéque est bien fondée.

Ces dispositions & autres semblables qui paroissent probables étant indiquées, il est question de les rendre sensibles par le récit de quelques histoires qui ne soient pas douteuses, & qui puissent nous faire voir que le dedans de ce Globe étant spongieux, & contenant plusieurs grandes cavités, il retient en soi beaucoup d'eau, & que cette eau en plusieurs endroits parcourt & circule dans son sein, produisant plusieurs effets dont on auroit peine à rendre raison sans cette connoissance, qui nous ayant été insinuée par * le Pere Kirker, il est juste de lui en faire honneur, quoique nous ne suivrons pas en tout les raisons qu'il prétend donner de certains effets.

Je dirai donc qu'il n'y a rien qui démontre mieux que la terre est presque par tout dans son interieur remplie d'eau, que de sçavoir par plusieurs histoires que quantité de Villes ayant été abîmées par des tremblemens terribles, à leur place il a paru des lacs très-profonds & fort grands. Pour ne pas même aller chercher dans la vieille histoire des faits qu'on pourroit revoquer en doute, il me suffira d'en raporter de notre tems qui confirmeront les anciens, parmi lesquels un des plus mémorables, est celui qui arriva dans la Calabre en 1638, dont

* In mundo sub terraneo.

le Pere Kirker a été témoin oculaire. Je ne ferai que traduire du latin en françois la relation de cet Auteur, qui est d'autant plus digne de croyance, qu'on ne peut pas en douter, d'autant que le Golphe voisin de la Mer retient encore le nom de St. Euphemie, qui étoit la Ville prochaine qui ne se trouve plus, & qui a été abîmée de la maniere que je vais le raconter, en abrégeant le plus que je pourrai, sans rien perdre néanmoins de ce qui nous importe.

„ En l'année 1638, je m'embarquai, (dit
„ le Pere Kirker) avec deux Religieux du
„ Tiers-Ordre, & deux autres Séculiers
„ sur une barque que nous avions loüée, &
„ nous nous mîmes en mer le 24 Mars pour
„ aller à Messine. Le même jour nous arri-
„ vâmes au Promontoire de Pelore de Si-
„ cile, où nous fûmes trois jours sans
„ pouvoir avancer, tant le vent & la Mer
„ étoient contraires, comme le Prologue
„ de la Tragedie future. Nous tentâmes
„ en vain d'avancer, mais nous fûmes
„ toujours repoussés. De maniere qu'étant
„ ennuyés nous résolûmes de prendre un
„ autre chemin. Ce jour-là, qui étoit le 27.
„ Mars, la Mer étoit plus agitée qu'à l'or-
„ dinaire, particulierement du côté de Scille
„ * dont on voyoit les tourbillons plus vio-
„ lens que de coûtume, de maniere que

non-

* Ecueïl si connu sur les côtes de Sicile.

„ non-seulement nous, mais les Mariniers
„ mêmes en étoient effrayés. Nous dres-
„ sâmes donc la prouë vers Malthe, afin
„ de prendre le vent qui nous pût mener
„ aux côtes de Calabre : mais étant arrivés
„ entre les Isles de Lipari & le Promontoi-
„ re-Vatican, ayant consideré attentivement
„ l'Etna & Stronguilo, je les vis vomir une
„ très-grande quantité de fumées, qui s'é-
„ tendant de tous côtés, nous ôtoient la
„ vûë, non-seulement des Isles de Lipari,
„ mais même de la Sicile. L'Horreur étoit
„ augmentée par des gémissemens que nous
„ entendions sous les eaux, avec une odeur
„ très-forte de souffre qui nous annonçoit quel-
„ que chose de fatal. Effrayés de ces présages qui
„ nous menaçoient de quelque grand danger,
„ je m'efforçois de persuader à nos Mari-
„ niers & à mes camarades de noûs éloi-
„ gner de Lipari, & de regagner le Pro-
„ montoire-Vatican, leur remontrant que
„ nous étions sur le point d'essuyer un très-
„ grand péril : car étant près de Stronguilo
„ nous ne le pouvions pas voir, & nous
„ n'entendions que des mugissemens, avec
„ une puanteur de souffre qu'il exhaloit.
„ De plus la Mer boüillonnoit comme de
„ l'eau qui est sur le feu, formant sur sa
„ superficie, des bubes & des ampoules
„ semblables, quoique le Ciel & l'air fus-

Tome II. D

„ sent d'ailleurs fort calmes. Ce qui nous
„ donnoit fort à penser à tous en voyant ces
„ signes extraordinaires. Ceux qui ont vû
„ un lac qui pendant qu'il pleut, forme
„ une infinité de bubes par les gouttes d'eau
„ qui frappent dessus, peuvent se représen-
„ ter la Mer qui paroissoit telle, quoique
„ le Ciel fut, comme je l'ai dit, assez se-
„ rain d'ailleurs. Etant déja près de Vatican
„ avec les mêmes Simptômes de la Mer,
„ cachant autant que je pouvois la peine
„ de mon cœur, je prédis tout haut à mes
„ compagnons qu'il arriveroit bien-tôt un
„ grand tremblement de terre, que je crai-
„ gnois même que les rochers de ce Cap
„ ne tombassent dans la Mer, & par cet-
„ te raison qu'il ne falloit pas trop en appro-
„ cher. En effet à peine deux heures s'é-
„ toient écoulées, qu'une partie de ce Cap
„ avec les maisons voisines tomberent dans
„ la Mer. En attendant nous avançâmes vers
„ Trapea, où enfin nous arrivâmes avec gran-
„ de joye sains & saufs: mais à peine étions-
„ nous arrivés à notre College, que voilà
„ tout à-coup un bruit soûterrain comme de
„ charettes courantes, avec un si terrible
„ tremblement de terre, que la montagne
„ voisine avec le College, & toutes les mai-
„ sons de la Ville paroissoient balancer & se

,, mouvoir de côté & d'autre. Et la terre
,, faifoit de fi grands foubrefauts fous nous,
,, que ne pouvant plus me tenir droit je me jet-
,, tai à terre, recommandant mon ame à Dieu.
,, Sans doute que ce fut par fa grace qu'il me
,, conferva la vie, me préfervant de la chu-
,, te des murs voifins qui m'auroient fans
,, doute écrafé. Dans le même tems un grand
,, bruit caufé par la chute des tuiles & de
,, quelques maifons augmentoient la frayeur.
,, Je ne fçavois plus en quel endroit me fau-
,, ver pour me garantir de la chute des mu-
,, railles, & de la crainte d'être englouti
,, par la terre. Néanmoins ayant repris
,, courage, je m'enfuis hors de la Ville, &
,, je me refugiai dans notre batteau. Chacun
,, des Habitans fe fauvoit de fon côté com-
,, me il pouvoit, autant que la frayeur le
,, lui permettoit. Le jour fuivant qui étoit
,, le Dimanche des Rameaux, nous reprî-
,, mes notre chemin la Mer étant toûjours
,, boüillonnante, & nous arrivâmes à Ro-
,, quette, où étant defcendus en une hôtelle-
,, rie près de la Mer, la Paroxifme de la ter-
,, re augmentant, nous jugeâmes plus à pro-
,, pos de retourner à notre Barque, où nous
,, eûmes quelque relâche & un peu de re-
,, pos : à peine y avions-nous été demi-heure,
,, que la terre étant plus furieufe que jamais,
,, nous vîmes que la maifon où nous nous

„ étions arrêtés fut réduite en un monceau de
„ gravas & de ruines; de quoi nous rendîmes
„ graces à Dieu, de nous avoir garantis de
„ ce danger par son inspiration. Cherchant
„ donc quelqu'endroit où nous pussions
„ être en sûreté & navigeant plus avant,
„ nous arrivâmes au Bourg de *Lo Pizo*, qui
„ est à moitié chemin entre Trapea & sainte
„ Euphemie, où nous esperions qu'étant
„ à l'abri des vents nous pourrions arriver
„ à cette derniere Ville: mais nous nous y
„ trouvâmes assés-tôt pour voir les tristes
„ ruines d'un grand nombre de maisons &
„ de Villages, & d'un autre côté la mer
„ boüillonnoit toûjours à l'ordinaire; nous
„ ne sçavions plus où nous tourner par la
„ crainte qui nous environnoit de tous cô-
„ tez. Cependant parmi tant de dangers,
„ regardant plus attentivement Stronguilo,
„ qui étoit éloigné d'environ 20 lieuës, je le
„ vis plus furieux que jamais, vomissant
„ feu & flammes avec de grands tourbillons
„ de fumée, ce qui faisoit trembler les
„ cœurs les plus assurés. Dans ce même tems
„ on entendit un bruit, comme de ton-
„ nerre éloigné, qui augmentoit de mo-
„ ment à autre sous nos pieds, où le trem-
„ blement se fit sentir avec tant de force,
„ que ne pouvant plus nous soûtenir, cha-
„ cun s'attacha aux arbrisseaux qu'il put ren-

» contrer pour se rafermir.
» Dans ce même moment il arriva une chose
» digne de mémoire éternelle, c'est que cet-
» te fameuse Ville qu'on appelloit Sainte
» Euphemie fut abîmée : elle étoit située à
» peu de distance du bord de la mer, sous
» la jurisdiction des Chevaliers de Malthe.
» Etant donc arrivez à Lopicium, à demi
» morts par les terribles secousses & sou-
» bresauts de la terre, rendant graces à
» Dieu, & regardant autour de nous les
» effets du paroxisme de la terre, nous re-
» marquâmes que l'endroit où étoit la ville
» de Sainte Euphemie paroissoit environné
» d'un broüillard fort épais ; ce qui nous
» parut extraordinaire, le ciel étant d'ail-
» leurs fort serein, & pour lors trois heu-
» res après midi : mais ce broüillard s'étant
» dissipé peu à peu, nous cherchâmes la
» Ville, & nous ne la trouvâmes plus, car
» il étoit né à sa place un lac très puant ;
» & ayant cherché quelqu'un qui pût nous
» dire ce qui en pouvoit être de plus cer-
» tain, nous ne trouvâmes personne. Les
» Mariniers étonnez & frappez de peur,
» ayant jetté leurs rames, implorerent à
» genoux la misericorde de Dieu, craignant
» le dernier jour du Jugement : enfin ayant
» repris courage, après la confession de leurs
» péchés, ils ramerent pour arriver au ri-

„ vage opposé de ce golphe, où étant des-
„ cendus, & cherchant quelqu'homme,
„ on ne trouva personne qu'un jeune Gar-
„ çon assis sur le rivage, qui nous parut à
„ demi mort de frayeur, auquel ayant de-
„ mandé ce qu'étoit devenuë la ville de Sain-
„ te Euphemie, il ne répondit non plus
„ qu'auroit fait un muet; le saisissement
„ où il étoit lui ayant lié la langue, de
„ maniere que par aucune caresse on ne put
„ rien arracher de sa bouche, & lui ayant
„ offert de quoi manger, il le refusa, nous
„ montrant seulement avec le doigt le lieu
„ où étoit autrefois la Ville, après quoi se
„ levant comme un desesperé, il s'enfuit
„ & s'alla cacher dans le bois prochain.
„ Quant à nous, ayant continué notre che-
„ min & passant par *Nicastre*, *Amantea*,
„ *Paula*, *Belvedere*, nous ne vîmes rien
„ autre chose pendant 200 milles, que des
„ cadavres horribles de Villes & de Vil-
„ lages, & des hommes pâles & défaits
„ errans dans les champs.

„ Enfin nous arrivâmes à Naples après un
„ voyage pénible & malheureux, ne pou-
„ vant assés remercier Dieu de nous avoir
„ conservé la vie; car sans la contrarieté des
„ vents, & les dangers qui nous arrêterent
„ en chemin, si nous étions arrivez un
„ jour plûtôt à Sainte Euphemie, où nous

„ devions nous arrêter pour des affaires que
„ nos Camarades y avoient, nous aurions
„ été engloutis comme les autres dans cet
„ abîme. Ce qui nous fait voir que sou-
„ vent les contrarietez qui s'opposent à
„ faire ce que nous voulons, sont pour
„ notre grand bien, & un effet de la Pro-
„ vidence misericordieuse de Dieu, qui vou-
„ lut nous conserver la vie pour l'employer
„ à son divin service, &c. „

Par ce recit, de la vérité duquel on ne peut pas douter, il est sensible que la terre a des gouffres dans son sein qui sont pleins d'eau, & celle-ci pouvoit venir aussi de la mer voisine, qui penetroit les pores de la terre & remplissoit ces cavernes soûterreines sur lesquelles, par malheur, la Ville étoit bâtie. Ce qui peut servir de preuve aux autres Histoires qui rapportent de semblables événemens.

Je ne repeterai point ici ce que j'ai rapporté au chapitre des feux soûterrains, que dans l'horrible tremblement de la Sicile en 1693. où quantité de Villes, de Bourgs & de Villages furent abîmés, qu'il parut en plusieurs endroits des lacs à leur place, & sur-tout à Catane, où il s'en est formé un de plus de quatre milles de tour. Mais vers la fin du siècle précedent y ayant eu plusieurs tremblemens de terre en Europe, nous avons eu des rélations certaines de trois autres endroits où se sont formez de semblables lacs par la subversion de quelques Villages : Un dans les confins de l'Ecosse & de l'Angleterre ; Un dans la Romagne, & un autre dans le Royaume de Naples.

Avant de passer outre je ferai remarquer que les lieux qui sont proches de quelques Volcans sont plus exposés aux tremblemens de terre, & aux tristes accidens qui s'ensuivent ; comme je crois l'avoir insinué dans la Relation de l'embrasement du Mont-Etna, dans lequel tant de Bourgs & de Villages furent abîmés. Aussi voit-on que la Ville de Naples qui est entre les feux du Vesuve & de Pozzolo, est souvent affligée par des tremblemens de terre ; ce qui est commun aussi à certains endroits du Japon, qui sont dans une semblable situation. Ce qui me porteroit à croire, que lorsque la matiére qui fait brûler ces Volcans est augmentée, ces feux soûterrains voulant alors se dilater, sont la cause principale des tremblemens de terre.

Je ne veux pas omettre de rapporter un fait où je me suis trouvé present en 1691, ou 1692. autant que je me puis souvenir du tems. Je logeois en compagnie du Doyen de la Chambre des Comptes &

avec

avec sa famille. Nous étions tous ensemble l'après-dîner dans une chambre à nous entretenir de choses differentes; les uns étoient assis, les autres debout: une Dame auprès de laquelle j'étois, me dit en riant de ne point faire branler la chaise où elle étoit assise, je l'assurai que je n'y touchois point. Mais d'autant qu'elle insistoit, & que je sentois moi-même un semblable ébranlement de chaise, & qu'au surplus une Brodeuse qui étoit proche d'une fenêtre s'écria: *Que le mur de la fenêtre alloit tomber*; je ne doutai plus que ce ne fût un tremblement de terre, quoiqu'à la verité il fût fort leger: cependant un Clepsidre qu'on essayoit pour en faire un Horloge d'eau, & qui étant pendu à un clou avoit la liberté d'aller & de venir, me donna lieu d'observer que se mouvant d'Orient en Occident il falloit dire que non-seulement l'endroit où nous étions, mais par conséquent le Globe de la terre avoit vacillé dans ce même sens: non pas que je veüille avancer que dans tous les tremblemens la terre fasse ce mouvement, mais je raconte ce fait sur lequel les Contemplatifs pourront réfléchir à loisir.

J'ajoûterai encore une autre particularité, c'est que ceux qui n'étoient point assis ne sentirent rien de ce petit tremblement, &

à peine vouloient-ils le croire sur le témoignage de la plus grande partie de la Compagnie, qui le sentit & le certifia.

Je ferai remarquer aussi, que ce tremblement commença vers l'Orient, ou Allemagne, & que dans l'espace de demi-heure, ou environ, il parcourut vers l'Occident, se faisant sentir en Angleterre environ trois quarts-d'heure après qu'on l'eut senti dans l'Orient; la mer qui est après l'Angleterre nous ayant caché le reste, ce qui est un mouvement semblable à celui que j'ai fait observer par le Clepsidre; de manière que Paris qui est loin de tous ces feux qui causent les tremblemens, ne le sentit que très-peu, & même il y a eu beaucoup de gens dans la Ville qui n'en sentirent rien, soit qu'ils fussent assis ou non.

Mais pour reprendre le fil de notre Histoire, je dirai qu'il y a en France dans la Province d'Auvergne une montagne sur laquelle est un lac, d'où sort une petite riviere; ce lac est d'une profondeur immense, excepté en certains endroits; & la tradition raporte qu'un Bourg qui étoit sur ce mont a été abîmé par un tremblement de terre, à la place duquel a paru le lac qu'on y voit présentement.

M. Ramazzini Professeur de Medecine à Modene, a trouvé si particulier que la ville de Modene ait l'avantage, qu'en quelque lieu que ce soit de cette Ville, & même à quelques milles au-tour de son enceinte, on ait la commodité de faire des puits toûjours pleins d'une eau très-pure, qu'il a cru en devoir faire une description particuliere. La voici.

„ Les Ouvriers qui travaillent à creuser
„ ces puits, ne trouvent d'*ordinaire*, jusqu'à
„ la profondeur de quatorze pieds, que
„ des pierres qui paroissent être les ruines
„ d'une ancienne Ville. Sous ces pierres la
„ terre est ferme & solide, mais en creu-
„ sant plus avant, elle est noire, maréca-
„ geuse & couverte de joncs, & de six en
„ six pieds de profondeur ils trouvent al-
„ ternativement des lits de terre noire, de
„ terre blanche, de joncs ou de craye, &
„ parmi la craye quantité de coquillages. Ils
„ y trouvent aussi des couches de feüilles &
„ des branches d'arbres de differentes espéces,
„ & même des arbres tous entiers, dont
„ les uns sont dans leur situation naturelle,
„ les autres sont couchez; le bois en est
„ fort tendre, tandis qu'il est sous terre,
„ mais au grand air il devient fort dur,
„ semblable en cela au corail: souvent ils
„ trouvent aussi des os, du fer, des char-
„ bons, &c. enfin quand ils sont arrivés
„ au dernier lit, qui est à soixante-trois

E ij

» pieds de profondeur, & qu'il faut percer
» pour donner passage à l'eau, la terre re-
» tentit sous leurs pieds, & ils entendent
» le murmure d'une eau courante: quelque-
» fois même, lorsqu'ils tardent trop à faire
» le trou, l'eau se fait elle-même un pas-
» sage & force la voûte qui est au-dessus
» d'elle. On a observé au milieu de l'hyver
» que le degré de chaleur est au fond de
» ces puits le même que dans la canicule
» dans tout le Modenois, & au contraire
» pendant l'Esté les Travailleurs y sentent un
» très-grand froid. Ils y ont aussi de la peine
» à respirer, & sont presque étouffés par
» les vapeurs qui en sortent, & qui étei-
» gnent les lumieres. Enfin on perce le fond
» jusqu'à la profondeur de cinq pieds, &
» aussitôt l'eau en sort avec une telle im-
» petuosité qu'en un moment le puits en
» est rempli. Si l'on veut sonder la pro-
» fondeur de l'eau, le plomb n'est nullement
» emporté par le courant, & l'on trouve
» le fond à peu près à la profondeur du
» trou que les Ouvriers ont fait. L'on a
» aussi observé que lorsque l'eau entre en
» quelque nouveau puits, les fontaines de
» la Ville cessent de couler pendant quel-
» que tems.

Voilà les principales observations de M. Ramazzini, dont il n'est pas aisé de rendre raison. Il est à croire que ces eaux viennent d'une riviere soûterraine; & il est certain qu'elles ne viennent pas d'une eau dormante : mais quelle riviere seroit-ce ? il faudroit qu'elle fût plus large que le Rhin, le Pô & le Danube, quoiqu'elle ne soit profonde que de deux pieds, au plus.

Quelle voûte ne faudroit-il pas pour soûtenir 63 pieds de terre dont elle est chargée? & comment une voûte de cinq pieds d'épaisseur formée par une terre sabloneuse auroit-elle cette force ? Dira-t-on que cette Riviere est partagée en plusieurs bras, & la voûte soûtenuë sur plusieurs colonnes ? mais l'experience semble prouver le contraire ; car les travailleurs ont toûjours trouvé un terrain uniforme, & jamais dissemblable. Après tout, je crois qu'il vaut mieux s'abstenir de deviner sur ce sujet, que d'avoir recours au Déluge, comme fait M. Ramazzini pour expliquer ce Phénomene. Son hipothése pourra paroître ingénieuse, mais jamais assés solide pour persuader.

L'on sçait que le fameux Guadiane d'Espagne s'abîme vers le milieu de sa course dans un gouffre, parcourant ainsi quelques lieuës sous terre, d'où il sort enfin plus riche d'eau qu'il n'y étoit entré ; marque évidente que ces cavernes par où il a passé étoient pleines d'eau. La terre qui eſt entre le trajet du lieu où il ſe perd & de celui où il renaît eſt fort abondante en pâturages, on y nourit un grand nombre de bétail. Ce qui donne occaſion de dire aux Eſpagnols qu'ils ont chez eux le plus beau & le plus merveilleux pont qui ſoit au monde, puiſqu'il n'a qu'une ſeule arche, & qu'il a pluſieurs lieuës de largeur, & qu'ils y peuvent faire paſſer plus de vingt mille hommes en bataille. Le Rhône en France ſe perd auſſi dans certains gouffres près de Greſſin d'où il ſort à quelque diſtance bien plus gros qu'auparavant. Le Niger qui parcourt plus de terre en Affrique que le Nil, ſe perd cinq ou ſix fois pendant ſa courſe, s'abîmant dans ces ſables ardens; cependant loin de perdre quelque choſe de ſes eaux, toutes les fois qu'il en ſort il reparoît plus gros & plus abondant en eau; ce qui dément ceux qui diſent qu'il ſe perd à cauſe des ſables mouvans de ce pays. Le grand fleuve Agmete qui paroît auprès de Maroc, ſe perd ſous terre pendant l'eſpace de dix lieuës, & après avoir parcouru par des chemins peut-être encore plus longs, il en ſort plus abondant qu'auparavant. Les deux grands fleuves Ghir & Zir, en paſſant par deux grandes vallées, forment deux lacs conſiderables de ce nom ſans en ſortir, ſe perdant dans les abîmes de ces lacs : mais la plus commune opinion des gens du pays est, que par des chemins soûterrains ils vont se rendre & former à quelques cent lieuës de là le grand lac de Nubie, dont l'origine est inconnuë, & qui donne naissance au grand fleuve de ce nom.

A peine le Nil a-t-il parcouru un quart de lieuë en sortant de ses deux grottes, qu'il se cache sous terre, & après y avoir couru quelque tems, il en sort bien plus gros qu'il n'y est entré. L'Vmoa dans la Laponie fait la même chose.

Le Tigre en fait autant, & à peine est-il sorti du Lac Arethuse, auquel il doit sa naissance, qu'il se perd au pied des montagnes Gordéennes, & il ne reparoît qu'en traversant les Marais Tesbites ; il se cache peu après de nouveau sous d'autres montagnes voisines, ce qu'il réitere encore pour la troisiéme fois, & dans tous ces trajets soûterrains il sort toûjours plus abondant en eau qu'il y reçoit, au lieu qu'il devroit en perdre s'il entroit dans un lieu sec. Le fleuve Arsanius l'imite en tout, aussi-bien que plusieurs autres fleuves de l'Asie, que j'obmets pour abréger.

L'Histoire Ameriquaine nous parle du grand fleuve des Andes, entre le Chili & le Perou, qui s'abîmant dans des précipices horribles va reparoître dans une vallée à plus de cent cinquante lieuës de diſtance, & on le reconnoît, dit-on, non-ſeulement à la couleur de ſes eaux, mais à pluſieurs autres choſes qu'il avoit englouties près du lieu où il s'abîme ; & entr'autres, on en vit ſortir une fois un batteau, que la violence de ſon courant avoit emportée dans ces gouffres; d'où l'on peut conjecturer la largeur de ces Antres, auſſi-bien que la longueur, par cet événement, puiſque ce batteau étoit quaſi entier & très peu gâté.

Après cela il ne faut pas s'étonner ſi l'amoureux Alphée ſe precipitant ſous terre dans l'Arcadie, pour ſuivre la cruelle & fugitive Arethuſe, vient par des routes obſcures & profondes au deſſous de la mer rendre ſes eaux dans la Sicile, auprès de Siracuſe, où il prend le nom de la Nimphe aimée, ayant donné occaſion par cette vérité aux Poëtes de former leurs agréables menſonges.

Ce n'eſt pas le ſeul Alphée qui court ſous la mer pour reparoître fort loin. Il y a un petit ruiſſeau de la Gréce, qui ſe perdant dans la terre paſſe par des conduits ſoûterrains ſous la mer & vient ſe rendre près d'un lieu appellé *Chio*, qui n'eſt pas éloigné de la Canée ; ce qu'on connoît à pluſieurs marques très-certaines & ſuperfués à dire. Le grand fleuve Lharath au Royaume d'Adel, n'arrive point jusqu'à la mer rouge où il avoit dressé son cours, mais il se perd par quantité de branches dans la terre, & il a le même sort que le Rhin; car ce dernier après avoir arrosé tant de fameuses villes de l'Allemagne & de la Hollande se divise en plusieurs branches, & se perd dans les sables près de Kampen, avant que d'offrir à l'Océan le tribut du peu d'eau qui lui reste, comme s'il étoit honteux de la pauvreté où il est réduit par les branches & les canaux qu'on en a séparés. Dans la Province de Surrey en Angleterre, la riviere de Mole se cache aussi sous terre, & un autre ruisseau dans la Province de Wilt. A la Chine dans la Province de Honam, la riviere de *Von* se cache dans la terre après avoir traversé la ville de *Li-en*, & elle n'en sort que bien loin, & après avoir couru sous terre l'espace de plusieurs lieuës. La riviere de *Ki* en fait de même, & en sortant forme le lac de Taye, qui donne naissance à la riviere de *Cy* Je dirai encore de plus, que le lac de Foquieu s'est formé à la place de la ville de Siun, qui abîma & forma ce lac, comme nous l'avons dit de la ville de Sainte Euphemie.

Mais pourquoi nous éloigner de l'Europe?

Les gens du Pays assurent qu'une partie du Danube se perd auprès de Bude, & que ses eaux perduës vont se rendre par des canaux soûterrains dans la vallée de Balanton, où elles forment le lac de ce nom, d'où sort la riviere de Scauriza, qui rend ensuite au même Danube les eaux qu'il lui avoit prêtées.

En France la riviere d'Aure s'étant jointe avec une autre va se perdre au pied du mont Calvin, & ne reparoît que fort loin pour aller se rendre dans la mer. La petite riviere d'Iton dans le Perche se perd entierement deux ou trois lieuës au-delà d'Evreux, & après avoir parcouru sous terre près d'une lieuë, elle reparoît tout d'un coup.

Je ne laisserai pas de faire remarquer que quand une riviere se perd en un lieu, & qu'elle surgit bien loin sans être reconnuë, elle peut paroître grosse dès sa source & porter batteau; & il n'est pas impossible que cet endroit qu'on appelle par excellence *La source*, qui est au delà d'Orleans, & qui porte des batteaux assés grands aussi-tôt qu'elle paroît au jour, ne prenne son origine de quelqu'unes de ces rivieres qui se perdent, ou bien de ces grands lacs qui se forment dans les grottes des montagnes, comme nous l'avons fait remarquer dans le chapitre des Inégalitez de la terre; & que ces eaux parcourant sous terre vont sortir en quelqu'endroit qu'on ignore, qui est peut-être fort éloigné, où elles forment des sources, des rivieres & d'autres lacs, même sur une montagne fort élevée, mais plus basse à l'égard de ce point de la terre qui est spherique ; comme on le voit dans la figure, * où l'eau qui est dans la caverne A. peut former un lac sur une montagne BB. quoiqu'elle soit plus haute que A. en comparaison.

Il y a un nombre de rivieres qui entrent dans des lacs, & qui les forment, sans qu'il paroisse qu'elles en sortent : il faut donc croire que ces rivieres se perdent par quelque canal qui est couvert de l'eau, & qu'elles vont peut-être reparoître ailleurs. Par exemple, un grand nombre de rivieres s'écoulent & forment le lac de Livadie dans la Gréce, & il est constant que depuis que ce lac reçoit tant d'eaux, il devroit avoir submergé la Beoce où il est situé, s'il ne se déchargeoit pas par des canaux soûterrains dans la mer de Negrepont. Et cette grande quantité d'eau qui s'écoule dans le canal de cette Isle, contribuë sans doute aux irregularités du flux & reflux de l'Euripe, qui a tant donné de peine aux Philosophes pour en trouver la cause ; mais com-

*Voyez la premiere Figure.

me nous en parlerons en particulier lorsque nous traiterons du flux & reflux de la mer, c'est assés que le Lecteur se ressouvienne de ce que nous allons dire de ce lac qui décharge ses eaux dans le canal de Negrepont. * Ce qui n'est pas douteux, comme le curieux Wheler, qui a examiné de près toutes les choses les plus curieuses de la Gréce nous le dit par ces paroles.

» Le lac Copais de Livadie est enfermé
» par des montagnes qui forment un cercle,
» quantité de rivieres s'y rendent, lesquelles
» avec les neiges fondues de ces montagnes
» qui descendent dans la vallée où est le lac,
» en feroient une mer, si la nature ou l'art,
» ou tous les deux ensemble n'eussent formé
» dans ces montagnes des cavernes, par où
» le lac dégorge dans la mer, sans quoi la
» Beoce seroit submergée. Les eaux, ajoû-
» te-t-il, tombent contre le mont Citronam
» ou de Talande, où toute leur chute sem-
» ble s'arrêter, mais ce n'est qu'un reser-
» voir, d'où elles se déchargent dans la
» mer d'Eubée. Du tems de Strabon elles
» avoient un passage visible, mais aujour-
» d'hui les eaux sont plus basses, & elles
» passent visiblement à travers la montagne
» qui est d'un roc très-dur. Le plus court

* Wheler & Spon. *Voyage de Gréce.*

» paſſage eſt au moins de deux lieues à tra-
» vers du roc. Il y a d'autres canaux encore
» par où l'eau paſſe, comme ſont ceux du
» mont Proos. On dit que ſous ces mon-
» tagnes il y a au moins cinquante de ces
» canaux ſoûterrains par où le lac ſe déchar-
» ge dans la mer. J'en ai vû moi-même
» plus de la moitié. Il y a des puits comme
» des regards faits pour netoyer ces canaux
» taillez dans le roc de plus de 150 pieds
» de haut : s'ils venoient à ſe boucher (com-
» me peut-être il arrivera quelque jour)
» la Beoce en ſeroit ſubmergée.

L'Auteur dit qu'il ne peut comprendre
comme cela s'eſt fait, & ſi c'eſt la nature ou
l'art, & dans ce dernier cas la dépenſe infinie, le tems, les hommes pour y travailler &c. Il rapporte, que ce lac deborde
ſouvent, ce qui peut arriver, à mon avis,
quand la mer eſt fort agitée par les vents
d'Eſt, qui repouſſent les eaux qui devroient
ſe dégorger dans la mer. ,, On ne ſçait
» pas, continue-t-il, ſi lorſque les Thebains
» floriſſoient ils ont aidé la nature par l'art,
» afin que les paſſages que l'eau même s'é-
» toit fait ne vinſſent à ſe remplir, &
» cauſer des inondations dans le pays, étant
» très probable que le déluge dont les Hiſ-
» toires parlent, qui eſt arrivé dans la Beoce,
» eſt venu de ce que ces eaux ne ſe dégor-

„ geoient pas dans la mer à cause des pas-
„ sages bouchés. Celui de Thessalie est ar-
„ rivé par un événement semblable ; car les
„ eaux d'un lac voisin de ce pays environné
„ de montagnes qui en formoient le bassin
„ ayant miné la terre elles firent ébouler
„ une de ces montagnes, & inonderent
„ tout d'un coup la Thessalie : il se forma
„ à la place du lac ainsi desséché cette dé-
„ licieuse vallée de Tempée, tant celebrée
„ & chantée par les Poëtes Grecs, &c. „

Il est donc visible que les eaux de tant
de rivieres qui entrent dans ce lac, vont
se décharger dans le canal de Négrepont,
où se forme l'Euripe, dont nous parlerons.
En attendant il est important de remarquer que quand les lacs dans lesquels entrent plusieurs rivieres sans en sortir, ne
croissent pas, il faut dire que les eaux trouvent quelque canal sous terre par où elles
peuvent se dégorger en un autre endroit;
étant impossible sans cela qu'un lac qui reçoit continuellement de l'eau ne croisse, &
qu'à la fin il ne déborde. Ainsi, je crois
qu'on peut conclure, ou du moins soupçonner, que ces eaux vont se décharger en
quelque endroit de la mer, après avoir
parcouru par des canaux soûterrains; ou
que si elles ne vont pas se rendre dans la
mer même, elles forment bien loin quel-

qu'autre riviere, ou quelque lac dont on ne connoît pas la source, ce qui arrive facilement quand ces eaux viennent s'écouler dans quelque vallée fort creuse de la terre. C'est peut-être de cette maniere que se forme le lac d'Albano près de Rome, car il est dans un fond environné de hautes collines. Ceux qui l'ont examiné remarquent que sa profondeur est fort inégale, & que dans certains endroits le plomb ne trouve point de fond où s'arrêter, & l'on sent qu'une espéce de courant l'emporte vers un certain endroit ; ce qui fait soupçonner que le lac a correspondance ou qu'il est peut-être formé par les eaux de celui de la Riccia, communiquant ensemble par quelque canal soûterrain, d'autant qu'ils ne sont éloignez l'un de l'autre que de quatre lieuës. Mais de maniére ou d'autre il est certain que ce lac reçoit ses eaux de quelqu'endroit, qui se communiquent à lui par sous terre. Il est arrivé une fois, au rapport de Tite-Live, qu'il en reçut une quantité si extraordinaire qu'il en déborda, ce que les Romains superstitieux mirent au nombre des prodiges : mais il est certain ou qu'il reçut une quantité nouvelle & extraordinaire d'eau, ou bien que des exhalaisons de feux soûterrains dilaterent si fort ces eaux qu'elles crûrent plus qu'à l'ordinaire, comme dans le flux de la mer, ou dans les grandes tempêtes par les causes dont nous parlerons.

Ce qui marque encore plus visiblement cette pénétration des eaux dans la terre, ce sont ces gouffres dans laquelle la mer s'abîme elle-même, non sans grand danger des Vaisseaux qui approchent des cercles que ces eaux font aux environs du gouffre. Parmi les plus fameux on compte Scille & Caribde, qui sont formez par des eaux qui s'engouffrent dans la terre & que le Pere Kirker a examinés de près : mais je ne sçais pas s'il a bien expliqué toutes les causes de ces lieux, fameux autrefois par les naufrages, & qu'à present les Mariniers du pays passent facilement & sans aucun danger.

Quant à ce que le Pere dit de la grande & de la petite Caribde qui est près de Tauromine, cela me paroît très-bon, en supposant qu'il y a un canal de communication de la grande à la petite Caribde, & ce canal, suivant son rapport, est très-connu, d'autant que ce qu'on jette en un certain tems dans la grande Caribde on le voit sortir par la petite.

Il ajoûte au-surplus, que les irregularités qui arrivent à ces deux gouffres viennent du flux & reflux de la mer, & des vents du Sud-Est qui poussent les eaux de ce détroit,
où

où ces gouffres sont situés, vers la partie opposée; comme-aussi du fond de la mer, & de quelques autres causes semblables qu'il rapporte.

Le Pere fait remarquer aussi, que ces gouffres ou Sirtes ne sont pas toûjours également dangereux, mais plus ou moins, suivant les divers courans de la mer & des vents qui souflent; & que les Mariniers de cette mer, en prenant le tems convenable, tant de la Lune, comme du flux & reflux, (notez ce flux & reflux) passent, quoiqu'avec quelque peine, sans aucun danger d'un endroit à l'autre.

Tout cela est apparent, & la grande quantité d'écüeils qu'il suppose avec vraisemblance dans le fond de cette Mer rendent encore ces courans plus compliqués & plus mal-aisés à passer à ceux qui n'ont point d'experience du lieu. Avec tout cela neanmoins il semble que la cause de cet effet n'est pas assez claire, & que le Pere luimême n'en n'aïant pas une lumiere qui le satisfist, défie de dire mieux. Mais cependant ce n'est pas une raison, car quoique l'on ne puisse peut-être pas mieux rencontrer, ce n'est pas à dire pour cela que sa conjecture soit parfaitement bonne.

Ce que je crois, c'est qu'il a dit beaucoup de bonnes choses, mais qu'il en reste encore quelqu'une à éclaircir, que les Mariniers du païs, s'ils étoient bons Philosophes, diroient mieux que les autres; car aïant l'experience sûre de leur côté il leur seroit sans doute plus facile de trouver la raison de cette experience, s'ils en étoient aussi curieux que ceux qui ne l'ont pas. Je veux dire qu'il reste peut-être encore quelque chose à découvrir sur ces fameux gouffres.

Sa pensée me paroît plus probable & moins douteuse sur ce qu'il dit du Gouffre de Malestron aux côtes de Norvege, qu'on croit avoir communication souterraine avec celui qui est dans le Golphe de Botnie en Suede, parce que tout ce que le Gouffre de Malestron avalle, celui de Botnie le rejette; & on a vû plus d'une fois, dit-on, que les planches & autres choses semblables que le Gouffre de Norvege avoit englouties, l'autre les rejettoit. C'est ce qui fait conjecturer qu'entre les deux il y a une veritable communication, quoiqu'il faille pour la faire, un Canal souterrain de plus de 120. lieües, ce qui ne doit point paroître impossible, tant parce que nous avons vû des Rivieres qui se perdant alloient surgir encore plus loin, comme aussi parce que nous en verrons plusieurs autres non moins éloignées. L'ingenieux Kirker suppose avec beaucoup de vraisemblance, pour rendre raison de cet effet, que le canal de communication de ces deux Gouffres est en quelque maniere semblable à un Siphon, comme il paroît dans la figure, * dont l'ouverture A est celle qui est en Norvege, & B l'ouverture qui est dans le Golphe de Botnie, lesquelles branches sont à peu près paralleles. Lors donc que les marées croissent du côté de Norvege A. les eaux montent, & le Siphon perdant l'équilibre, elles sont poussées & coulent vers le Golphe de Botnie B. car le flux les pousse & par consequent vers l'ouverture qui est de ce côté-là, qui n'aïant qu'un flux leger ne peut pas empêcher de les augmenter. Mais quand les Marées fortes de l'Ocean cessent, l'eau qui a été poussée dans le Siphon de la Botnie, ne trouvant plus d'obstacle du côté de la Norvege, par son propre poids elle reflue vers Malestron qui apparemment est un peu plus bas que les rivages de Suede, & elle s'en retourne au lieu d'où elle étoit venuë; & c'est à peu près de même (à mon avis) que l'on doit concevoir que font les deux Gouffres de Scille & Caribde.

Il y a une grande quantité de ces Gouffres dans la Mer, mais il est inutile de parler d'un grand nombre, parce que tous ont le même principe de l'eau qui s'abîme dans la terre, & qui va se dé-

* Voyez la seconde Figure.

gorger en quelqu'autre endroit.

Celui qui est à Cumane près de l'Isle de la Trinité dans l'Amerique meridionale en est un, avec cette difference que ce Gouffre engloutit tout & ne rend rien; ce qui donne occasion de penser qu'il va se perdre en quelque abîme profond de la terre, ou que ces eaux vont surgir en quelque lieu fort éloigné, peut-être même au fond de la mer, mais près ou loin cela ne fait rien.

Il y a un autre Gouffre dans le Golphe de Perse qui est different, & même contraire à tous les autres qui engloutissent; car celui-ci repousse tout ce qui en approche, à cause qu'il rend par-dessous la mer une grande quantité d'eau, & avec un si grand bruit, qu'en un tems calme on l'entend à huit ou dix lieuës loin. Ceux qui navigent dans cette mer éprouvent que le boüillonnement de ces eaux cause une espece de tempête si grande, que les vaisseaux sont repoussés par les Ondes entre les rochers & les seiches où ils se brisent sans ressource, si l'on n'a pas le soin & l'habileté de s'en tenir bien loin.

Pour sçavoir d'où peut venir une si grande quantité d'eau par-dessous la mer, tellement qu'elle puisse causer dans les ondes cette espece de dangereuse tempête, il faut auparavant dire quelque chose de la mer

Caspienne, & dans le même tems on verra que la mer pénétre bien plus loin que des côtes de Norvege au Golphe de Botnie; mais afin que le Lecteur ait une idée claire & nette de ces canaux souterrains, je me servirai de ce que le Pere Avril, Jesuite, qui a été il y a long-tems dans ces lieux, en raconte dans ses relations.

„ Cette Mer (Caspiene), dit-il, à
„ proprement parler, semble n'être qu'un
„ grand étang, que plus de cent rivieres ou
„ ruisseaux forment : c'est son opinion que cette mer, à ce qu'il dit, est un étang, mais bien-tôt il va se contredire „ Elle fournit
„ une très-grande quantité de bon Pois-
„ son, particulierement de l'Esturgeon,
„ des œufs desquels on fait le *Caviar*, qu'ils
„ debitent dans l'Europe, & il y en a un si
„ grand nombre qu'avec un peu d'adresse
„ on peut les prendre avec les mains sans
„ avoir de filets. Nous étant embarqués
„ je ne fus pas peu surpris de voir, le jour
„ même que l'on mit à la voile, les Ma-
„ telots occupés à faire de l'eau à plus de
„ deux lieuës du rivage. Comme la chose
„ me parut extraordinaire, j'eus la curiosité
„ d'en goûter, & je la trouvai aussi douce
„ que si on l'avoit puisée à une Fontaine,
„ quoiqu'à quelque distance delà elle me
„ parut encore plus salée que celle des au-

„ tres mers sur lesquelles j'ai navigé. Mais
„ ma surprise cessa, lorsque j'eus fait re-
„ reflexion à la quantité prodigieuse d'eau
„ douce qui va de toute part s'y décharger.

Cependant moi qui écris, cette raison ne me satisfait pas, puisqu'elle devroit être douce partout, & le Reverend Pere dit, *qu'à quelque distance delà, elle est encore plus salée, que celle des autres mers sur lesquelles il a navigé.*

Ce qui me fait croire qu'il y a dans ce lieu, outre le courant de quelque forte riviere une source abondante d'eau douce qui sort de la terre avec impetuosité, & qui écarte l'eau salée. Cette eau étant sans doute meilleure que celle des rivieres qui se déchargent dans cette mer, les Mariniers la vont chercher dans ces lieux loin de la côte, plûtôt que de la prendre sur la côte même, & à l'embouchure des rivieres. C'est peut-être ce qui a fait juger à Solin, * sur le rapport de Pline, que la Plage Asiatique de cette mer étoit d'eau douce. Mais cette erreur n'est procedée que de n'avoir pas trop bien examiné la chose, qui a encore besoin néanmoins d'une connoissance plus exacte, étant certain que cette mer est aussi salée que les autres, comme le Pere Avril en convient. De maniere qu'il faut dire qu'il y a des lieux où l'eau est douce,

* Solin, chap. 26.

foit par les raifons que j'ai raportées, ou par d'autres qu'il feroit bon d'examiner.

„ Ce qu'il y a de plus remarquable,
„ continuë le Pere Avril, c'eſt de voir cet-
„ te mer refferrée dans les bornes que la
„ Providence lui a données, fans que la
„ multitude des rivieres qui y entrent la
„ faſſe groſſir.

„ Il y a deux fortes de conjectures qui
„ font croire que cette mer fe décharge
„ d'une fi grande quantité d'eau qu'elle re-
„ çoit plûtôt dans le Golphe Perfique qu'ail-
„ leurs. La premiere, eſt que le Golphe que
„ la mer Cafpienne forme du côté de Kei-
„ lan vis-à-vis la Province de ce nom, qui
„ eſt de la Perfe: dans ce Golphe, dis-je,
„ il y a deux Gouffres dangereux dont les
„ vaiſſeaux Perfans qui partent de ce côté-là
„ tâchent de s'éloigner le plus qu'ils peu-
„ vent. Le bruit de l'eau qui s'y jette avec une
„ rapidité furprenante, fe fait entendre en
„ tems de calme de fi loin, qu'il eſt ca-
„ pable d'intimider tous ceux qui en
„ ignorent l'origine.

„ La feconde conjecture, qui me paroît
„ encore plus convainquante, eſt fondée
„ fur une experience de tous les ans. C'eſt
„ qu'on remarque à la côte du Golphe Per-
„ fique qu'une grande quantité de feüilles
„ de Saules fe trouvent à la fin de chaque

„ année dans ce Golphe. Or comme cet ar-
„ bre est inconnu dans la côte meridionale
„ de Perse, & qu'au contraire dans la côte
„ septentrionale où est Keilan & la mer
„ Caspienne, toute cette mer en abonde; on
„ peut assurer avec probabilité, qui tient
„ de la certitude, que ces feüilles sont
„ portées d'une mer à l'autre par les eaux
„ qui se déchargent dans les deux gouffres
„ précedens, lorsque ces feüilles tombent
„ en Automne dans la mer Caspienne qui
„ est bordée de ces arbres, aussi bien que les
„ rivieres qui se déchargent dans ladite
„ mer, &c.

Il y a plusieurs autres conjectures moins considerables que je ne rapporte pas, par ce que je m'imagine que celles ci doivent suffire au Lecteur ; & je crois, si l'on réflechit à ce que je viens de rapporter des eaux du golphe Persique qui boüillonnent de la maniere dangereuse que j'ai remarqué ci-dessus, on peut croire sans erreur, que c'est dans ce lieu où les eaux des rivieres qui forment la mer Caspienne viennent se décharger, & c'est-là où elles causent ce boüillonnement & cette espece de tempête dans ce Golphe.

„ Mais de sçavoir (ajoûte le Pere Avril)
„ si la mer Caspienne tire son origine de
„ la mer Noire, comme quelques-uns le
croient,

„ c'est ce que je ne puis pas assurer ; cepen-
„ dant il est assez probable que ce soit de
„ cette mer qui n'en est éloignée que de
„ 100 lieuës, non-seulement parce que les
„ Habitans affirment qu'en courant à cheval
„ sur la terre qui sépare ces deux mers, on
„ l'entend retentir en beaucoup d'endroits,
„ comme si l'on marchoit sur une voûte ;
„ mais de plus, c'est que cette terre dans ces
„ endroits est plus fertile en herbages, qu'en
„ tout autre lieu, ce qui marque une humi-
„ dité inferieure, dont les vapeurs qui s'éle-
„ vent vers la partie superieure de la terre
„ causent la fertilité.

„ Voilà ce que le Pere Avril, qui a demeuré long-tems de ce coté-là, nous assûre.
Ce qui nous fait connoître deux choses, la
premiere que la mer Noire suivant toutes
les apparences est celle qui forme la mer
Caspienne, comme le Pere Kirker l'avoit
deja soupçonné par la seule pénétration de
son esprit, quoiqu'avec quelque difference
de circonstances. La seconde réflexion doit
nous porter à considerer quelle doit être
la longueur & la largeur extraordinaire des
Cavernes que la terre contient, puisqu'elles peuvent donner un passage facile à une si
grande quantité d'eau. Car le golphe Persique, dans lequel on peut assûrer que la
mer Caspienne se décharge des eaux de tant

Tome II. G

de rivieres qu'elle reçoit, est éloigné de cette mer de plus de 200 lieuës & la mer noire à plus de 100. Ce n'est pas encore un petit indice que les Poissons de la mer Caspienne sont presque tous les mêmes, ou du moins la plûpart, que ceux de la mer Noire. Ce qui aide à fortifier la conjecture que cette mer tire son origine de la Noire, étant d'ailleurs une veritable mer salée comme les autres ; & il est certain que si la mer Caspienne étoit un étang comme le Pere Avril le dit au commencement, elle seroit douce, ou elle seroit adoucie depuis trois ou quatre mille ans que tant de rivieres mêlent leurs eaux douces avec les siennes, si elle n'avoit d'ailleurs une source intarissable d'eau salée qui la tient toûjours dans le même état, & qu'elle ne dégorgeât le superflu des eaux qu'elle reçoit, dans le golphe Persique, comme on l'a démontré. D'ailleurs il est vrai, comme le Pere Kirker l'avoit imaginé, que la mer Caspienne recevoit ses eaux de la mer noire & de la Persienne, & que les trois communiquoient ensemble. Mais cela n'est vrai qu'à cause que la Caspienne se décharge dans la Persienne sans rien tirer d'elle. Recevant ses eaux (suivant les apparences) de la mer noire, avec laquelle elle communique en effet pour recevoir, & avec le golphe Persique pour lui rendre.

Il y a apparence que la mer Morte de la Judée, qu'on appelle le lac de Sodome, dans lequel le Jourdain se décharge sans en sortir ; il y a apparence, dis-je, que cette petite mer, qui reçoit continuellement les eaux du Jourdain sans augmenter d'une ligne, va décharger le superflu de ses eaux dans quelque autre mer, dont les plus voisines sont la Mediterranée & la mer Rouge.

* On voit dans l'Isle Espagnole (autrement de Cube) une petite mer, qui, pour ressembler en petit à la mer Caspienne, est appellée de ce nom. A deux lieux de la mer, dit Oviedo, qui en étoit Gouverneur & homme fort sçavant, il y a un Lac d'environ 10 lieuës de long, & de trois ou quatre de large. Ce Lac est d'eau salée, à cause ajoûte-t-il, qu'au milieu il y a un grand trou qui communique avec la mer par sous terre. Excepté les Baleines, il y a toutes les especes de Poissons de la mer qui environne l'Isle, comme Tuberons, Tortuës & autres en grand nombre. Ce Lac est fort orageux, & il a les mêmes agitations de la mer voisine quand elle est agitée, & quand quelque barque, ou quelque homme périt dans ce Lac, on n'a jamais remarqué qu'au-

* Pierre Martir Hist. des Indes Occ. & Oviedo.

cune chose soit revenuë sur l'eau. Plusieurs grands fleuves entrent dedans, & pas un n'en sort. Ce qui a fait (dit Pierre Martir) que la plûpart des Espagnols l'ont nommée la mer Caspienne, à cause de la ressemblance de celle-ci avec l'autre. Car auprès du rivage où les rivieres déchargent leurs eaux, l'eau de cette mer est douce. A cinq ou six petites lieuës de cette mer, il y a deux hautes montagnes au pied desquelles court un grand fleuve appellé Behuam qui est fort salé, & quoiqu'il y entre dedans plusieurs petites rivieres d'eau douce, il parcourt un grand espace de païs jusqu'à la mer avec la même salure ; l'opinion commune est qu'il est formé par le Lac salé qui entre par-dessous la montagne, d'où il sort pour aller se perdre à son premier principe qui est la mer.

L'Historien qui nous montre lui-même l'origine de ce fleuve, nous donne occasion de voir comme ce Lac d'eau salée est formé, qui en petit nous fait voir que la mer Caspienne doit avoir dans son fond, ou en quelque autre endroit de ses côtes, quelque trou ou canal qui communique avec la mer Noire, d'où la Caspienne tire ses eaux.

Le Lac de Carniole a quelque chose de merveilleux quand on ne connoît pas tout ce qu'il faut connoître. Ce Lac est merveilleux en ce que dans l'hyver il est fort grand

& on y pêche de très bons Poiſſons. Vers le Printems il diminuë & ſéche entierement, laiſſant la terre dans un état à pouvoir y ſemer, & on y ſeme effectivement du bled & autres grains, & la terre fournit liberalement des pâturages fort bons, où les lievres, les oiſeaux & pluſieurs autres animaux ſe retirent en Eté, avant qu'on ait fait la recolte des bleds qui ſe fait avec abondance dans cette ſaiſon; dans le reſte du tems, on y chaſſe divers animaux, & on y prend de fort bon gibier, juſqu'à ce que le Lac ſe forme de nouveau, ce qui ne manque pas d'arriver vers le commencement de l'hyver. Cela paroît un prodige de voir que la même terre donne du poiſſon, du gibier, & une abondante recolte de grains, ou de pâturage pour les animaux.

Mais le merveilleux que le Pere Kirker ſemble nous avoir voulu inſpirer ceſſe, quand on lit ailleurs * que dans ce lieu il y a une vallée, laquelle vers la fin de l'Automne commence à ſe remplir d'eau, tant de celle que les pluïes forment, comme auſſi par celle qui lui vient par des canaux ſouterrains. Car on a remarqué que ce Lac n'a guéres plus d'une lieuë de longueur & vingt coudées de profondeur, & que lorſque

* Journal des Sçavans.

l'eau s'eſt retirée on y voit pluſieurs grands trous, par où l'eau qui s'écoule ou qui vient par ſous terre, ſe dégorge en ce lieu, en formant pluſieurs groſſes ſources qui rempliſſent ce baſſin, & qui entraînent avec elles par les mêmes canaux le poiſſon qu'on y pêche ; & on a remarqué que les eaux viennent par ces trous avec tant d'impetuoſité, qu'un homme à cheval courant bien fort, peut ſe garantir à peine de l'inondation quand il eſt près de ces trous, & qu'ils commencent à ſe dégorger. C'eſt par ces mêmes trous que l'eau ſe retire au Printems, & que les gens du païs, dit-on, bouchent de bonne heure, pour empêcher le poiſſon de s'en retourner d'où il étoit venu, & qui étant à ſec eſt facilement pris. Il n'eſt donc pas vrai que les eaux ſe ſéchent par la chaleur du ſoleil. Non plus que les gens du païs dérivent ces eaux pour arroſer leurs champs, comme quelques-uns l'ont dit, de même qu'on fait en Egypte du Nil, puiſque la choſe ſe paſſe comme je viens de le dire. Par où l'on peut voir que le dedans de la terre étant en pluſieurs lieux plein d'eau, lorſqu'en Hyver ces eaux s'augmentent par les pluïes ou par la fonte des neiges qui groſſiſſent les rivieres, ou qui d'une autre maniere ſe perdent dans cette terre; cette eau étant accruë, elle ſort par les fontes qu'elle même s'est formé dans ce lieu, & produit le Lac : lequel se desséche lorsque les eaux se retirent, & donne lieu aux gens du païs d'ensémencer, ou de profiter des herbes que ce terrain bien humecté produit abondamment.

* Mais afin que l'on ne dise pas que les merveilles sont toûjours bien loin de nous, je dirai qu'à quelque distance d'un village appellé Arnes, proche de Falaise, dans une plate campagne, dépourvûë de toutes sortes de rivieres & de ruisseaux, il s'y forme de tems à autre & sans aucune regle de saisons, un lac qui me paroît encore plus merveilleux, puisqu'il n'est pas formé ni par des pluyes, ni par des rivieres, mais par la mer, quoiqu'elle en soit éloignée de neuf à dix lieuës. Quand donc la mer est fort agitée, elle roule ses eaux par-dessous la terre en telle abondance, qu'elle forme un lac assés grand, rempli de quantité de bon poisson, & ce lac se desséche lorsque la mer est calme & qu'elle retire ses eaux dans ses limites naturels.

Ces exemples tirés de l'Histoire naturelle doivent nous suffire pour comprendre que le Globe de la terre est sembla-

* Pere Boussigaut, Théat. du Monde.

ble à une éponge, dans laquelle il y a une infinité de trous remplis d'eau, lefquelles cavités font differentes, & en un lieu plus grandes qu'en un autre, fuivant que cette partie eft plus ou moins pierreufe ou fabloneufe, ou formée de terre franche & naturelle.

Une marque vifible de cette pénétration des eaux dans les entrailles de la terre, n'eft pas feulement de voir qu'on ne peut creufer un peu profondement, qu'on ne trouve dequoi former des puits; mais c'eft que la plus grande difficulté que trouvent ceux qui travaillent aux mines des métaux & autres mineraux, eft de garantir la miniére d'être inondée, & c'eft pour cela qu'ils fe fervent d'une infinité d'inventions de pompes, de moulins & autres femblables pour puifer les eaux qui y abondent; on les fent même fouvent rouler à travers les murs de ces grottes, & plufieurs mines des plus riches de l'Amerique ont été fubmergées, & on a été contraint de les abandonner.

Il y a environ trente ans, qu'on trouva en Normandie une mine d'excellent Cinabre naturel, mais de laquelle on ne put pas profiter long-tems, ayant été inondée par une quantité d'eau inépuifable.

Il y a plufieurs événemens femblables à

celui que j'ai rapporté de la ville de Sainte Euphemie: mais comme mon intention principale est de faire entendre de quelle maniere certains événemens surprenans peuvent arriver naturellement, je crois plus à propos d'en rapporter quelques autres, ou qui approchent de celui-là, ou qui par les circonstances sont de nature differente.

Il semble que l'Angleterre, comme étant environnée de la mer de tous côtés, soit plus spongieuse & sujette à voir abîmer de grandes piéces de terre.

Le 3 Janvier 1582. dans la Province de Dorcet, une grande piéce de terre fut transportée à plusieurs perches de distance, qui boucha le chemin qui mene à la petite ville de Cerne, ayant laissé un abîme fort grand qu'on voit encore proche l'Hermitage.

En l'année 1596. l'Histoire rapporte que le 18 Septembre près de Varran, une terre de quatre-vingt perches de long sur trente de large, s'enfonça environ quinze pieds avec tous ses arbres: l'eau & la terre ayant peu à peu par la suite rempli ce précipice.

Dans l'Evêché de Durham à Oxenkalt, il y a trois abîmes qu'on appelle Chaudieres d'enfer, ils se formerent en 1179.

En 1585. après un grand orage & beaucoup de tonnerre, la terre abîma à Notigam, environ quatre toises de circuit.

En l'année 1660 la même chose arriva dans la Province de Cester, Paroisse de Biskeley. On entendit comme un bruit de tonnerre, & un grand terrein cultivé, de cinquante arpens, fut englouti dans la terre, & à la place de cette terre parut un lac d'eau salée, qui apparemment étoit l'origine de plusieurs puits salés, d'où les habitans des environs tiroient leur sel, comme dans la Franche-Comté, en plusieurs lieux d'Allemagne, & ailleurs il y a des puits semblables & des sources d'eau salée. On ne peut pas douter que la mer ne pénétrât dans ces lieux ; car l'Historien ajoûte qu'on ne pouvoit pas trouver la profondeur de ce lac.

L'on comprend bien, sans que je le dise, que quand une Ville, ou quelque trait de terre tombe comme celui-ci de Cester dans un abîme d'eau, il faut dire que cette Ville ou cette terre étoit sur une de ces cavernes ou abîmes remplis d'eau, laquelle terre en tombant fait remonter l'eau dont elle occupe la place.

Ce n'est pas seulement en Europe que de semblables événemens sont arrivés, où des lacs ont paru à la place des terres qui ont été abîmées par des tremblemens. Les Annales de la Chine rapportent qu'en

1556. une Province fort montagneuse fut presque abîmée par un grand tremblement, qui engloutit un grand nombre de petites Villes ou Villages, à la place desquels parurent des lacs qui subsistent encore.

Dans l'année 1626. le jour de la Fête de S. Pierre & S. Paul, il y eut dans une Province, éloignée d'environ cent lieuës de Pekin, un tremblement qui dura sans relâche un mois entier, pendant lequel tems vingt-huit Châteaux ou Bourgs furent abîmés, & dans ces endroits il sortit de la terre une grande quantité d'eau. Le grand lac de Ten-Sing, dans la Province de Quam-Tang, fut produit par un grand tremblement de terre, qui engloutit une Ville & tous ses habitans, avec le pays aux environs très-peuplé, lesquels furent tous abîmés, comme ceux de Sainte Euphemie. Celui de Chin dans la Province de Junnam, vers le Surinam & le Tibet, qui a sept ou huit lieuës de tour, fut produit comme les précédens, par un tremblement qui abîma un grand pays fort peuplé, tous ses habitans ayant été ensevelis encore vivans dans un pareil abîme. On rapporte une chose digne de remarque, c'est que de tant de monde qui périt dans ce funeste événement, il ne se sauva qu'un enfant, qu'on trouva dans son berceau de bois qui flottoit sur les eaux de ce lac.

Au Japon, en 1586. après beaucoup de tremblemens de terre qui tourmenterent ce grand Royaume, le Bourg de Vomi, qui étoit sur une montagne, fut abîmé avec la montagne même, laissant à la place de l'un & de l'autre un lac fort puant.

Dans l'Isle de Timor aux Indes Orientales, en 1638. une de ses plus grandes montagnes fut abîmée, & il parut dans cet endroit un grand lac.

Les nouvelles publiques de l'année 1692. marquent qu'il arriva un semblable événement à la Jamaïque, où la Ville Capitale de cette Isle & quelques peuplades des environs furent abîmées par un tremblement de terre, & qu'à la place de ces terres parurent plusieurs lacs grands & petits.

Je ne veux pas dire, comme quelques-uns, que l'interieur du Globe terrestre, n'est que de l'eau, & qu'il n'y a qu'une espece de croûte de terre. Cela peut être: mais comme je ne me suis proposé que de rapporter des choses certaines, je me contenterai de dire, qu'il y a apparence par tout ce que nous avons vû, que la terre renferme au moins dans son sein des Antres vastes & fort longs, à travers lesquels les riviéres & les mers paſſent, comme on a pû le remarquer. Qu'il y a des trous & des pores convenables à un ſi grand corps, qui ſont la plûpart remplis d'eau; & que la mer & les rivieres pénétrent les plus petits. Ainſi, par tous ces moyens, l'eau circule en divers endroits de ce Globe, comme par autant de veines.

En 1691. au mois de Décembre, il arriva dans le Royaume de Naples, près de Salerne, que pluſieurs montagnes ayant été renverſées par un grand tremblement de terre, elles répandirent une ſi grande quantité d'eau, (quoique le ciel fût ſerain) que les campagnes voiſines en furent inondées. Il étoit arrivé à peu près la même choſe dans l'Andalouſie en 1680. où après un furieux tremblement de terre, toutes les campagnes dégorgerent une ſi prodigieuſe abondance d'eau, que ſans aucune pluye le pays en fut inondé, avec perte d'un grand nombre d'hommes & de beſtiaux, qui furent ſurpris & noyés par cette inondation ſubite. Je n'oſerois pas affirmer que ce qui arriva à Paris, il y a environ trente ans, n'ait eu quelque cauſe pareille; car nous vîmes vers la fin de Juin la Seine débordée à un point, & les campagnes ſi couvertes d'eau à une étenduë conſiderable, qu'en aucun tems, il n'y a point de mémoire que cela soit arrivé ; & l'eau avoit crû si fort, que je remarquai qu'elle commençoit à entrer dans le jardin Royal des Tuilleries, & qu'elle s'étendoit même dans des lieux assez élevés de la Ville, sans qu'on puisse soupçonner qu'il y ait eu fonte de neiges de montagnes, puisque par les endroits où la Seine coule il n'y a pas de montagnes ni de neiges qui puissent fournir une si grande quantité d'eau dans une telle saison, d'autant que le ciel étoit clair & serein, & qu'il n'y avoit point eu de pluyes considerables auparavant.

(*a*) Je trouve dans la Bibliotheque des Philosophes, que le sieur Gautier a fait imprimer à Paris (*b*) qu'en mil sept cens trois le deuxiéme Février, y ayant eu le tremblement de terre que chacun sçait, & dont je me souviens fort bien, ce tremblement fut accompagné (du moins à Rome) d'un grand calme dans l'air. Il dura à Rome une demi-minute, & à l'Aquila Capitale de l'Abruzzo trois heures. Il ruina toute la ville de l'Aquila, ensevelit 5000 personnes sous ses ruines, & fit un grand ravage dans les environs: les balancemens de la terre ont été du Nord au Sud ; ce qui a été remarqué par

(*a*) Page 28.
(*b*) Chez André Cailleau.

le mouvement des lampes des Eglises.

Je puis assurer une chose semblable, quoique le mouvement fût différent, à l'occasion d'un petit tremblement de terre qu'il y eut à Paris environ dix ans auparavant, où je remarquai le balancement d'un Clepsidre qui étoit suspendu sur sa corde, qui alloit d'Orient en Occident. * Mais notre Auteur ajoûte : Qu'il s'est fait dans un champ deux ouvertures, d'où il est sorti avec violence une grande quantité de pierres qui l'ont entierement couvert & rendu sterile. Après les pierres, il s'élança de ces ouvertures deux jets d'eau, qui surpassoient beaucoup en hauteur les arbres de cette campagne, qui durerent un quart d'heure, & inonderent jusqu'aux campagnes voisines. Cette eau étoit blanchâtre semblable à de l'eau de savon, & n'avoit aucun goût, &c.

Comme les tremblemens sont causés, comme je l'ai fait remarquer, par des feux ou par des exhalaisons qui veulent sortir de la terre, il n'est pas merveilleux qu'elles ayent fait ces ouvertures, en jettant au dehors les pierres qui étoient à leur passage, ce qui se prouve par l'exemple de la formation des Isles de Saint Michel, & de

* Gautier.

Santorin. Les pierres étant sorties, l'exhalaison a jetté encore plus facilement l'eau dont la terre de ce lieu étoit abreuvée. Il n'est pas étonnant non plus que cette eau croupie & troublée par le mélange des sables & de la terre même fût trouble & blanchâtre. Il seroit plus particulier qu'elle n'eût aucun goût, ce que je ne puis pas me resoudre à croire, car du moins elle devoit avoir le goût de la substance qui lui donnoit la couleur d'eau de savon, & il y a apparence que ceux qui ont fait la relation ne l'ont pas examinée ni goûtée avec soin, crainte de quelque événement fâcheux à la santé.

Il y a environ vingt ans que dans un Bourg du Gâtinois, dont j'ai oublié le nom, situé sur une colline assés haute & loin de la riviere, tout d'un coup à ciel serein, il vint une si grande quantité d'eau que tout le lieu fut inondé, & même quelques fossés qui étoient autour de ce Bourg en furent remplis; & cela arriva si subitement, que plusieurs personnes y furent noyées. Et entr'autres on trouva une femme attachée avec une main au-dessus d'une porte, & un enfant qu'elle tenoit dans l'autre bras, afin de s'élever au-dessus des eaux qui la gagnoient par les pieds,

& se

DE L'UNIVERS. 89

& se sauver ainsi avec son enfant, qui étoit mort avec elle.

Ce qu'il y a de certain, c'est que l'inondation vint, le ciel étant fort serein, sans pluye, & que l'eau couloit à torrens de la partie superieure de la colline, & du lieu même où le Bourg étoit placé; ce qui apparemment étoit arrivé par la raison déja dite des exhalaisons des feux soûterrains, qui avoient dilaté les eaux dont la terre est abreuvée presque par-tout.

C'est peut-être de cette maniere, & par une cause semblable de ces exhalaisons ignées, que le lac d'Albano, près de Rome s'enfla & fit ce débordement, dont l'histoire Romaine parle comme d'un prodige.

Je ne veux pas omettre de faire remarquer ce que le curieux Wheler raconte de la Gréce.* Il rapporte donc qu'à la gauche de la Beotie, dans la plaine qui est au bas du mont Helicon, un des plus hauts de l'Europe, à peine les chevaux peuvent-ils marcher un pas sans faire sortir un nouvel Hipocrene, sur-tout dans un certain lieu où il y a une infinité de sources, qui se ramassant ensemble forment la riviere Hersina, laquelle dans son com-

* Voyage de Grece.

Tome II. H

mencement est si grosse qu'elle fait moudre aussi-tôt plus de vingt moulins. Comme toutes les fables des Grecs sont fondées sur quelqu'apparence de vérité, il se peut faire que le cheval de quelque Poëte en marchant ait fait sortir quelque fontaine, ce qui a donné lieu à la fable du Pegase : mais laissons les fables, & revenons à l'Histoire.

La véritable fontaine d'Hipocrene est sur l'Helicon. Lorsque l'Auteur ci-dessus y passa elle étoit gêlée. * Qu'il me soit permis de dire en faveur des Poëtes, que ce n'est pas tout-à-fait sans raison, qu'ils ont appellé cette montagne le séjour des Muses, car il y a au bas une vallée très-verte & florissante, avec une belle fontaine au milieu, qui fait le bois délicieux des Muses, composé d'une grande quantité de sapins dont toute cette montagne est parsemée, desquels la gomme, ou le benjoin a l'odeur de muscade. Il y a des fraisiers d'une beauté admirable, beaucoup de grosses Tortuës. Il y a une quantité infinie de Narcisses fort touffus, très-beaux & odoriferans, tout le long d'une petite riviere, lesquels Narcisses pliant leur tête touffuë sur l'eau paroissent se regarder & s'admirer

* C'étoit au mois de Février.

dans le criſtal des eaux ; ce qui a donné (à mon avis) lieu à la fable de Narciſſe amoureux de lui-même. Cette riviere fait une belle caſcade du haut du mont Helicon, qui eſt formé par le lac qui eſt au-deſſus. Ces Narciſſes ont juſqu'à dix feüilles, & toute la riviere en eſt couverte, auſſi-bien que le reſte de la terre qui eſt émaillé de diverſes fleurs agréables à la vûë & à l'odorat. De maniere qu'il ſemble que tout conſpire à inſpirer des ſentimens poëtiques, & à réveiller l'eſprit à chanter & à rimer, à l'envi du ramage des divers oiſeaux qui y font leur demeure.

Il ne faut pas laiſſer de remarquer que ſur ce Mont, qu'on dit être un des plus hauts de l'Europe, il y a, comme je viens de le dire, un Lac qui forme une Riviere, ce qui ne peut arriver que par la circulation de l'eau dans la terre. Lorſque nous parlerons de la formation des ſources & des rivieres, nous éclaircirons davantage l'origine de ces Lacs & de ces Rivieres dans des lieux auſſi hauts. En attendant je raporterai encore quelques hiſtoires des fontaines qui ſe forment au milieu de la mer, ce qui eſt (à mon avis) une des plus viſibles preuves de la circulation des eaux dans le ſein de la terre, & que ces eaux paſſent même au-deſſous de la mer pour paroître dans certaines Iſles.

H ij

(*a*) Le même Wheler qui a examiné avec curiosité les lieux de la Gréce par où il a passé, dit que ce qu'on appelle la *Tour-vierge*, près de Scutari, est un écuëil ou rocher qui n'a pas plus de trente brasses de tour, étant environné de la mer de tous côtés. Il y a cependant une fontaine ou source d'eau douce, qui n'est pas, dit-il, une cîterne, mais une fontaine qui sort de ce rocher ; il fait remarquer que le courant du Bosphore de Thrace est fort rapide de ce côté-là, comme s'il vouloit insinuer que les ondes venant à fraper contre ce rocher imbû d'eau, la faisoit rejaillir au-dehors, comme quand vous poussez le piston d'une seringue pleine d'eau.

L'Arsenal de Venise est situé dans une de ces Isles qui composent cette Ville mer-merveilleuse. Cette Isle est entourée de la mer comme les autres, cependant il en sort une grosse fontaine d'eau douce très-abondante, & propre à fournir à tous les besoins de ceux qui travaillent aux bâtimens des Galeres & des Vaisseaux de la Republique.

(*b*) Proche l'Isle de Cube, au milieu de la mer, il jaillit entre quelques petits rochers

(*a*) Voyage de Gréce de Wheler & Spon.
(*b*) Oviedo Hist. des Indes occiden.

une fontaine d'eau douce avec tant de force, qu'elle s'éleve au dessus des eaux de la mer qui la couvrent, sans se mêler avec elles. Il y a apparence que cette fontaine est produite par les pluïes ou les neiges d'une haute montagne qui est dans la même Isle de Cube, où se perd un Lac duquel nous avons parlé, dont les eaux par le fond de la la montagne & de la mer viennent surgir dans ce lieu.

L'on voit une semblable merveille en Ecosse, à l'embouchure de la riviere de Frit dans la mer; c'est un grand rocher escarpé, sur le sommet duquel sort une grosse source d'eau douce.

Dans la Province de Londan est la fameuse Isle de Bas qui n'est qu'un rocher qui sort de la mer, sur lequel il y a un château où l'on ne peut monter qu'avec des cordes & des échelles. Sur son sommet il y a une source d'eau douce pour la Garnison qui est dans ce Fort, laquelle est aussi fournie de bois par les oiseaux qui l'y laissent en faisant leurs nids sur ce rocher.

Le Lac qui est sur le Mont Paven en Auvergne est très-connu par les François, cependant je mettrai mot à mot ce qu'en dit un habile Jesuite*.

,, Ce Lac, dit-il, est situé sur une

* Le Pere Fretau descript. d'Auvergne.

„ haute montagne, dont les arbres qui l'en-
„ vironnent en forme de talus font une a-
„ gréable perspective. Ce Lac est tout au
„ sommet, il a une lieuë de tour, & il
„ s'en écoule une grande quantité d'eau en
„ forme de Cascade, qui forme un ruisseau
„ au pied de la montagne, lequel va se ren-
„ dre dans le Hallier. Ce qui est surprenant,
„ ajoûte-t-il, c'est de sçavoir d'où ce lac peut
„ tirer une si grande quantité d'eau. L'opi-
„ nion la plus commune, c'est que ces eaux
„ viennent de la mer la plus proche, (qui
„ est celle de Languedoc) & qu'elle vient à
„ travers les terres par des canaux soûter-
„ rains l'espace de plus de 80 lieuës.
„ Puisqu'il n'y a pas, dit-il, aux environs
„ de montagnes plus élevées, d'où les eaux
„ de pluye puissent s'écouler pour mon-
„ ter dans cet endroit. „ Voilà ce que
ce Pere Jesuite rapporte ; mais des
personnes du pays, d'esprit & sçavans à
qui j'ai demandé ce qu'ils en pensoient,
m'ont dit, que les Monts d'Or, qui ne
laissent pas d'être éloignés de plusieurs lieuës,
sont plus hauts de beaucoup que cette
montagne où est le lac: mais de quelque
endroit que ce lac vienne, il faut toûjours
supposer des canaux soûterrains, par où
les eaux de la mer ou des neiges des montagnes s'écoulent jusqu'au haut de celle-ci,

L'on sçait que l'Isle d'Ormus n'a point d'eau douce, & qu'on va la prendre dans la mer, comme on le dit communément

Mais afin qu'on soit entierement informé de cette merveille, je veux rapporter à ce sujet, ce qu'en dit * Dom Emmanuel-Mendes-Henriques, Agent du Roi de Portugal à Bendercongo, près d'Ormus, confirmé par Thevenot qui a vû le tout lui-même, c'est pourquoi il le rapporte dans ses mémoires, comme conforme à la verité.

„ Il y a, dit-il, quelques fontaines sur
„ le rivage de la mer, qu'elle couvre quand
„ elle est dans son flux. Lorsque la marée
„ est dans son plein, il y a dans ce lieu
„ deux brasses d'eau, & quand elle est
„ basse il n'y en a pas plus de demi-brasse,
„ & même quelquefois elles restent à sec ;
„ car Baherem est tout entouré de bancs
„ de sables, qui s'étendent fort loin, &
„ ces bancs sont si hauts, que les barques
„ ne peuvent point passer par dessus : mais
„ il y a entre ces bancs des canaux qui ont
„ bon fond, & c'est par où passent les
„ vaisseaux & les barques, & quelque
„ tempête qu'il fasse en mer, les vaisseaux
„ ne se sentent point de l'agitation quand
„ ils sont de ce côté & dans ces canaux.

* Voyage du Levant, t. 2. p. 318.

» Quand les batteaux sont donc arrivez
» près de ces fontaines, l'on attend que
» la marée soit basse, & pour lors on plan-
» te deux rames dans le sable, une à cha-
» que côté de la fontaine où l'on veut
» faire de l'eau, ensuite on attache au bas
» de ces rames sous l'eau une corde un
» peu tenduë. Il faut sçavoir que sur cha-
» cune de ces fontaines les Arabes tien-
» nent toûjours la moitié d'une Jarre,
» à sçavoir la partie superieure qui a la
» bouche, & que l'on peut appeller un
» Aludel. Ils en mettent l'endroit le plus
» large contre la bouche de la fontaine,
« & le font entrer dans le sable plus de qua-
» tre pouces ; ils y mettent tout à l'en-
» tour du plâtre & du bitume, afin que
» l'eau salée n'ait point d'entrée. Lorsque
» ces jarres ainsi coupées viennent à s'u-
» ser ou à se rompre, ceux qui en ont
» soin en remettent d'autres à la place.
» Après donc que les Pêcheurs ont planté
» les rames, & qu'ils y ont lié la corde,
» un homme descend dans la mer, tenant
» une outre fermée, & plongeant la tête
» en bas, il se met sous la corde tenduë,
» afin que la force de l'eau douce ne le
» renvoye pas en haut, elle sort avec
» grande impetuosité
» que la bouche de

» che de la jarre, qui est étroite, après
» quoi il ouvre l'Outre, qui s'emplit in-
» continent d'eau douce. Lorsqu'elle est
» pleine il la referme, & il retourne à la
» barque, où il vuide son eau douce;
» ensuite il retourne la remplir à la fon-
» taine, & cela jusqu'à ce que la bar-
» que en ait assés. Ce Gentilhomme Portu-
» gais me dit (ajoûte Thevenot) que cela
» se faisoit fort aisément, & qu'il avoit
» été même curieux d'en voir remplir une
» Outre, &c. »

Par cette Relation exacte on diminuë une partie du merveilleux; car de la maniére qu'on rapporte la chose, on avoit opinion, qu'on puisoit cette eau dans une mer fort profonde. Cependant il ne laisse pas d'être vrai, que ces fontaines sont toûjours couvertes de l'eau salée de la mer, & qu'elles pourroient bien être au fond d'une mer fort profonde, comme sans doute il y en a plusieurs qu'on ne connoît pas & dont on n'a pas besoin; ou qui seroit plus difficile de prendre aussi douce que l'on prend celle dont nous parlons. Mais de quelque maniére que cela soit, l'on voit que ces sources doivent venir de fort loin; soit de quelque riviere ou lac, dont les eaux s'écoulent par des canaux soûterrains en cet endroit si abondament que l'on dit qu'elle sort avec impetuosité.

Je pourrois rapporter un grand nombre de choses pareilles, pour prouver que la terre est presque par-tout abreuvée d'eau, & que les mers, les rivieres, & les lacs répandent en diverses manieres les eaux dans son sein : mais si ce que j'ai dit ne persuade pas le Lecteur, il seroit inutile de rapporter d'autres exemples, qui ne feroient que l'ennuyer sans le convaincre.

Cependant la connoissance de ces choses peut servir au Lecteur docile, pour rendre raison de beaucoup d'effets qui paroissent surprenans, comme nous en rapporterons plusieurs dans la suite de cette Histoire.

L'on peut demander jusqu'à quelle profondeur du Globe terrestre, l'eau aussi-bien que le feu dont nous avons parlé peuvent pénétrer, & si ces Elemens vont jusqu'au centre, comme il semble que le Pere Kirker le suppose.

Je dis que cela nous est inconnu, & que mon Histoire n'est pas imaginaire & ne pénétre pas si loin ; c'est pourquoi n'ayant envie de dire que des choses certaines & évidentes, & non pas des imaginations, il me semble que par-tout ce que nous avons dit, on peut croire que l'eau & le feu s'étendent au moins quelques lieuës vers le centre. Mais quand ce ne seroit pas si loin, il suffit de ce que nous avons dit pour rendre raison de plusieurs effets qui paroissent au-delà des forces de la nature, & desquels il auroit été difficile d'avoir une entiére connoissance, étant certain que ce qui est sous terre contribuë beaucoup aux effets qui paroissent au-dessus de ce Globe, comme on le verra dans le cours de cet Ouvrage.

Je ne puis finir ce chapitre sans rapporter un fait pour confirmer ce mélange de feu & d'eau, qui est la façon dont on a trouvé l'eau medecinale de la Rousselle à Bourdeaux. Un Bourgeois voulant faire un puits pour la commodité de sa maison, les Ouvriers après avoir commencé à creuser, furent arrêtez tout-à-coup par un rocher qu'ils trouverent. Cet homme s'obstinant néanmoins pour avoir de l'eau, leur fit continuer le travail; mais en coupant ce roc, il en sortit d'abord du feu, chose toute contraire à ce qu'on cherchoit. Ce pouvoit être du soulphre enflammé. Néanmoins sans se rebuter, on creusa toûjours, & à force de tailler on parvint enfin à faire une ouverture de demi brasse, d'où tout d'un coup il sortit une eau claire, vive, jailliſſante, dont le jet étoit gros de dix ou douze pouces. On trouva dans cette eau du nitre en ſi grande quantité, qu'on en ramaſſa le poids d'environ quatre livres. Elle fut négligée d'abord, n'étant pas bonne à l'uſage du Bourgeois, parce qu'elle étoit trop piquante, juſqu'à ce que le hazard fît connoître qu'elle purgeoit. Elle contient beaucoup de Nitre & peu de Soulphre.

CHAPITRE VII.

De la difference des terres de notre Globe.

L'IDÉE que nous devons avoir du Globe terrestre, c'est qu'il est un amas de ces petits corpuscules qui forment l'Element de la sécheresse ; mais comme l'eau, l'air, & la matiere étherée se mêlent avec eux, de-là vient que la terre est si differente ; & par cette raison, je ne veux pas passer outre sans faire remarquer au Lecteur, que la nature qui se diversifie en toutes choses, affecte cette même varieté à l'égard des terres; c'est-à-dire, des parties de notre Globe, ou Astre de la terre; de maniere qu'à peine peut-on trouver deux endroits de terre tout-à-fait semblables.

Ce qui provient, je crois, tant du mêlange d'un peu plus ou moins d'eau avec la terre, comme de la differente exposition de ces deux substances à l'air & à la chaleur du Soleil, suivant qu'il darde ses rayons plus ou moins perpendiculairement; car dans les climats fort chauds, si l'eau ne tempere pas l'aridité naturelle de la terre, on ne voit que poussiere & sables; & dans les lieux fort aquatiques, on n'y voit que fange & marêcage. Il est donc necessaire dans quelque climat que ce soit, qu'il y ait une mixtion convenable des deux Elemens pour faire génération; car sans l'eau (comme disoit fort bien Tales) il n'y a point de génération, & s'il y a trop d'eau il ne vient que de la pourriture, ou des choses qui subsistent de pourriture. Je crois même de pouvoir dire que si l'on n'avoit pas soin de labourer la terre, en la remuant & la fendant avec la charruë, de l'engraisser avec du fumier, & autres choses semblables qui engraissent son aridité, ou qui rechauffent sa froideur, & que le ciel ne l'arrosât de ses eaux & de sa rosée, & que le Soleil ne l'échaufât aussi de sa part, la terre ne donneroit pas de quoi vivre aux hommes, ni aux animaux, qui sans peine vivent de nos fatigues, mais en revanche nous vivons de leur chair, & même de leurs labeurs.

Nous pouvons donc, avec Kirker, reduire les terres aux espéces suivantes; c'est-à-dire, que les terres en quelques lieux sont naturellement grasses, par une humidité convenable; en d'autres maigres, par molle par la trop grande humidité qui s'est presque identifiée avec elle, comme est l'Argile; dans quelques autres endroits elle est séche & dure, comme les pierres dont nous parlerons; dans d'autres elle est legere comme la cendre, ce qui vient d'être fine & séche; ailleurs elle est pesante, parce qu'elle est plus grossiere & plus chargée d'humidité.

Elle se diversifie aussi à la vûë par ses couleurs differentes, car en certains endroits elle est blanche comme la Craye & la Marne; en d'autres elle est noire, comme sont la plûpart des bonnes terres cultivées. Il y en a de jaune & souvent de rouge, comme l'ocre. On en trouve de roussâtre, de verte, & enfin en divers lieux elle a differentes couleurs. J'ai lû dans l'Histoire des Indes, que les terres des montagnes & des collines du Perou, font voir en plusieurs endroits des couleurs très-belles & très-éclatantes, ce qui vient peut-être des exhalaisons minerales dont la plûpart de ces montagnes sont pleines.

Je ferai observer ici que la Marne est une terre grasse & salée, qu'on mêle avec l'autre terre pour engraisser & rendre fertiles les champs qui ne sont pas fort bons. Il y a des mines de cette terre, & l'Academie des Sciences de Paris croit qu'elle est formée par des

Huitres pourries qui sont restées dans les lieux creux de la terre, dont les coquilles aussi-bien que le poisson, dans l'espace de plusieurs siécles, ont formé cette terre grasse & salée. Cela peut être vrai, mais je ne sçais si la preuve qu'on en donne de ce qu'on trouve beaucoup de morceaux de coquilles dans cette terre, est suffisante; car en cent autres manieres on trouve des coquilles dans la terre, sans trouver de Marne. Cependant je n'ose pas contrarier de si Sçavans personnages, ni y souscrire absolument. D'autant qu'on auroit mauvaise grace de dire que la terre de Murcie qui est rouge comme du sang, a acquis cette couleur, parce qu'on a donné dans ce lieu où on la tire, une bataille si sanglante, que la terre en a pris cette couleur sanguine : ou de dire que la pierre de Briançon qui marque sur le drap comme du savon, a été autrefois du savon qui s'est mêlé avec la terre. Mais pourquoi ne pourroit-on pas dire, que comme diverses choses & autres terres se produisent naturellement, sans qu'il soit besoin que des animaux se pourrissent pour les former; pourquoi, dis-je, ne se pourroit-il pas que la Marne fût formée de l'assemblage des particules élementaires, comme les autres terres de differentes couleurs, étant certain que la terre verte n'est pas formée de feüilles pourries, ni la Craye féche par des os reduits en poussiere, ou la terre noire ou jaune par de l'encre & autre couleur qui s'est répanduë dans ces endroits.

Si l'on voit une si grande varieté sur la superficie de la terre, elle l'est encore plus au-dedans où se produisent tant de mineraux, tant de pierres, de couleurs & de proprietés si differentes sur quoi aïant à parler au-long dans la suite, je n'en dirai pas davantage. Je touche seulement cet endroit pour faire souvenir le Lecteur qu'il n'y a point de lieu qui ressemble tout-à-fait à un autre, tant par la disposition de sa situation, tant par les terres mêmes, comme par les plantes & les arbres qui y naissent.

Il y a des terres qui préservent les corps morts de la corruption, comme est entre autres celle des Caves ou Cimetiere de Toulouse, & l'on dit que l'on y voit encore le corps de la belle Paule d'une maniére qu'on peut connoître que c'étoit une très-belle personne. Proprieté qui lui vient sans doute des sels dessicatifs, dont cette terre & les autres qui font le même effet sont chargées. Car le sel empêche la corruption, suivant l'experience journaliere.

On voit à Rome un petit champ qu'on appelle *Campo Sancto*, c'est-à-dire le Champ Saint, parce qu'on dit que cette terre a été apportée de la Paleſtine, & pour cela elle a la vertu de rendre incorruptible les corps qu'on y enterre.

Il y en a de ſemblable dans un Cimetiére de Piſe, qui a été apportée auſſi du même païs. Sans doute que ces terres ſont remplies de ſel, ou de bitume, qui conſerve fort les corps de la corruption. Car les Egyptiens n'embaumoient la plus grande partie des corps morts du commun, qu'avec du ſel Nitre, qui vient abondamment dans le païs.

On voit dans les Grottes de Kioutte, en Pologne, des corps entiers qu'il y a plus de cinq cens ans qui ſont morts.

Un de mes amis (Monſieur de Piles) m'a dit que les Grottes de Saint Gennaro au Royaume de Naples, qui forment une eſpece de Labirinthe, étant entrelacées les unes dans les autres, qui s'étend à plus de trois milles: dans ces grottes, dis-je, les corps morts s'y conſervent entiers preſque tous & fort ſains, & la chair obéit même au tacte.

Tout au contraire il y a des terres qui corrompent & réduiſent bien-tôt les corps en terre; car en les faiſant fort fermenter, à meſure que le corps ſe déſeche il ſe reduit en poudre, comme ſont les terres de tous les Cimetieres. Dans l'Iſle de Saint Thomas proche la Guinée, il y a une te qui diffout en quatre heures ou environ les corps qu'on y met, & les reduit en poudre; apparemment que cette terre contient un sel âcre & corrosif comme l'eau forte.

Il y a des terres qui ne souffrent point d'animaux venimeux, comme est, par exemple, l'Isle de Malthe. L'on dit que cela est ainsi depuis que Saint Paul y fut mordu de la Vipere, & que l'on voit encore les langues & les yeux des Serpens pétrifiez; mais nous ferons voir dans la suite ce que c'est que ces langues & ces yeux de serpens, & S. Paul n'en sera pas moins un grand Apôtre sans qu'il ait besoin de ces fables qu'on a faites à son occasion. Il y a dans l'Irlande des terres semblables qui ne souffrent aucun animal venimeux, ce qui arrive parce que les vapeurs de la terre ne sont pas convenables à ces reptiles. On voit une terre sur les côtes de Bretagne qui est semblable, aussi-bien que ce qu'on appelle auprès de Grenoble la *Terre sans venin*. Il ne vient pas non plus aucun animal venimeux dans une des Isles Schetlandiques, appellée Schetland, que ceux qu'on y porte, lesquels y meurent en très-peu de tems. Au contraire une autre des Isles Orcades nourrit fort bien les animaux qui y naissent, mais ils meurent aussi-tôt qu'ils en sortent; la même chose arrive aussi aux animaux des Isles Bermudes.

S'il y a des terres où les Serpens & les

Infectes ne peuvent pas subsister, il y en a d'autres qui en sont remplies. On voit en Provence une montagne qui paroît être une pepiniere de Serpens, parce qu'ils y trouvent aparamment dequoi vivre à leur aise, & que les vapeurs de la terre dans laquelle ils sont enterrés plus de la moitié de l'année leur convienenent. On ajoûte que par bonheur ces Serpens sont sans venin, & qu'au surplus ils sont bons pour certaines maladies; sçavoir s'ils font la même chose que ceux de Bracciano près de Rome dont j'ai parlé dans le deuxiéme chapitre de cette partie.

Les Halles d'Hipole sont sans araignées, & on dit que le Palais de Venise ne souffre pas de mouches, non plus que les campagne d'Ausbourg ne souffrent point de Rats. Il y a lieu de croire que les vapeurs de ces terres sont assez pures pour être contraires à ces bêtes, qui naissent & vivent volontiers dans la corruption.

Dans un certain Convent de Moines en France, dont je ne me souviens pas du nom, les mouches ne peuvent pas en approcher, soit comme je viens de le dire que l'air trop pur ne convienne pas à ces Insectes; ou que par quelque artifice les murailles soient enduites de quelque chaux, ou couvertes de bois dont l'odeur ne leur convient pas. On dit aussi que les Cellules des Chartreux de

Paris, si je ne me trompe, sont boisées d'un bois dont les punaises n'osent pas approcher.

* Il y a dans la Ville de Troyes en Champagne une singularité semblable à celle dont je viens de parler, & qui paroîtra fabuleuse à ceux qui n'ont pas été à Troyes, ou qui y aïant été n'y ont pas fait attention, qui est néanmoins très-certaine ; qui est qu'il n'entre point de mouches dans la boucherie, quoiqu'elle soit fort grande, & qu'aux environs de ce lieu il y en ait dans la saison une très-grande quantité ; quelques-uns attribuent cette merveille à un Talisman, d'autres aux prieres de Saint Loup Evêque de cette Ville.

La Terre de Malmagie en Norvege ne souffre point d'animaux dangereux, & même les Vaisseaux qui y abordent sont exempts d'être rongés par les vers.

Il y a une Grotte près de Bethleem, en Judée, où il vient une terre qui étant avalée donne du lait aux femmes qui en ont besoin. On rapporte que la Sainte Vierge y avoit donné à téter la premiere fois à Nôtre Seigneur, & que pour cela elle a fait cette grace à cette terre.

---

* Memoire Histor. de Champagne imprimé chez Cailleau.

Il y a en Hollande une terre dont on fait les Tourbes, & qui sert à brûler à la place de bois. Il faut croire sans doute, que c'est une espece de charbon de terre imparfait, c'est-à-dire une terre bitumineuse, & que pour cela elle brûle.

On trouve une terre à Narni, ville du Pape, qui dans les tems froids & temperés, est fort dure & séche, mais dans les tems chauds elle se ramollit ; je crois que cette terre approche de la nature de la graisse ou de la cire, qui se fond à la chaleur, & se durcit dans un tems froid & sec.

Il y a tant d'autres sortes de terres, qu'il faudroit faire un gros volume pour les décrire toutes, sans compter celles que notre Globe enferme dans son sein ; c'est pourquoi j'ai crû que ce que j'en ai rapporté suffisoit pour exciter le Lecteur à la reflexion : mais je n'obmettrai pas néanmoins une terre singuliere, dont parle le Pere Rzenezinski, [*] qu'on appelle *farine fossile*, qui vient en quelques lieux de Pologne, & laquelle étant mêlée avec la bonne farine, se mange comme l'autre, & forme de bon pain. Il est vrai que ce Pere prétend que cette farine ne donne point de nourriture, ce que je croirois bien, & que toute seule elle n'est

[*] Hist. Naturel. de Pologne.

pas capable de nourrir ; mais peut-être qu'étant mêlée avec la bonne farine, elle sert pour en extraire un suc nourrissant. Car je crois que cette terre farineuse est une graisse de la terre, que la chaleur du centre, ou du Soleil fait sublimer dans la terre comme les Champignons & elle se séche par l'air environnant en forme de farine. Il est toûjours vrai, au moins, que cette terre ne fait point de mal comme fait la terre ordinaire, quand elle est mêlée avec la farine & qu'au surplus elle n'a point de mauvais goût. Ce qui me persuade que cette farine, qui n'est que la graisse de la terre (comme je l'ai dit) donne quelque nourriture, sans quoi il seroit inutile de la mêler avec la bonne farine, & il est à croire que les pauvres gens, qui la mêlent ainsi en tirent quelque utilité & quelque subsistance. Cette sorte de farine vient non-seulement en quelques lieux de la Pologne, mais aussi en Allemagne, & voici ce que M. de Sarlitz, Gentilhomme Saxon, nous en dit.

,,* Pour la terre blanche dont on fait du
,, pain, & qu'un Sçavant veut appeler
,, *Medullam Saxorum*, mais improprement,
,, puisqu'il n'y a point de carrieres dans le
,, païs, elle se trouve dans la Seigneurie de

* Journal des Sçavans du Lundi 7 Mars 1678

„ Moscau, dans la Haute-Lusace, qui ap-
„ partient à M. l'Electeur de Saxe, & on la
„ prend dans un grand côteau, où l'on tra-
„ vailloit autrefois au salpêtre. Quand le
„ Soleil a un peu échauffé cette terre, elle
„ se fend, & il en sort quantité de pe-
„ tites boules blanches comme de la farine,
„ que les pauvres gens ramassent au pied
„ de ce côteau, & gardent jusqu'au tems
„ de quelque sterilité, pour en faire du
„ pain avec de la farine. Il est vrai que
„ comme cette terre ne fermente point,
„ le pain qu'on en fait ne sçauroit être
„ bon pour nourrir, mais si on la mêle
„ avec la farine elle fermente fort bien;
„ de sorte qu'on peut s'en servir en cas
„ de besoin.

M. de Sarlitz assure avoir parlé à des personnes du pays, qui s'en sont nourris pendant quelque tems, durant la guerre d'Allemagne, &c. Il assure de plus qu'il a fait quatre sortes de pain avec cette farine. Premierement, avec cette farine; 2°. avec moitié de bonne farine; 3°. Un tiers de farine de froment & deux tiers de farine fossile. 4°. Deux tiers de farine de froment & un tiers de cette farine fossile: & il y a eu de ce pain qui s'est conservé six ans sans se gâter ni moisir.

J'ai trouvé une relation plus exacte, qui dit

dit que quand le Soleil a un peu échauffé la terre elle se fend, & il en sort quantité de petites boules blanches comme de la farine, qui est comme un lait ou graisse de la terre, ou une matiere semblable à celle dont elle forme une si grande diversité de champignons, comme on voit aux environs de Rome. Cependant toutes les terres ne produisant pas des champignons ou des trufles; de même il y a peu de terres disposées à produire cette farine. Ne pouvant dire autre chose, sinon, qu'une terre est disposée à produire l'or, l'autre l'argent, celle-ci le seul argent-vif, une autre le soulphre, & ainsi des autres.

Un Espagnol de mes amis, m'a assuré qu'il y en a de semblable en Espagne près de Gironne, & sans doute qu'il y en peut avoir encore ailleurs; c'est ce que je crois pour le present avoir à dire de la diversité des terres, me reservant dans la suite de parler plus au long des choses particulieres qu'elles produisent, & lesquelles, quoique composées la plûpart de terre, ne peuvent pas s'appeller terre, mais on leur a donné d'autres noms.

J'oubliois de dire que dans les Antilles, il y a une terre qui sert de savon, propre à blanchir le linge & autres choses.

Cette proprieté lui vient sans doute de ce que cette terre est pleine de sels lexiviaux. Aux environs de Plombieres en France, il y a aussi quantité de cette terre appellée *Smeiclen*, ou *terra Saponaria*.

La terre dont on fait la porcelaine est encore une terre ou sable très-fin, duquel en partie par les préparations qu'on lui donne, on fait ces vases qu'on estime si fort.

La belle terre rouge de Murcia, dont on fait ces vases qu'on appelle *Boucaros*, ne merite pas d'être negligée, d'autant plus qu'en Esté cette terre, dit-on, aide l'eau qu'on y met à éteindre la soif & à la rafraîchir; ce qui vient aussi des sels qui y sont mêlez, suivant la vertu des sels qui est rafraîchissante. La terre qui vient de Pozzolo, & que pour cela on appelle *Pozzolana*, est très-séche & brûlée par les feux sulphureux dont ces campagnes sont pleines. Cette terre sert de sable pour en faire du mortier avec la chaux, & comme elle est en partie mêlée de substance sulphureuse & bitumineuse, ce sable fait un mortier si fort & tenace, qu'avec le tems toute l'humidité étant consumée, il forme un massif avec les briques, qui est presque aussi dur que la pierre.

Il y a une terre en Quam-si, Province

de la Chine, qui est un Antidote souverain contre tous les poisons. Dans la Province de Xensi, au même Royaume, on trouve une terre fort blanche, qui sert de fard aux Dames du pays, qui par-tout veulent paroître belles à quelque prix que ce soit, ce qui ne peut pas être si mauvais que le plomb, la marcasite & autres drogues dont les femmes se servent en Europe.

La terre Lemnia & la Samienne étoient fort estimées chez les Anciens. Celle de Malthe qu'on appelle *Sigillata*, qui est bonne aussi contre certains poisons, est digne de remarque, aussi-bien que plusieurs autres dont je ne veux point parler pour ne point trop grossir cet ouvrage. Je dirai seulement que les proprietez qu'elles ont, ou qu'on leur attribuë, viennent d'un mêlange précis des Elemens qui forment leurs qualités essentielles, dont j'ai suffisamment parlé dans l'Abregé de la Doctrine de Paracelse. *

* Au Chapitre de la Quintessence.

CHAPITRE VIII.

Autres observations sur la formation du Globe terrestre, & particulierement sur la mer.

LEs corpuscules de l'Element de la terre étant plus grossiers, & par conséquent ayant une plus grande étendue, ils donnent plus de prise à la matière première, & sont poussez avec plus grande violence vers le centre, que les corpuscules de l'eau qui sont plus petits : de manière que les corpuscules terrestres arrivant les premiers au centre, ceux de l'eau sont contraints de s'appuyer sur la masse que la terre forme. Mais comme la matiere du Tourbillon ne laisse pas de pousser les particules de l'eau vers le centre, elles pénétrent les pores & les interstices de la terre par tous les endroits pénétrables, & se répandent dans son sein ; car il faut considerer que l'eau iroit au centre y étant poussée également comme la terre, si cet Element plus grossier n'y étoit poussé plus vigoureusement, comme je l'ai déja dit.

* De l'assemblage des particules de l'eau,

---

* Congregationes aquarum appellavit Maria.

qui font en un si grand nombre & peut-être plus que celles de la terre, se forme ce qu'on appelle mer, lacs, rivieres, qui s'appuyent & se meuvent sur la terre, suivant ce que j'ai dit du corps liquide dont toutes les particules sont dans une continuelle agitation, comme je l'ai fait remarquer dans mes principes.

Mais quoique la mer s'appuye sur la terre formant ces vastes étendues liquides, il faut observer que le Globe de la terre étant fort raboteux, quoique la superficie de l'eau soit égale, il n'en est pas de même de son fond, puisque l'experience montre aux Mariniers qu'en certains lieux sa profondeur est petite, en d'autres mediocre, & qu'ailleurs on n'y trouve point de fond. Il faut donc considerer le fond de la mer à peu près comme nous voyons la superficie de la terre, car ce n'est au vrai que la superficie de la terre couverte d'eau. Il faut donc se representer des plaines, des côteaux, des vallées & des montagnes, dont quelques-unes élevent la tête hors des eaux, & forment des Isles grandes, ou petites, suivant l'étendue de ces montagnes. * Je mets ici une Figure pour donner une simple idée, laissant au Lecteur

---

* Voyez la troisiéme Figure.

la liberté de se l'imaginer en cent mille manieres differentes, comme cela est en effet.

Cette Figure peut nous donner une idée du fond de la mer, des rochers, des fonds de sables, ou sirtes, des Isles, & des autres choses qui ne paroissent pas facilement à nos yeux.

Mais ce que nous devons considerer plus particulierement dans la mer, ce sont ses mouvemens. Je ne parle pas de celui qui est propre & naturel à l'Element liquide, parce que j'en ai déja parlé, mais des autres qui sont differens, dont j'en trouve deux ou trois plus particuliers, comme sont les courans que les Mariniers trouvent seulement en certains endroits, & qui souvent les font deriver de leur chemin, & qui le hâtent ou le retardent suivant qu'ils suivent ces courans, ou qu'ils marchent contre. Le second est les courans de l'air que l'on trouve sous la Zone-torride, qui poussent toûjours les Navires d'Orient vers l'Occident, donnant aussi aux eaux un semblable mouvement. En troisiéme lieu, certains courans de vents qu'on appelle Moussons, qui regnent particulierement vers les Indes Orientales. Et enfin le plus merveilleux, & en même-tems le plus ordinaire, est celui du flux

& reflux de la mer, qui arrive deux fois en vingt-cinq ou vingt-six heures. Et en dernier lieu, celui que l'Euripe a en particulier. Mais comme nous parlerons dans un Chapitre feparé du flux & reflux de la mer, aufli-bien que des vents, où nous tâcherons de rendre quelque raifon du moins apparente de toutes ces chofes, je ne m'arrêterai ici que pour dire deux mots fur les premiers effets, qui font les courans. La raifon qu'on en doit rendre ne me paroît pas difficile à trouver, parce que ces courans ne peuvent être differens de ceux des rivieres, qui courent & se meuvent fur un plan incliné, par lequel elles coulent jufqu'à la mer. Et il faut remarquer que ces mêmes rivières, lorfqu'elles trouvent une pente plus forte qu'à l'ordinaire, redoublent la vivacité de leur courfe, comme je l'ai éprouvé fur la Loire, & que les Batteliers me l'ont fait remarquer. Je crois donc que le fond de la mer étant inégal, & fes eaux dans un perpetuel mouvement, lorfqu'elles trouvent un endroit de la terre qui panche, elles courent avec plus de violence & coulent plus vîte vers ce côté-là, que vers un autre, comme on le peut voir à peu près dans la Figure, * faifant le même effet

* Voyez la quatriéme Figure.

que j'ai dit, que la riviere feroit, qui, quoiqu'elle ait une superficie égale, néanmoins redouble son cours dans l'endroit où le penchant est plus fort, y étant poussée par la pesanteur naturelle de l'eau.

CHAPITRE IX.

Des changemens qui arrivent ou qui sont arrivés au Globe de la Terre, & de la Terre avec les Astres.

IL n'est pas besoin d'autre preuve, que de faire souvenir le Lecteur de quelques faits généraux, pour le persuader que toutes les parties de notre Globe sont sujettes au changement & à une vicissitude perpetuelle. Je veux même ne restraindre le souvenir de ces changemens, qu'à deux ou trois espéces, sur quoi les choses passées nous donneront des indices incontestables de l'avenir. Le premier de cette espéce consiste en ce que les endroits où est à present la terre séche, seront un jour couverts de l'eau de la mer, ou autre, & habités par des poissons ; & au contraire ce qui est à present mer, deviendra un jour terre cultivée & habitée par des hommes & par des animaux. Le second changement est, que les lieux où sont de grandes Villes deviendront inhabités, & l'on n'y verra plus que les masures, & à peine des vestiges de leurs ruines. Le troisiéme changement est celui des mœurs des Nations de certaines contrées de la terre, comme aussi dans leur maniére de vivre, & des Sectes differentes qui s'y introduiront.

Pour commencer par le premier changement qui est le plus grand, il est visible que la mer gagne toûjours certaines terres pendant qu'elle se retire de quelques autres; car n'y ayant qu'une certaine quantité d'eau, dont la mer est l'assemblage, elle ne peut pas s'étendre & couvrir une terre qu'elle n'en laisse une autre à découvert.

S'il est vrai ce que quelques anciennes histoires raportent, que ce qu'on appelle aujourd'hui la mer Mediterranée fut autrefois une terre habitée, & que l'Ocean qui étoit retenu par le terrein qui joignoit l'Espagne à l'Affrique ayant rompu cette digue, passa par cet endroit qu'on nommoit les Colonnes d'Hercule, & à present le détroit de Gilbratar, & inonda tout ce grand trajet de terres plus basses, qui s'étendent jusqu'en Asie, & forma la mer Mediterranée; si cela est vrai, dis-je, comme quelques Historiens l'assurent, on peut voir quel terrible changement la mer auroit fait dans ces terres qu'elle a submergées. Quant à moi, je m'imaginerois qu'il ne seroit pas hors de raison de croire que Dieu justement irrité contre le genre humain, ayant resolu de le submerger, auroit pû se servir de ce moyen naturel pour former le deluge dont la sainte Ecriture parle, & qu'outre les pluyes de 40. jours & autant de nuits que les cataractes du Ciel firent tomber, l'Ocean concourut aussi à la volonté de son Créateur, pour détruire la generation des hommes méchans dont la terre étoit alors couverte : Mais comme les Livres sacrés ne nous parlent pas de cette circonstance, je ne rapporte cela que comme une conjecture, c'est pourquoi je parlerai de choses plus visibles. Cela supposé, on voit que l'eau qui couvre à présent la terre que baigne la Mediterranée, a dû laisser à decouvert une égale portion de terre qu'elle couvroit auparavant ailleurs.

L'on voit encore dans la mer de Harlem les pointes de plusieurs Clochers; marques malheureuses de plusieurs Villes, Bourgs, & Villages qui ont été engloutis. L'Histoire nous dit qu'en 1421. la mer submerga plusieurs Villages & Bourgs du côté de la Hollande, & en 1530. & 1570. encore un grand nombre. Près de Salger au Royaume d'Alger, on remarque dans la mer quand elle est calme plusieurs Bâtimens de Villes ou Bourgs qu'elle a engloutis. L'on voit de semblables choses sur les côtes de Dannemarc & ailleurs. La Hollande & la Zelande ne se conservent actuellement que par les digues que les habitans opposent à la fureur de l'Ocean, dont les eaux sont visiblement plus hautes de plusieurs brasses que ces terres. J'ai vû même une ancienne Carte geographique, faite du tems de Charlemagne, qui ne designoit cette mer de Hollande qu'on appelle *Zuiderzée*, que comme une plaine très-belle, au milieu de laquelle il y avoit un Lac de mediocre étenduë, & il paroît bien que la mer a franchi le pas près du Texel & des Isles qui sont voisines, puisque les gros Vaisseaux, ou les mediocres bien chargez, sont contraints de s'arrêter au Texel, où ils se déchargent de leurs marchandises qu'on transporte dans des bâtimens legers, n'y ayant pas dans la Zuiderzée un fond d'eau suffisant, pour qu'ils puissent arriver à Amsterdam sans toucher la terre.

* ,, L'on apperçoit, dit Boetius, dans la
,, Flandre que les lieux marins sont faits
,, terrestres, & les terrestres marins. Car
,, dans quelques champs proches de la Ville
,, de Bruges, ma patrie très-celebre, lors
,, qu'on foüit la terre jusqu'à dix ou vingt
,, aunes, on trouve des Forêts entieres, &
,, les feüilles & les troncs des arbres sont
,, si conservez, qu'on peut discerner leurs
,, especes. Ceux du pays se servent du bois

---

* Boëtius Boot. l. 2. pag. 411.

» & des feüilles au lieu de charbon &c.

Il est visible en plusieurs endroits des côtes de la Normandie, de la Bretagne & de la Guienne, que la mer gagne insensiblement les côtes & en quelques endroits elle a detaché de grandes pieces de terre de leurs continents ausquels elles étoient jointes. L'opinion commune des anciens, est, que la Scicile formoit un même continent avec l'Italie, & que les courans de la mer, qui viennent avec impetuosité de l'Orient, peuvent avoir consumé & rongé l'Istme, & l'ont reduite en Isle. L'isle de Negrepont, suivant les memoires des Grecs que Pline rapporte, tenoit à la Boetie; mais la mer peu à peu emporta la plûpart des terres qui regardoient la Boetie, & en fit deux Isles, celle de Negrepont & celle de Zia.

» * En effet, ajoute Tournefort, cela s'ac-
» commode assez à la figure de Zia. Elle
» s'allonge du Nord au Sud, & se rétrecit
» à l'Est & à l'Oüest; peut-être que ce fut
» l'effet du debordement du Pont-Euxin,
» dont a parlé Diodore de Sicile &c.

Pour ce qui est de moi, je croirois volontiers que la plus grande partie des petites Isles qui sont proche de Negrepont,

* Tom. 2. page 14.

étoient des terres qui ont été disjointes l'une de l'autre par le courant de la Mer.

Mais pour parler des Isles plus éloignées, il est visible, au rapport du bonhomme Pirard,* que les Maldives, dont on fait compte d'environ 11000. ont été formées par la Mer, qui a rongé peu à peu une grande Isle & l'a reduite en plusieurs petites, divisées en dix ou onze tas, qu'on appelle Estalons. On ne doute pas qu'avec le tems la mer ne les submerge entierement, puisque l'on voit que les courans d'Orient en Occident, qui sont très-impetueux dans ce lieu, rongent toûjours la terre de ces petites Isles en plusieurs endroits.

L'on ne doute pas non plus que l'Amerique, qui ne fait à present qu'un seul continent, ne soit separé en deux par le courant de la mer qui frappe continuellement contre l'Istme qui joint la partie Meridionale & la Septentrionale ensemble; quoique les bords de cet Istme soient défendus par quelques Montagnes assez hautes, mais qui cedent enfin aux coups perpetuels du tems. Le Pere Kirker prétend même que cette mer s'est fait deja une route, par laquelle elle communique avec la mer Pacifique de

* Relation des Maldives.

Panama; cependant cela eſt fort incertain, & il n'y a rien qui le prouve avec évidence. Car ſi cela étoit, on ne pourroit pas approcher du rivage oppoſé, ſans être entraîné dans ces gouffres ſoûterrains, par où il ſuppoſe que la Mer paſſe d'un côté à l'autre; c'eſt pourquoi il faut ſuſpendre ſon jugement juſqu'à ce que nous ſoyons mieux inſtruits.

(*a*) Les Chinois rapportent dans leurs Hiſtoires, qu'il y a 4000. ans que la plûpart des Iſles voiſines (*b*) formoient un même continent avec leur pays, mais que la mer les en a detachés.

Si tout ce que nous venons de dire en dernier lieu étoit vrai, pourquoi ne pourroit-on pas dire qu'il y a lieu de croire que l'Angleterre a été ſeparée de la Terre Ferme, des Gaules & de la Belgique; & que l'Irlande étoit jointe à l'Angleterre.

Mais ſi la mer & les eaux gagnent ſur la terre, il ſemble que celle-cy cherche à ſe venger auſſi de ſa part, employant ſon propre ennemi à ſon ſecours; les rivieres & particulierement les grands Fleuves, qui entraînent avec eux beaucoup de terre & de limon, forment viſiblement des Iſles à leur

(*a*) Martini.
(*b*) Les Philipines & autres.

embouchure, qui sont petites au commencement, mais qui grandissant peu à peu, se joignent enfin & forment un continent qui éloigne la mer du rivage qu'elle baignoit auparavant.

L'on voit que le Rhône a deja formé plusieurs Isles à son embouchure, lesquelles croissent insensiblement & agrandiront les côtes & les terres de la Provence se joignant à son continent; & cela est si visible qu'il n'y a qu'à prendre une bonne Carte Geographique de la Provence pour en être convaincu, & on verra que les terres qui sont depuis Usès, sont l'ouvrage du Rhône qui les a formées, particulierement ce qu'on appelle la *Camargue*, & les autres qui sont entre les deux branches de cette riviere. De maniere que ce que les Egyptiens dirent à Herodote * n'est pas tout-à-fait hors d'apparence, c'est-à-dire que la plûpart des terres d'Egypte ont été formées du limon & de la vase que le Nil y laisse après avoir debordé, & que les confins de l'ancienne Egypte étoient dans l'endroit où étoit alors la fameuse Thebes aux cent portes, environ 100. lieuës loin de la mer. Ce que je dis est d'autant plus probable, que l'on voit que l'ancien Phare

* *Herodo. lib.* 2.

d'Alexandrie, & la Ville elle-même, au dire de la plûpart des voyageurs (quoique Paul Lucas* paroisse en douter en un endroit) étoient bien plus avancés dans la mer. Ce qui marque que ce Fleuve avec les terres qu'il charie, a repoussé la mer, & en avant le rivage. Lucas même ne peut pas s'empêcher de l'avoüer par ces paroles. » A » l'endroit dit-il, où cette seconde digue » touche à la Ville du côté du Port, il s'est » insensiblement formé un terrein entre les » deux Ports, où les Turcs ont bâti depuis » 25. ou 30. ans leurs maisons pour être plus » près de la mer, & ils ont abandonné » l'ancienne Ville, qui est à present plus loin » de la mer que lorsqu'Alexandre la fit » bâtir &c.

Il est aussi fort certain que les Venitiens prennent de grandes précautions pour empêcher que leur Ville, qui est à present dans la mer, ne reste à sec. Il y a toûjours à cet effet un certain nombre de Barques qu'on employe avec des outils convenables, qui retirent du fond de la mer tant le sable qu'elle y apporte avec son flux, que les ordures qu'on y jette des maisons : mais nonobstant ces précautions, il est sûr & même probable qu'il ne se

* P. Lucas. Tome 2. page 38.

peut pas passer trois ou quatre cens ans encore, ou environ, qu'elle ne reste à sec.

Toutes les grandes rivieres, comme le Gange, le Danube, celle des Amazônes, du Mississipi, & plusieurs autres ont formé un si grand nombre d'Isles à leur embouchure, qu'ils rendent non-seulement l'entrée difficile, mais encore douteuse pour connoître le vrai canal de la riviere. Et on remarque, à n'en pouvoir douter, que quelques-unes de ces Isles se sont jointes ensemble pour en former une plus grande. En un mot j'ai lû dans un Auteur curieux, dont j'ai oublié le nom, que quand les Rivieres & les Fleuves ne charieroient tous les jours, l'un portant l'autre, que la quantité d'une livre de terre sur le rivage de la mer, en un certain nombre de siecles, dont il fait le calcul exact, il y a aparence que tout ce qui est couvert de la mer à présent, doit devenir un jour terre séche, & que ces eaux étant repoussées ailleurs doivent couvrir une semblable quantité d'autre terre. Par où l'on peut conclure que tout ce qui est mer à présent, peu à peu sera découvert d'eau, & que ce qui est couvert à présent d'eau, pourra un jour devenir terre cultivée, & la place qui étoit la demeure des poissons sera celle des hommes, des autres animaux, & des arbres où reposeront les oiseaux.

Ajoûtez encore à ces changemens des eaux, ceux que les Rivieres font de leur lit, & qu'elles prennent leur cours par d'autres terres que par où elles couloient auparavant, soit que leur lit se remplisse en quelqu'endroit de la terre que leurs eaux entraînent, soit que la mer par le flux y apporte beaucoup de sable, soit que les hommes même en détournent ailleurs les eaux, comme il est arrivé au Rhin, qui fut separé par un chef de Rebelles en deux branches, qu'on appelle aujourd'hui l'Issel & le Leck, afin de s'y deffendre plus facilement de l'Armée Romaine, se trouvant de cette maniere enfermé entre la Meuse & ces bras du Rhin, dans l'esperance de ne pouvoir être attaqué par aucun côté. De façon que le Rhin alteré par ces canaux n'a plus rien de grand que le nom, & ce Fleuve fameux après avoir traversé l'Allemagne, & fourni ses eaux à une quantité de grandes Villes, arrive si petit aux extrémités de la Hollande, qu'il est presque honteux du peu de tribut qu'il apporte à la mer, & il se cache & se perd près de Harvikt & de Campen, n'osant faire paroître sa misere aux yeux de l'Ocean.

L'on dit que Xercès, entr'autres folies,

voyant qu'une riviere arrêtoit la marche de son Armée, employa tous les hommes qui la composoient à faire des fosses & & des canaux, afin que par tout elle fût si petite, que le moindre homme pût la passer à gué sans obstacle, punissant ainsi la riviere qui avoit osé former un empêchement à son passage. Il fit aussi foüetter la mer, parce qu'elle avoit rompu le pont qu'il avoit fait bâtir dessus, & réduire en Isle le mont Athos, à cause qu'il lui faisoit obstacle, quoiqu'on dise que cette Montagne s'étend plus de 20. lieuës dans la terre & plus de dix dans la mer.

J'ai vû le lit de la Seine près de Honfleur, vis-à-vis d'une terre appellée Condeville, si plein de sable que le flux de la mer y porte, qu'en plusieurs endroits elle n'est pas navigable, & qu'elle a été contrainte de se faire divers passages à travers des terres pour aller jusqu'à la mer. J'ai même oüi dire à des gens sçavans dans l'antiquité, que le lit present de cette riviere n'est pas celui par lequel elle couloit anciennement. Ce qui est certain de plusieurs autres rivieres, dont il est inutile de faire le recit, puisque c'est une chose connuë. Quand il n'y auroit même que la moitié de ces choses qui fussent veritables, cela pourroit suffire pour prouver ce que j'avance.

Mais passant à la seconde reflexion qui regarde les villes abatuës & ruinées ? Que dira-t'on de la fameuse Troye, de Thebes aux cent portes, de Ninive, de Persepolis, de Babylone & de ses murs prodigieux, sur lesquels il y avoit des Jardins ? Quoique Rome soit encore belle, seroit-elle reconnuë par ceux qui vivoient sous les premiers Empereurs ? Combien de villes & de Châteaux ont été ruinées par les Tamerlans & par les Gingiskans avec leurs Tartares, qui comme un deluge impetueux ravageoient tous les lieux où ils passoient, & ce qui leur faisoit quelque résistance. Et pendant que d'une part une Ville tombe en ruine, les autres s'elevent avec de nouvelles Monarchies. Le même Paris étoit enfermé du tems de Cesar dans l'Isle du Palais avec quelques peu de maisons aux environs de la Seine, & les deux Châtelets étoient des portes de cette Ville. J'ai vû abbattre non-seulement la Porte Baudet qui est près de la Grêve, mais la Dauphine, celle de Richelieu, & quelqu'autres qui dans les siecles précedens marquoient que cette grande Ville n'avoit pas une plus vaste étenduë : & dans l'espace d'environ 40. ans, cette Ville s'est étenduë presque de moitié au-delà de ses anciennes bornes où je l'ai vûë d'abord, & le Roy Louis XIV. qui en plusieurs choses a imité Auguste, peut faire dire de lui à l'égard de Paris, ce qu'Auguste disoit de Rome : *Qu'il l'avoit trouvée de bois, & qu'il la laissoit de pierre.* Car en effet, dans le tems que j'y vins, plus de la moitié des maisons n'étoient bâties que de bois & de plâtre, & à present cette Ville est presque toute de pierres, & pleine de maisons & de Palais magnifiques, au lieu qu'auparavant on se contentoit de fort petits appartemens. Il faut remarquer aussi que les montagnes en plusieurs endroits dont on tire les pierres pour ces bâtimens, changent aussi de leur part en se rapetissant, ou bien deviennent des vallées & de trous profonds.

Mais que dira-t'on du passage de certains peuples, dans les terres d'une autre nation, & des manieres & des mœurs qu'ils y introduisent. Les Barbares qui soûmirent Rome & l'Italie, quelle barbarie & quelle ignorance n'y ont-ils pas introduit pendant plusieurs siécles ? Les sciences & les arts qui y avoient fleuri avec l'Empire, resterent ensevelis sous ses ruines nombre de siécles, d'où enfin la Maison des Medicis a commencé à les tirer. Les Gaulois, par l'invasion des Francs, n'ont-ils pas été long-tems si grossiers, qu'une partie de leurs principaux Seigneurs sçavoient à peine signer leur nom, & les sciences mises en déroute, n'avoient trouvé quelque foible azile que dans les Couvens de Moines. L'Egypte & la Grece, toutes deux Reines des arts & des sciences, en quel miserable état ne sont-elles pas à present sous la domination des Turcs, qui méprisent les sciences, & qui disent qu'elles avilissent le cœur & l'éloignent de la guerre dont ils font leur capital, ne donnant autre satisfaction à l'esprit que les peines d'une vaine speculation de ce qui est inutile à sçavoir.

Quant aux Mœurs & aux Religions qu'une nation qui passe dans les terres d'une autre y introduit en la soumettant, elles apportent sans doute des changemens très-considerables. Quel changement ne devons-nous pas concevoir que l'Amerique a souffert par le passage des Espagnols, des François, & des autres nations dans cette quatriéme partie du monde, particulierement dans le Pérou & dans le Mexique, où les Espagnols ont établi le siege principal de leur Empire. Ces nations qui vivoient en plusieurs endroits à demi nuds, & dans la simplicité du siecle d'or, avec une religion particuliere, sont devenus presque Espagnols, & dans la Nouvelle France presque

François: Sur les côtes de l'Amerique Septentrionale à demi Anglois ou Hollandois, & ces derniers ont introduit un pareil changement à Battavia & dans plusieurs autres endroits de l'Orient qu'ils occupent. Les Peuples qui habitent les côtes Orientales d'Affrique, à Melinde, Mombaze, Mozambique & Quiloa, aussi bien qu'à Goa, dans l'Isle de Macao, au Bresil, sont devenus presque Portugais & Chrétiens. Les Espagnols n'ont-ils pas introduit dans les parties les plus reculées de l'Orient, aux Philippines anciennes & nouvelles, d'autres mœurs, & une religion plus sainte, aussi-bien qu'aux Isles Mariannes, dont le nom est plus honnête que celui des Larrons. Les anciens Brachmanes, les Gimnosophistes, & les Mages reconnoîtroient-ils leurs Indes, où les Mogols Mahometans regnent à present, aussi-bien que dans la Perse. La Chine n'a-t'elle pas alteré en partie ses mœurs depuis que les Tartares y dominent, ou pour mieux dire ces mêmes Tartares ne sont-ils pas devenus Chinois. Quel changement n'a pas souffert l'Espagne par l'invasion des Maures du tems du Roi Roderic, & avant eux par les Gots & les Vandales, pour ne point parler des Romains qui l'avoient assujettie auparavant; quelles revolutions & quels changemens,

dis-je

dis-je, n'a-t'elle pas souffert dans les mœurs & dans la religion. On pourroit même dire qu'il semble que l'Espagne se venge à présent sur les Ameriquains, des maux que les autres nations lui avoient fait souffrir. La Pologne, qui faisoit la nation des Sarmates, peuple barbare & feroce, n'est-elle pas à présent très-policée? & la Moscovie qui faisoit une grande partie des anciens Scithes, dont à peine on avoit autrefois quelque connoissance, étant reculés sous un pôle glacial, cependant nous la voyons tous les jours se civiliser de plus en plus, sur-tout depuis le regne du grand Empereur Pierre Bazilouvvitz qui vient de mourir, & dont les conquêtes ont étendu son Empire depuis la mer Baltique jusqu'à la mer Orientale.

Je ne veux point faire un rapport exact de toutes les transmigrations des nations qui ont passé chez les autres & les ont soumises, car cela appartient à la simple histoire qu'on peut lire ailleurs, & principalement dans Blondus *qui en a traité particulierement; je ne prétens faire autre chose que de rappeller la mémoire du lecteur sur ce qu'il a lû dans l'histoire: comme sont les expéditions de Sesostris & d'Ale-

*Blondus de transmigratione gentium.

xandre. Celle des Juifs qui occuperent les terres des Amorhéens, Jebuféens &c. & du maffacre que cette nation y fit par ordre exprès du Souverain maître du Ciel & de la terre. De ce que les Francs ont fait dans les Gaules; les Lombards, & avant eux les Gots, & les Oftrogots, en Italie: Le paffage des Angles dans la Grande Bretagne, à laquelle ils ont donné enfuite le nom d'Angleterre, d'où les Pictes, naturels du pays, furent chaffés, & forcés à fe refugier dans cette partie des Gaules qu'on appelloit *Armoricum*, & que de leur nom on a nommé enfuite Bretagne.

Les ravages que firent les Normands (les gens du Nord) qui étoient des Danois, aufquels on fut obligé d'accorder cette Province, qu'on appelle à prefent Normandie, afin qu'ils ceffaffent d'inquietter les autres Provinces. Ces peuples dans la fuite foumirent l'Angleterre, & cette Nation quelque tems après, plus de la moitié de la France, d'où elle fut enfin chaffée par cette fameufe fille la Pucelle d'Orleans, pendant qu'une autre femme (la belle Agnès) encouragea le Roi, ou à s'évertuer, ou à ceffer de l'aimer. Chofe rare qu'une Maîtreffe ait produit un bon effet en France. Enfin le Lecteur pourra faire de lui-même reflexion à beaucoup d'autres changemens qui sont arrivés sur la terre & qui arrivent tous les jours, tant par rapport aux changemens de la terre & de la mer, que par le changement que les hommes mêmes y introduisent, tant à l'égard des mœurs, des loix & de la Religion, des guerres, des ruines des Villes, des Monarchies & d'une infinité d'autres choses, qu'il n'y a qu'à lire, ou tout au moins faire quelque reflexion, pour connoître que tout ce qui est sur la terre a ses crises & ses changemens, ni plus ni moins que le corps de l'homme.

Je ne parle point des changemens que les feux & les tremblemens de terre produisent, parce que nous en avons parlé suffisamment dans les Chapitres précedens.

Il ne faut pas être étonné, que l'Astre de la terre soit dans un changement perpetuel; car s'il est vrai, comme je l'ai dit, que les Astres avec leur lumiere communiquent reciproquement leurs influences, il n'est pas hors de raison de dire que chaque effet, supposant une cause, on peut croire que ces effets viennent du changement que les Astres font à l'égard de la terre, & les Astrologues en remarquent trois ou quatre principaux. Le plus considerable est celui que j'ai dit du changement & de la revolution du Ciel étoilé, auquel Pitagore attribuoit beaucoup. Le second est la conjonction des Planettes entr'elles, particulierement des trois Planettes superieures : (*a*) Or comme ces trois Planettes se sont conjointes au commencement de ce siécle, dans les premiers degrès de l'Ariès, les Astrologues prédisent dans peu d'années la naissance d'une nouvelle Monarchie, avec la destruction de quelqu'autre ; ce qui ne peut s'accomplir entierement, disent-ils, que lorsque cette même conjonction se reïterera encore dans le Sagittaire & le Lion. (*b*) Il n'est pas permis d'en dire davantage sur cet événement, d'autres Auteurs en parlent suffisamment. (*c*) La troisiéme cause sont les Eclipses. Et enfin le changement des Apogées des Planettes, & particulierement celui du Soleil.

Mais, comme j'ai dit, il ne faut pas s'étonner si l'Astre de la terre est sujet à ces vicissitudes differentes, soit des inondations de la mer, soit du changement des mœurs & des Monarchies, puisque les autres Astres sont aussi sujets à plusieurs changemens, & nous en sçaurions un grand nombre, si nous pouvions avoir

(*a*) Saturne, Jupiter & Mars.
(*b*) Albumasar de magnis conjunctionibus.
(*c*) Cardanus in Quadripartito Ptolomei. Et le Comte de Fiesque.

quelque commerce avec leurs habitans, ou que nous habitassions ces Globes.

Nous avons dit, par exemple, que les bandes de Jupiter, qu'on soupçonne être quelque chose de liquide & semblable à l'eau, se dilatent & se joignent deux ou trois ensemble, ce qui fait soupçonner que cet Astre souffre pendant ce tems des inondations très-grandes, dont nous ne pouvons pas dire avec assurance, si les terres de cette Planette en reçoivent du mal ou du bien. L'on remarque aussi que le Gouffre qui paroît au milieu du Globe de Mars est quelquefois plus noir & sombre qu'à l'ordinaire, ce qui donne occasion au soupçon, non trop mal fondé, qu'en certain tems, ce gouffre exhale en plus grande abondance des vapeurs fuligineuses & sulphureuses ; mais on ne sçait pas si elles sont favorables ou dangereuses à ceux qui l'habitent.

Que dira-t-on des jours de ces Astres ? Le jour de Jupiter n'est que de six heures. Il voit quatre Lunes voltiger autour de lui, & Saturne cinq. Le reste de ce qui se passe dans ces Astres nous est inconnu. Mais comment le sçaurions-nous dans un si grand éloignement, puisque nous ne sçavons presque rien de ce qui se passe sur la terre où nous habitons, &

dont nous n'avons qu'une idée de connoiſſance. A peine ſçavons-nous quelque choſe de la ſituation de toutes les terres & des mers de ce Globe. Et ce qui eſt pis, nous ne ſçavons pas même ce qui ſe paſſe au dedans de nous, ou de ceux que nous voyons, & auſquels nous parlons.

Qui peut dire ou imaginer, avec quelque fondement, s'il y a des gens qui vivent dans ces lieux, & s'il y a des Rois & des Maîtres qui dominent comme parmi nous? de quelle maniere les vivans de ce monde ſe gouvernent, s'ils ſe font la guerre, s'il y a des Royaumes & une forme de Villes & d'Empires.

Tout ce que l'on en peut dire avec quelque apparence de probabilité, c'eſt que tout eſt en mouvement, que tout eſt en agitation par le mouvement continuel des tourbillons, dans le centre deſquels ils ſont enfermez, & que tout eſt changement & viciſſitude perpetuelle; de maniere que nous ne devons pas nous plaindre, que nous, auſſi-bien que notre Aſtre, ſoyons ſoumis à la loi générale de l'Univers; qui eſt que rien ne perſiſte en une même ſituation ſuivant ces propres paroles du Saint Eſprit; *Numquam in eodem ſtatu permanet.*

Fin de la ſeconde Partie.

HISTOIRE NATURELLE DE L'UNIVERS.

TROISIE'ME PARTIE.

AVANT-PROPOS

SUR LES

TROIS REGNES,

MINERAL, VEGETAL, ET ANIMAL.

LES Anciens Philosophes, & particulierement les Egyptiens qui ne debitoient leur Doctrine que voilée de Fables mistiques, ont personifié les Elemens, nous les représentant sous le nom des quatre freres & sœur, qui avoient divisé entr'eux l'Empire du monde. Empedocle nous le témoigne dans les vers suivans :

Jupiter Etereus, Junovitalis, ad hos Diis,
Et nectis lacrimis vitales qui rigat alvos.

Jupiter, qui avoit épousé sa sœur Junon, possedoit comme l'aîné le Royaume le plus noble, & regnoit dans les Cieux ; c'est-à-dire, qu'il étoit le Roi des autres Dieux, & des hommes.

Divum atque hominum Rex.

Et non-seulement des hommes, mais encore des animaux. Voulant faire entendre par-là, qu'à proprement parler il dominoit sur les individus dans lesquels le feu, ou pour mieux dire le soulphre des Chimistes composé de feu & d'air qui est Junon, prédomine.

Neptune avoit le regne inferieur, dominant sur les eaux, & sur les choses dans lesquelles l'humidité prédomine.

Pluton, le cadet de tous, n'avoit pour son partage que le Royaume des morts; c'est-à-dire, des Mineraux, & autres corps qui se produisent dans le sein de la terre, lesquels ne donnent aucun signe de vie, & paroissent morts par leur immobilité. Quoique dans leur interieur les métaux & autres semblables corps en qui la terre domine, cachent un feu très-grand & vital.

Ces trois regnes signifient proprement le *Soulphre*, le *Mercure*, & le *Sel* : aussi-bien que les choses dans lesquelles quelqu'un de ces principes domine & est superieur dans le mêlange des Elemens.

Je ne crois pas pouvoir mieux faire que de suivre, dans la division du reste de cet ouvrage, l'ordre & le goût des Anciens, qui seront toujours nos maîtres malgré la prévention de nos Philosophes modernes. C'est pourquoi je vais commencer par le

AVANT-PROPOS.

Royaume du cadet, qui est celui où le sel & la terre dominent, dans la formation des sels, des pierres, des métaux & des minéraux qui sont tous du regne de Pluton. Mais d'autant que le sel est le premier corps sensible qui se produit d'eau & de terre, laquelle prédomine sur l'humidité, je crois à propos de parler d'abord de ce corps. Fondé de plus en raison, sur ce que le sel est, suivant les Philosophes Chimistes, le principe de la consistance de tous les corps terrestres, * comme la Figure cubique qu'on lui attribuë le marque.

* Voyez la premiere Figure de la planche qui est à la fin de cette Partie.

HISTOIRE NATURELLE DE L'UNIVERS.

TROISIE'ME PARTIE.

DU REGNE MINERAL.

CHAPITRE PREMIER.

De la génération du Sel, avec l'Histoire des Sels differens.

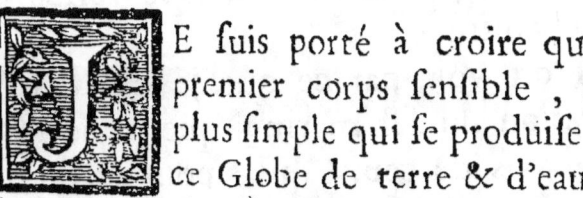E fuis porté à croire que le premier corps fenfible, & le plus fimple qui fe produife dans ce Globe de terre & d'eau, eſt le Sel; lequel contribuë auſſi à former d'au-

tres corps plus durs. Je crois donc que l'eau & la terre la plus subtile, mêlées ensemble *per minima*, & par leurs plus subtiles & invisibles molecules, produisent le sel. Comme les terres sont differentes, les sels sont differens aussi. La maniere la plus simple par laquelle le sel se produit, se voit dans la mer, dont les eaux qui reposent sur la terre étant dans un mouvement continuel, elles détachent les plus petites parties de la terre, avec lesquelles elles se mêlent & se joignent intimement. De plus, l'eau est aidée à faire ses mouvemens par l'air chaud qui l'environne, dont les particules restent prises avec la terre & l'eau, & c'est de ce mélange que se forme le sel, lequel, comme tous les autres corps, est composé de trois Elemens corporels sensibles, & de la matiére étherée qui est avec l'air : C'est pour cela qu'il y a des sels plus chauds, plus aëriens, plus aqueux, ou plus secs, suivant que l'un ou l'autre Element se trouve en plus ou moins grande quantité dans ce mélange, comme nous le verrons dans ce chapitre.

L'on voit par ce que je dis de la génération du sel marin, que je ne suis pas de l'avis de ceux, qui, pour se tirer d'affaire tout d'un coup, croyent avec le Pere

Kirker, que la mer a été créée aussi salée qu'elle est dans le tems de sa création, puisque je pense à mon égard, que les eaux agitées continuellement par la matiere celeste qui les rend mobiles, peu à peu se mêlent intimement avec la terre, dont il en resulte le sel; duquel la proprieté & l'essence est de se dissoudre en particules invisibles dans l'eau, ce qui montre que le sel est composé en grande partie de cet Element; comme d'une autre part, sa consistance & sa sécheresse terrestre se rendent visibles, en ce que le sel est sec, & ne moüille pas comme l'eau.

Son humidité paroît aussi, en ce qu'à un feu mediocre il se fond comme la glace, & paroît fluide comme si c'étoit de l'eau; car rien ne fluë visiblement que l'eau seule. Mais parce qu'elle est mêlée intimement avec la terre, & de maniere qu'il n'est pas facile de les separer, cela fait qu'à moins de pousser à grand feu cette liqueur saline, on retire presque tout le sel en une masse telle qu'on l'y avoit mise. Je dis presque tout; parce que si on laisse quelque tems le sel à grand feu, une partie de l'humidité s'évapore, & il ne reste qu'une partie de la terre plus grossiere & très-séche dans le vaisseau, & cette terre est appellée par les Chimistes *Terre damnée*, parce qu'elle n'eſt pas intimément & eſſentiellement jointe à l'humidité, comme je l'ai expliqué au commencement de l'abregé de la Doctrine de Paracelſe.

J'ai même experimenté qu'en ſubtiliſant fort la terre par une forte calcination, ſi l'on met de l'eau ſur cette terre & qu'on faſſe évaporer l'eau, on trouve au fond un peu de ſel; & ſi l'on remet la terre qui eſt reſtée, à une ſeconde & troiſiéme calcination, vous aurez toujours un peu de ſel. Je n'ai point pouſſé la terre juſqu'à la fin, pour voir ſi tout ſe réduit en ſel.

Cette experience nous pourroit faire ſoupçonner, que la terre ainſi ſubtiliſée, mêlée avec l'eau, forme le ſel.

Il eſt vrai que chaque terre a un peu de ſel, cependant quant à la premiere, ſeconde & troiſiéme fois, elle a donné, comme je viens de le dire, ce qu'elle contient de ſel; ſi à la quatriéme on n'en trouve plus, il y a apparence que le ſel ſe forme de la maniere que j'ai dit. Je laiſſe à ceux qui ont plus de loiſir que moi, de pouſſer l'experience plus loin.

Le principe donc de tous les ſels, à mon avis, eſt l'eau intimément mêlée avec les plus petites parties de la terre, de maniere pourtant que la terre ſoit tant ſoit peu plus forte, pour dominer & rendre l'eau séche. De sorte qu'on peut dire, d'un certain sens, que le sel est une eau coagulée, & pour ainsi dire desséchée par les particules terrestres qui y sont jointes intimément, & qui dominent dans ce composé. Car en premier lieu, il se fait des deux Elémens une espéce de colle, de laquelle par addition des particules terrestres, ou par la consumation de l'humide superflu, se produit le sel. On en peut donner un exemple grossier dans le mélange qu'on fait des particules très-fines de la farine avec l'eau, duquel il se forme une colle ou pâte, dont l'humide étant desséché par l'air, ou par le feu du four, il en vient le pain, qui est d'autant plus dur, que l'humidité a été évaporée lentement.

Cela se voit encore dans la formation du sel des marais salins où on le fait. Car après qu'on a rempli certains bassins d'eau de la mer, une partie de cette eau s'imbibe dans la terre, & le reste se desséchant doucement au soleil & à l'air chaud, le sel se produit de cette maniere.

Il faut remarquer que ce n'est pas le seul sel qui étoit dissous dans l'eau marine d'où vient le sel, puisqu'on en feroit tous les jours la même quantité. Mais comme la récolte du sel est differente, cela fait croire, que la terre sur laquelle il se forme y contribuë auſſi quelque choſe de ſa part. De plus, il eſt vrai que les ſaiſons pluvieuſes empêchent de leur côté que le ſel ſe ſe produiſe facilement, & que la chaleur & la ſéchereſſe y eſt plus propre ; & j'ai ſçu de plus, par des gens experts dans les ſalines de Broüage, que lorſque certains vents ſouflent, particulierement les vents de Bize, ils contribuent beaucoup à la formation abondante du ſel.

Mais une des choſes qu'il faut obſerver, c'eſt que toutes les mers (quoiqu'elles ſoient généralement ſalées) ne produiſent pas la même nature de ſel ; car les uns ſont plus âcres, comme ceux de Provence, ou de Saint Hubes, comparés au ſel de Broüage qui eſt plus doux. Je crois bien que les terres ſur leſquelles ils ſe forment y ont grande part. Cependant il eſt vraiſemblable auſſi ce que Kirker dit, que les mers qui ſont les plus proches du ſoleil, non-ſeulement ſont plus ſalées que celles qui ſont vers le Septentrion, mais encore que le ſel de la Zone-Torride eſt plus chaud & plus âcre, ce qui ſe voit en faiſant évaporer ſeulement l'eau de la mer dans un vaſe de verre, qui ne peut communiquer rien du ſien, comme fait la terre. Et certainement, quoique j'en parle ſur la foi de Kirker & de quelqu'autres, j'inclinerois à

DE L'UNIVERS. 155

croire que l'ardeur du Soleil qui se mêle avec l'air dans le sel, peut contribuer en quelque maniere à son âcreté, quoique je pense aussi que les terres & les divers fonds de la mer, peuvent y avoir beaucoup plus de part.

Ce qui me paroît propre encore à confirmer mon opinion sur ce que le sel est un mélange intime de ce qu'on appelle proprement humide avec le sec, en proportions convenables, c'est que tous les corps tels qu'ils soient contiennent quantité de sels differens; car en brûlant les vegetaux ou les animaux, si l'on répand de l'eau sur les cendres, après qu'on l'a fait évaporer, on en tire plus ou moins de sel suivant la nature du corps d'où ce sel provient.

Mais avant de passer à la description des autres sels, je crois devoir faire observer les effets generaux que le sel peut produire.

La nature du sel, en general, est de donner la consistance aux corps; car la chaleur & l'air étant des esprits volatils & invisibles, il n'y a que la terre & l'eau qui forment le corps sensible & palpable. Quant à l'eau seule, on sçait qu'elle n'a point de consistance, & qu'elle fluë toûjours, à moins que quelque substance ferme ne l'arrête, ce qui ne peut être que la secheresse terrestre, laquelle mêlée avec elle la rend resistante au tacte, aussi bien que stable & fixe. Je crois que les Chimistes ont raison d'avoir designé le sel dans leurs caracteres mistiques, par le cube, non-seulement à cause que le sel marin, ou fossile, affecte cette figure, mais parceque le cube est le simbole de la fixité & stabilité.

Le sel marin & la plûpart des autres Sels produisent la froideur. Cet effet est aisé à concevoir, puisque la chaleur provenant du mouvement, le sel qui est immobile, & qui se mêlant avec l'eau arrête son mouvement, aussi-bien que celui des autres mixtes, doit produire la frigidité: Et cela se prouve par cette experience commune, que quand on veut produire quelque fraîcheur dans l'eau, rien n'est plus facile en y mêlant du sel. Si on fait dissoudre le mercure sublimé corrosif, qui est sublimé avec le sel & le vitriol, dans du vinaigre distilé, & qu'on y ajoûte du sel armoniac, le tout produira une liqueur si froide, qu'à peine pourra-t'on tenir sur la main le fond du vase de verre qui contient la dissolution. J'ai été témoin d'une experience singuliere chez feu Mr. Geoffroi, dont les deux fils occupent si dignement aujourd'hui leurs places dans l'Academie des Sciences de Paris: C'est qu'un jour qu'il distiloit pour faire l'esprit de sel armoniac, ayant envelopé comme de coutume le recipient, quelque tems après l'envelope lui paroissant séche il la prit & la trouva fort dure, l'eau dont il l'avoit moüillée se trouvant gelée, soit que l'esprit du sel armoniac eût si fort refroidi le verre, ou que par sa subtilité, trouvant par hazard les pores de ce ballon plus ouverts que d'ordinaire, il fût passé par ces pores, & qu'il eût produit cette glace; mais de quelque maniere que cela se soit fait, la chose est constante à mon égard. Boile raconte qu'il lui est arrivé la même chose, & il dit sans hesiter, que l'esprit du sel armoniac avoit passé à travers les pores du recipient; ce qui n'est pas tout-à-fait impossible de concevoir, puisque non-seulement on sçait que le verre a des pores, mais encore que pour rafraîchir le vin ou l'eau, & pour la faire glacer plus facilement, on répand & on mêle du sel avec la glace; & que ces sorbets ou liqueurs glacées n'éteignent pas si bien la soif que l'eau pure, parce qu'à travers le verre qui contient la liqueur, passent l'esprit & les corpuscules salins qui échauffent en picottant le gosier, au lieu d'en appaiser le mouvement. Et une preuve encore plus sensible, c'est que si au lieu de sel commun ou de salpêtre, on rafraîchit avec le vitriol, qui est aussi un sel, à peine pourra-t'on boire la liqueur qu'on aura rafraîchie, à cause de l'amertume que ce sel lui aura communiqué. Ce qui fait voir que les pores du verre ne sont pas si serrés ni si petits, que les corpuscules des sels ne puissent passer à travers.

C'est par ce mélange des sels qui sont dans l'air, lesquels se mêlent intimement avec les vapeurs humides qui s'élevent vers le Ciel, que l'eau se glace, & qu'elle retombe en forme de neige ou de grêle; & que dans les tems secs, le sel nitre de l'air picotant la peau, cause cette sensation qu'on appelle froid, en empêchant le mouvement du sang, & reserrant les nerfs. Quoiqu'il semble qu'il y a des experiences qu'on pourroit opposer pour marquer le contraire, cependant étant bien considerées, elles me paroissent plûtôt confirmer cette opinion.

La premiere, & la plus importante de ces experiences, consiste en ce que si l'on expose la nuit au froid de l'hiver plusieurs verres d'eau simple, & quelques autres dans lesquels on ait fait dissoudre avec l'eau du sel commun, du salpêtre, ou autre sel, les verres d'eau pure se geleront plûtôt que ceux où il y a quelque sel dissous, ce qui ne devroit pas arriver si les sels étoient la cause de la froideur : Mais si l'on considere que les sels ainsi dissous sont fort grossiers, & que pour congeler & rendre l'eau immobile, il faut que les plus petites particules du sel soient jointes aux plus petites particules humides, il en arrive que ces sels grossiers qui occupent la plus grande partie des interstices ou pores de l'eau, empêchent le sel invisible & nitreux de l'air de penetrer & de se mêler promptement avec les particules de l'eau, laquelle à la fin ne laisse pas de se coaguler, comme on le peut experimenter. L'illustre Academie de Florence nous donne plusieurs belles experiences sur le froid, dont j'en raporterai quelques-unes.

La première consiste dans le principe qu'elle pose, que, suivant le grand Gallilée, la glace ne se forme point par condensation de l'eau, de quoi ce grand Philosophe aporte pour preuve que la glace surnage l'eau, ce qui fait voir que la glace est plus legere que l'eau, & par consequent moins condensée : Et quoiqu'il soit vrai, comme chacun le sçait, que dans le commencement le froid agisse par condensation, neanmoins dans la suite il rarefie plûtôt qu'il ne condense, comme on le peut voir. C'est par cette rarefaction, que le canon d'un pistolet, rempli d'eau & fortement bouché, créve quand l'eau qui est au-dedans se glace ; parce que l'eau ne pouvant par aucun effort se comprimer, & se dilater en se glaçant, toutes les particules de l'eau faisant effort pour se dilater, elles crevent le canon de fer pour trouver place. Sur quoi cette Académie rapporte un Phenomene particulier & curieux ; c'est qu'ayant fait faire une boule creuse d'or fin, on la remplit d'eau, & on scella & souda l'ouverture avec d'autre or convenable ; après quoi ayant fait glacer l'eau avec beaucoup de sel & de glace, la boule ne creva point, ce qui donna occasion de rechercher la cause de ce Phenomene, sçavoir pourquoi un gros canon de fer crevoit, & non pas un d'or. Enfin après avoir beaucoup consulté, on s'avisa de dire que l'or fin, qui s'étend facilement comme on sçait au moindre effort, s'étoit étendu à la violence interne de l'eau, à laquelle il avoit donné par-là une place commode, ce qui fut confirmé par une experience réiterée, dans laquelle on avoit fait faire un creux ou cercle de fer de la grandeur précise de la boule, qui à peine se soûtenoit dedans quand elle étoit vuide, & lorsqu'on la mettoit dans ce cercle, étant pleine d'eau glacée, non-seulement elle se soûtenoit, mais avec effort on ne pouvoit pas

la

la faire paffer à travers, & on voïoit vifiblement que le milieu précis de fa circonference étoit beaucoup au-deffus du cercle. Par où l'on peut voir qu'on ne peut & on ne doit pas juger, par une feule experience contraire à certains effets generaux, d'autant que le plus fouvent on n'en devine pas la raifon. Il eft neanmoins vrai que comme la force de la glace n'eft pas infinie, on peut faire des boules de fer ou de cuivre fi épaiffes, qu'elles ne crévent pas par la glace.

* Les Cartefiens pourroient regarder cette experience de la dilatation de l'eau quand elle fe glace, comme favorable à la doctrine de leur maître, qui convient que l'eau fe dilate quand elle fe glace, donnant pour exemple qu'une botte d'alumettes tient moins de place quand elle eft liée que quand on coupe les liens, & que les allumettes fe répandent de tous côtés; parce que les particules d'eau ont perdu leur mouvement. Cependant cette comparaifon ne me paroît pas convenir avec mes principes: Car comme un corps immobile ne peut pas fe mouvoir, ou s'étendre, qu'un autre ne le pouffe; de même un corps qui fe meut par fa pro-

* Abregé de la Philofophie de Décartes, par Rohault. chap. 27. de la chaleur & de la froideur.

pre force ne peut être arrêté, à moins que quelqu'autre corps ne l'arrête, & ne l'empêche de passer plus avant. Cela étant vrai & dans la nature, je dis que si l'eau se dilate en se glaçant, & qu'elle fasse effort pour occuper une plus grande place, cela ne peut arriver que par la survenance de nouvelle matiere qui s'introduit dans l'eau, & cette nouvelle matiere ne peut être, comme je l'ai dit, que les plus petites particules du sel dont l'air est plein, & qui passent à travers des pores du fer & de l'or; cela étant, il est donc vrai-semblable, que si l'eau s'étend, c'est à cause qu'il s'est mêlé avec elle une autre matiere, c'est à-dire de petits corpuscules salins, qui par consequent forment avec l'eau une plus grande étenduë, ce qui fait ouvrir & crever les corps qui ne cedent pas à leur effort, comme on a vû que fait l'or fin en s'étendant.

Nous devons aussi une autre experience à la même Academie * de Florence, qui paroît confirmer fort bien, ce que je dis de la nature froide des sels : Elle consiste à mettre dans deux tiers d'huile de vitriol, un tiers de sel armoniac, & il s'ensuit un effet fort extraordinaire. C'est qu'à mesure

* Experiences naturelles, pag. 261.

DE L'UNIVERS. 163

que le sel se dissoût, il se fait une ébulition très-grande, & les liqueurs se dilatent & s'élevent en forme d'écume, (particulierement si l'on remuë le tout avec un petit bâton,) de maniere que quelquefois cette écume occupe 25. fois l'espace des deux substances ensemble: Mais avec cette furieuse ébulition, accompagnée de grandes fumées, on ne connoît point dans le mélange de ces deux substances aucune chaleur; au contraire il en resulte un si grand froid, que le verre où est la liqueur se glace, & si l'on enfonce dedans un Termometre plein d'eau forte, l'eau descend avec une très-grande vitesse, jusqu'à ce que la fumée & l'ébulition ayent cessé, & que la liqueur revienne dans son état tranquille.

Cette experience a été réïtérée plusieurs fois: Il est vrai que suivant la force plus ou moins grande de l'huile de vitriol & du sel armoniac, l'effet de l'ébulition & de la fumée est plus ou moins vif. On a remarqué encore qu'en jettant quelques goutes d'eau forte, ou d'esprit de vitriol, dans la liqueur pendant qu'elle boût & qu'elle fume le plus fort, tout aussi-tôt l'ébulition cesse; ce qui arrive, parce que les sels, qui sont de nature froide, rafraîchissent l'ébulition & la refroidissent dans l'instant; mais peu après l'ébulition recommence

O ij

comme auparavant. Le sel de Tartre fait encore une plus forte impression dans ce mêlange, dont il augmente la chaleur, & fait élever des fumées très-chaudes, parce que ce sel contient beaucoup d'Esprit de vin qui est fort chaud : mais si on y jette un peu d'Esprit de soulphre, tout se refroidit dans le moment, d'autant que cet esprit est rempli de sels acides & terrestres.

Cette experience est si singuliere, qu'elle peut donner à penser à tous ceux qui font des sistêmes. Puisqu'on peut voir que le mouvement & l'ébulition que font les fermentations, ne produisent pas toûjours la chaleur, selon l'opinion commune, & suivant ce que j'ai établi moi-même.

Cependant on pourroit répondre que la nature des sels étant de former le sentiment du froid, & le vitriol & le sel armoniac étant les sels les plus froids de tous ; on pourroit répondre, dis-je, que quoiqu'ils se meuvent entr'eux, neanmoins leurs particules en touchant la peau causent toujours le sentiment du froid. Que si l'eau-forte ou l'esprit de vitriol, ou de soulphre appaisent en partie la fermentation, c'est peut-être que ces eaux, & particulierement l'esprit de soulphre, sont presque tout flegme, dans lequel il y a très-peu de particules salines. Que si le sel de Tartre renouvelle la fermentation, c'est que ce sel contient dans son centre une huile inflammable, qu'on voit même surnager sur l'eau-de-vie, si on y fait dissoudre le sel de Tartre, & que j'ai separé encore quelquefois. Cependant on peut voir, par cette experience, que toutes les fermentations ne sont pas chaudes, comme il paroît qu'elles le sont d'ordinaire. Il est à souhaiter que quelqu'un plus pénétrant que moi veüille nous donner de meilleures raisons de ce Phénomene, qui m'occasionne de repeter ici, ce que j'ai dit à l'occasion de la boule d'or qui ne créve pas au froid, qu'il ne faut pas pour une apparence ou deux renoncer à un sistême, puisqu'il peut être bon quelquefois, quoiqu'il y ait une experience qui paroisse le détruire; c'est pourquoi il faut plûtôt chercher la raison de cette nouveauté, & si on ne trouve pas la veritable, il ne faut pas pour cela abandonner ce que les autres experiences paroissent confirmer. Par exemple ; j'ai dit que le sel de la mer se coagulant tout seul, faute d'humidité, affecte de prendre la figure cube. Cependant quand il y a de la terre mêlée, la figure est irreguliere. Que si l'on ne prend pas garde à cette circonstance, on dira qu'une observation commune n'est pas véritable, &

elle le sera encore moins si l'on fait boüillir & dessécher l'eau où le sel est dissous, parce que les particules invisibles qui composent le sel sont confonduës en boüillant, & se mêlent avec violence l'une avec l'autre. Ceci me donne occasion de faire remarquer, que quoique le sel, & particulierement le sel fossile, qu'on appelle *Sel Gemme*, affecte la figure cube, il se peut néanmoins que ses parties invisibles ne le soyent pas, & qu'elles s'arrangent simplement de cette maniére en tombant, comme on le voit representé dans la figure. * Il se peut bien aussi, & il y a apparence, que les petites particules du sel commun & du sel Gemme, soient de petits cubes invisibles, qui par leur arrangement continuent à conserver la figure cubique.

Le froid conserve les corps morts de la corruption, comme le sel. J'ai lû dans l'histoire des Indes, que lorsque les Espagnols passerent certaines montagnes fort hautes des Andes, qu'on appelle aussi *Cordeilleras*, plusieurs hommes & chevaux y resterent morts de froid; & qu'au retour, un an ou deux après, on les trouva entiers & dans la même situation qu'on les avoit

* Voyez la seconde Figure.

laiſſés : ce qui marque aſſés que la cauſe qui avoit donné la mort, (le ſel de l'air,) étoit celle qui les empêchoit de pourrir, comme il arrive aux chairs bien ſalées.

Et il eſt même à conſiderer que les Egyptiens, pour conſerver les corps vulgaires de la corruption, & pour en faire leurs Momies, ne ſe ſervoient que d'une eſpéce de ſaumure préparée à propos ; comme nous le faiſons encore aujourd'hui pour conſerver la chair de Porc, pour les jambons, les langues, & autres choſes ſalées.

Le ſel n'eſt pas ſeulement la cauſe du froid, & de la conſervation des chairs mortes de la corruption ; mais il eſt auteur du goût des choſes que l'on mange, & même pour le rendre plus vif ; comme auſſi, afin d'empêcher la corruption, on ajoûte dans tout ce qu'on mange une quantité ſuffiſante de ſel. Et il eſt conſtant que le goût des choſes n'eſt produit que par les ſels de la choſe même, qui, étant détrempés par la ſalive, picotent plus ou moins fortement la langue & le palais : & la difference des goûts ne vient que de la varieté des ſels & de leurs figures, & du plus ou moins d'humidité avec laquelle les viandes & les fruits ſont mêlez.

Le ſel eſt auſſi l'origine des odeurs, car les corps odoriferans s'exhalant dans l'air, le sel qui est dans cette vapeur venant à picoter les fibres du nez, cause le sentiment qu'on appelle odorat, qui est plus ou moins agréable & vif, suivant la figure des sels, & le mélange des autres Elemens, particulierement de l'humidité qui les accompagne, qui tempere plus ou moins l'action des pointes salines. C'est ce qui fait qu'une odeur paroît bonne ou mauvaise, car si ces sels picotent les fibres du nez d'une maniere forte & violente, l'odeur sera appellée désagréable ; mais si ces fibres sont picotés doucement], elle sera alors très-agréable & douce. Cependant il faut remarquer aussi, que la disposition des fibres du nez de l'homme, ou de l'animal, contribuent à la diversité de l'effet, & cela fait que la même odeur aussi-bien que le même goût, (car il faut entendre la même raison pour l'un & pour l'autre,) qui est agréable à l'un est desagréable à l'autre, parce que les fibres de l'organe en l'un sont plus delicats, & en l'autre plus grossiers.

Quoique les femmes ne laissent pas de trouver l'odeur agréable, néanmoins la plus grande partie s'en trouvent incommodées; mais par une autre raison, c'est parce que toutes les sensations se faisant par quelque mouvement des esprits qui sont dans
un

un tel organe, ces esprits étant agités fortement par certaines odeurs qu'elles aiment, il en résulte par la correspondance que les nerfs ont avec la matrice, que ces esprits agitent ceux qu'elle contient, & causent souvent ces révolutions, auxquelles plusieurs femmes sont sujettes, en sentant certaines odeurs, & non pas d'autres.

J'ai fait une fois ou deux une experience pour voir de quelle nature étoient les fumées de certaines odeurs. Je pris pour cela du Benjoüin, que je mis dans un petit pot de terre vernissé, avec un grand cornet de papier qui couvroit le pot & devoit recevoir les fumées de cet aromate, qui se fond fort facilement à un très-petit feu. En effet, ce Benjoüin liquefié exhala & éléva ses fumées dans le cornet, où elles se congélerent; & je le trouvai ensuite tout parsemé d'aiguilles très-blanches & brillantes comme de l'argent. Ce qui me fit connoître que les fumées du Benjoüin sont de petites aiguilles très-pénétrantes, & qui picotent fortement le nez; mais d'autant que ce sel est accompagné de beaucoup d'humidité, cette odeur est assés agréable (du moins à mon odorat) quoiqu'il se puisse qu'elle ne le soit pas tant à d'autres personnes qu'elle me le paroît; car suivant l'axiome reçû : *Quidquid*

Tome II. P

recipitur ad modum recipientis recipitur ; c'est-à-dire, le plus ou moins de force de l'action, se doit juger suivant les dispositions de celui qui la souffre.

Le sel est aussi la cause de l'ardeur du feu commun; car les particules oleagineuses & salines du bois qui forment la flamme, étant agitées par la matiére éthérée, qui forme le feu par son grand mouvement, ces particules se répandant à l'entour, produisent à une distance convenable (en picotant doucement la peau, les nerfs, & les esprits qu'ils contiennent) un sentiment doux de chaleur. Mais lorsqu'étant trop près d'un grand feu les parties salines entrent avec trop d'abondance dans les pores, ou que par leur violence ces particules en forment d'autres, alors elles déchirent la peau, & en consument l'humidité, qui est rarefiée par leur mouvement violent, & le tout est réduit en cendres; ou bien si la flamme ne peut pas dissiper l'humidité, (ce qui arrive aux métaux & à quelques pierres,) elle rend les corps fusibles, les entretenant liquides comme de l'eau, par l'agitation qu'elle cause dans toutes les particules; & une preuve entr'autres, que la chaleur vient des particules salines & oleagineuses du bois, & autres matieres combustibles agitées comme on l'a dit, c'est que le bois qui a flotté long-tems dans l'eau, n'a que très-peu de chaleur, à cause que l'eau a enlevé & détrempé les particules du sel & de l'huile; laquelle huile est une humidité, qui est renduë épaisse par les particules du sel subtil qui y sont mêlées. Et c'est pour cela aussi que les substances bitumineuses & sulphureuses, comme le soulphre, la poix, le bitume, le charbon de terre, & le charbon commun qui s'imbibe du sel & graisse de la terre dont on le couvre, font sentir une chaleur très-forte, parce que ces matieres bitumineuses ne sont épaisses que par le sel terrestre & grossier, & par l'oleaginosité saline dont ils sont formés & rendus épais.

Si l'on a bien compris comment se forme le sel de la mer, on comprendra facilement comme les rivieres ont aussi leur sel, sans quoi l'eau n'auroit point de goût; & que la varieté du goût des eaux vient des sels differens dont elles sont imbuës. Il est vrai que les rivieres ne peuvent pas former tant de sel comme la mer, à cause que leurs eaux ne demeurent pas long-tems dans leur lit, & qu'elles s'écoulent toutes en peu de jours dans la mer. On pourroit objecter à cela, qu'il y a de grands lacs, dont les eaux restent continuellement dans le même lit, qui ne sont point salés : mais nous verrons qu'il y en a qui donnent du sel, & ceux qui n'en donnent pas, c'est qu'ils reposent sur une terre trop grossiere, & qui ne peut s'unir intimément aux particules de l'eau. D'ailleurs la plûpart de ces lacs reçoivent l'eau douce des rivieres qui y entrent, ou des Torrens formés par les pluyes qui descendent des montagnes : mais en général, la plûpart des lacs ont des sels de mauvais goût, & leurs eaux ne sont pas trop bonnes à boire. D'où il resulte que les eaux des lacs, puisqu'elles ont un goût, ont aussi leur sel, quoique pas si amer que celui de la mer. Quant aux rivieres, quoiqu'en distillant leurs eaux on n'apperçoive point de sel visible, si l'on veut concevoir que les particules de ce sel sont si petites, & avec si peu de terre qu'elles peuvent facilement se sublimer, parculierement étant jointes avec quelqu'autre corps, on entendra facilement que le sel qui est dans les eaux des rivieres, & de beaucoup de lacs, est si subtil, que l'eau en distilant l'entraîne avec elle par la force du feu qui l'éleve en vapeurs; comme les vapeurs de la mer enlevent avec elles les particules salines dont je crois que se forme le sel nitre de l'air. Et c'est par la petitesse des corpuscules salins dont l'eau des rivieres est chargée, que leur goût est si leger & delié, en comparaison des autres choses qui ont un sel plus grossier, & qui chatoüille & picote la langue plus fortement : comme est l'esprit de vin, par exemple, qui sans doute est chargé de grand nombre de petites particules salines dont le vin est plein, ainsi qu'on voit par le tarte qu'il forme au-tour des tonneaux, & par la lie de laquelle on tire beaucoup de sel volatil. Ce qui doit être entendu de toutes les liqueurs, qui forment differens goûts, suivant la grossiereté ou la petitesse, & même la figure des sels qu'elles contiennent. Ce qu'on ne doit pas entendre seulement des liqueurs, mais aussi des corps compactes, comme les épices, & autres semblables.

Il nous faut faire remarquer une chose, que généralement parlant les sels qui forment les odeurs suaves & delicates, sont plus fins & plus volatils que les sels qui forment le goût, & que (par exemple) les sels qui s'évaporent des fleurs avec leur humidité, sont d'autant plus petits, qu'ils sont suaves. C'est pourquoi il faut croire, que quoique l'ambre soit un bitume, cependant le sel qui lui donne la consistance, & qui s'évapore de sa substance est d'une subtilité très-grande. Et remarquez que

P iij

l'ambre ne s'évapore pas facilement, à moins qu'on ne le mêle avec de la civette, ou autres huiles, qui ramolissent son épaisseur, & donnent lieu à ses particules de pouvoir s'exhaler. Ce qui arrive à tous les corps odoriferans, qui aussi-tôt qu'ils séchent, & ne peuvent, ou qu'ils n'ont *plus rien à exhaler de la matiere odoriferante*, (notez bien) leur odeur cesse. Mais il reste à considerer, que quoique je dise que les sels soient le principe du goût & de l'odeur, il faut néanmoins se ressouvenir que le sel est un composé des Elemens dans lequel la terre prédomine un peu, & que suivant les doses plus ou moins fortes d'un Element, ou d'un autre qui entre dans la composition, les sels sont differens, d'où naissent les differens goûts, qui sont aussi diversifiez par l'humidité qui accompagne ces sels ; soit que cette humidité soit plus ou moins grossiere, ou plus ou moins subtile & vapeureuse ; ce qui pouvant se diversifier par degrés infinis, il en resulte la quantité innombrable des odeurs & des divers goûts, qui sont encore rendus differens, par la differente construction de l'organe, dont les fibres & la peau qui les couvre sont plus ou moins déliés, & suivant aussi que les esprits contenus dans ces fibres sont mûs avec plus

DE L'UNIVERS. 175

ou moins de facilité. Ce qui peut faire voir combien de circonstances l'Auteur de la nature a employées, pour rendre les goûts & les odeurs differentes. Et il est certain que la differente disposition de l'organe y contribuë beaucoup ; puisque le vin, par exemple, qu'un homme sain boit ordinairement avec plaisir, lorsqu'il a la fiévre, & que la texture des fibres de la langue & du palais sont changées par la maladie, ce vin qu'il trouvoit doux & agréable auparavant, lui paroît alors amer & dégoûtant. Ce qu'on doit entendre aussi des autres choses.

Il faut à present parler du salpêtre, ou sel nitre de l'air, que je crois qui provient en tout, ou du moins en grande partie du sel marin. Je dis donc que ce sel, dont l'air est presque plein, n'est autre chose que les plus petites particules du sel de la mer, que l'eau réduite en vapeur emporte avec elle, & qui se mêlant avec les particules les plus subtiles de l'air & de l'Ether qui se joignent à ces sels, s'alterent & changent en partie de nature. Ce n'est pas à dire pour cela qu'il s'éleve seulement de la mer des parties salines avec les vapeurs, mais par-tout où il y a de l'humidité & de la terre humide ; d'autant que les vapeurs qui s'en élevent

P iiij

peuvent emporter avec elles des particules salines, dont toutes les terres qui sont arrosées d'eau sont remplies, comme je l'ai déja montré au commencement de ce Chapitre, en parlant de la formation du sel.

Il est même visible que ce sel se forme ainsi, tant par la connéxion qu'il a avec le sel marin, que parce qu'il est plus volatil qne lui. On le voit aussi parce que l'air en est tout chargé; & que cet Element de lui-même ne sçauroit produire le sel, qui dans sa composition est formé d'eau & de terre. Il est manifeste que ce sel contient beaucoup de parties sulphureuses, par les effets qu'il produit ; s'enflammant facilement, & faisant l'éclat * & l'écart que nous voyons (qui est un effet propre de l'air) dans la poudre à canon, & quand il est mêlé avec quelque substance qui prend feu aisément, comme le soulphre, le charbon, & autres choses semblables.

L'on remarque encore qu'il a beaucoup plus de feu que le sel marin, par l'experience qui nous fait voir que quand

* Ce bruit provient de l'air & de l'eau vaporeuse dont ce sel est rempli, qui, en se dilatant avec impetuosité, causent l'éclat de la poudre.

on en a séparé tout le flegme ; ce qui reste est une liqueur rouge, active & pénetrante comme le feu.

Je ferai observer que quoiqu'il ait des parties ignées en lui, c'est cependant ce nitre de l'air qui en picotant la peau (dans les tems secs de l'Hyver) produit le sentiment du froid, & qui forme les neiges & les grêles ; il est la cause aussi des tonnerres, des foudres & des autres méteores. Il est bon de remarquer, que le froid se sent rarement en Hyver, quand l'air est fort humide, parce que la vapeur de l'eau tempere l'action de ce sel sur la peau, ou pour mieux m'expliquer, il se fait moins sentir alors, par la raison qu'il est accompagné d'un Element plus doux, dans lequel ces pointes salines nâgent.

Ce sel qui est répandu abondamment dans l'air revient sur la terre avec la pluye, & il est très-propre à la fertiliser, à cause du soulphre & de la chaleur motrice qu'il contient. J'ai vû, par experience, que les terres arrosées avec l'eau dans laquelle on a fait dissoudre du nitre, où les graines qui ont été humectées de cette eau, vegetent & multiplient bien davantage, que celles qu'on séme simplement, ou dans une terre sans aucun artifice. J'ai vû des choux, par ce moyen, qui sont venus à une hauteur & d'une grosseur extraordinaire. Ce qui est un secret de nature.

Du reste, c'est une chose constante, qu'on ne fume les terres avec du fumier, qu'afin de former par la pourriture de cette fiente du salpêtre, que nous sçavons qu'on peut tirer par l'art de toutes sortes d'animaux. Pour cet effet, on met du fumier de cheval, de brebis, de pigeons & d'autres animaux avec de la terre qu'on couvre de paille, & on le laisse ainsi le tems qu'il faut dans un lieu où il soit à l'abri de la pluye, après quoi en lavant cette terre on en tire le sel nitre, qui est beaucoup meilleur que celui qu'on fait à Paris & ailleurs des vieux plâtres. C'est de cette maniere qu'on le pratique à Rome, & en d'autres endroits. *

Celui qu'on tire du plâtre & des vieux bâtimens, se fait de cette façon. On le pile, & on le met ensuite boüillir dans l'eau, qui en attire le sel. On degraisse

* A Rome & dans plusieurs autres endroits de l'Italie on ne fume point les terres ; mais au milieu d'Août on ne fait autre chose que de brûler les chaumes qui sont restés sur la terre, afin que ces cendres détrempées par les pluyes puissent donner leur sel, qui suffit dans ce pays pour engraisser les terres, au lieu de fumier dont on se sert en France & ailleurs.

cette lescive avec des cendres, pleines d'un sel alkali, qui rarefie & dissout cette graisse, après quoi on fait évaporer l'eau & on en tire le sel nitre, qui est encore mêlé de beaucoup de sel semblable au sel marin; & enfin, par une ou deux autres coctions, on a le salpêtre en cristaux, propre à l'usage qu'on fait de ce sel. Je viens de dire qu'on sepáre du nitre, par la lescive, un sel qui ressemble fort au sel commun, & qui en effet seroit très-bon à saler les viandes: mais les Fermiers l'achetent à un prix modique, pour le faire jetter dans la riviere, afin que le débit de ce sel ne fasse point de tort à la vente de celui, pour lequel ils rendent au Roi plusieurs millions. Ce qui peut prouver, à mon avis, que le nitre de l'air est le sel même de la mer, alteré par les particules ignées de l'air & de l'Ether qui s'y sont mêlées, & que ce sel semblable au sel marin n'a pas encore entierement changé de nature, par la raison peut-être qu'il s'est fixé & attaché trop-tôt aux murs, ou dans les pores de la terre d'où on le tire.

Mais ce qui nous fait voir que le nitre, qui a totalement changé de sa premiere nature, contient beaucoup de ce que les Philosophes Chimistes appellent *Soulphre*, ou pour mieux dire d'Air & d'Ether, c'est que le salpêtre qui nous vient des Indes & des pays fort chauds, est le meilleur de tous pour les usages où on s'en sert, & particulierement pour la composition de la poudre, ou pour en faire les eaux-fortes des Chimistes.

On tire aussi le salpêtre des terres qui sont dans des grottes & des cavernes, où il ne pleut pas. Ce qui me fait croire, comme je l'ai dit, que le nitre est un sel qui voltige dans l'air ; lequel pénetrant dans la terre y laisse ce sel, qui s'attache & se fige dans ses pores, où il reste (pour ainsi dire) pris & comme lié.

On le tire encore des étables & autres lieux, où il y a de la fiente & de l'urine des animaux, & on le trouve attaché aux murs en forme de sel : mais les mazures de ces édifices sont bien plus remplies & imbuës de salpêtre, d'autant que ce sel a beaucoup de rapport au sel volatil d'urine & d'excrémens, à cause que de sa nature il est volatil & aërien.

Agricola, Medecin de l'Electeur de Saxe, rapporte qu'on trouve frequemment le nitre dans quelques terres de cet Electorat. J'ai lû dans la Relation d'un voyage du P. Verbiester *, Jesuite, qu'on rencontre

* Voyage qu'il fit avec l'Empereur de la Chine en 1686.

assés souvent en foüillant la terre aux environs de Pekin, de gros morceaux de nitre. Pline rapporte les endroits d'où on le tiroit abondamment, de son tems; comme du lac de Memphis, & des terres arrosées par le Nil. C'est à ce fleuve qui ne croît que par les pluyes, qui sont (comme je l'ai dit) chargées de ce sel aërien d'un pays aussi chaud que celui de la Zone Torride où il passe, qu'on attribuë la grande fertilité de l'Egypte, arrosée de ces eaux nitreuses.

Dioscoride dit, que le meilleur nitre est celui qui est leger.

Quoique le salpêtre fasse tant de bruit, néanmoins il se fond facilement au feu comme tous les autres sels, & il y demeure paisiblement comme eux. Mais s'il y entre quelque charbon allumé, c'est alors qu'il fait beaucoup de bruit. Et on lui fait passer tout-à-fait ce bruit, si dans ce nitre bien liquefié & brûlant, on jette du charbon pilé. On l'appelle dans cet état *Nitre-fixe*, non pas qu'il résiste tout-à-fait au feu, car il n'y a que l'or seul qui puisse y resister, & encore il y a tel feu dans lequel il ne laisse pas de diminuer un peu; mais parce que pour lors ce nitre y résiste davantage qu'il ne faisoit, ce qui arrive, à mon avis, à cauſe qu'une partie des particules aëriennes & ignées qui n'étoient pas de ſa premiere eſſence, ont été chaſſées par le feu & par le charbon qui lui faiſoit faire ce grand bruit ; de maniere qu'il revient preſque à la nature du ſel commun. Ce ſel étant diſſous à l'air d'un lieu frais, comme par exemple celui de la cave, il ſe réſout en une liqueur très-forte, qui a un grand nombre de vertus admirables, qu'on peut voir dans le livre de Geber, qui s'en attribuë l'invention. Entr'autres choſes, il tire la teinture de tous les corps, & facilement celle des vegetaux ; il adoucit & ôte l'acrimonie des acides les plus forts : mais il faut ſçavoir s'en ſervir à propos, & le ſéparer après des choſes avec leſquelles on l'a mêlé ; car ce ſel eſt immortel & il ne perd jamais ſa vertu, c'eſt pourquoi on l'appelle *Al-kaeſt*, ou Eau de feu.

A l'occaſion de ce que je viens de dire, que par la détonnation du nitre on en ſépare l'air qui faiſoit partie de ſon eſſence, je veux rapporter ici une de mes experiences, par laquelle on verra clairement, que ce nitre, comme tous les autres ſels, a une eau flegmatique qui ne lui eſt pas eſſentielle, ce qui confirmera en même-tems la verité des principes des Philoſophes Chimiſtes.

Prenez de l'esprit de nitre autant que vous voudrez, & faites-y diffoudre du Zing en grenaille tant qu'il en pourra diffoudre. Cela fait, mettez votre diffolution dans une cornuë luttée, au bain de cendres, ne lui donnant de feu que pour pouvoir diftiler *très-lentement*. Continuez la diftilation, jufqu'à ce qu'il ne diftile plus rien. Et vous verrez que l'eau qui a diftilé jufqu'alors, fera douce & femblable à l'eau de fontaine. Mais il faut que la diftilation fe faffe, comme j'ai dit, *très-lentement*, & qu'entre la chute d'une goute avec une autre, vous puiffiez compter au moins trente ou quarante nombres. C'eft cette eau infipide, que les Chimiftes appellent *flegme*, qui n'eft point de l'effence du nitre. Quand il ne diftile plus rien, mettez votre cornuë luttée dans un fourneau, à feu de degrés, ayant changé auparavant de recipient; & en augmentant le feu peu à peu, il fortira un efprit & une liqueur rouge, qui en un jour ou deux s'affemblera au fond du recipient, & cette liqueur eft un veritable feu & une efpece d'effence du nitre. Vous trouverez le Zing calciné dans le fond de la cornuë, & mêlé avec quelques particules de la *terre-morte* du falpêtre. Cette liqueur du nitre eft un peu épaiffe & huileufe, & elle a de grandes vertus. Mais ce qu'il y a de particulier, c'eſt que cet eſprit eſſentiel de nitre ne diſſout plus les metaux, comme il faiſoit quand les particules de ce ſel (qui forment cette liqueur) nageoient dans leur flegme; ce que vous pouvez experimenter en y a-joûtant à peu près autant d'eau commune que vous en avez ſeparé de flegme.

Ce qui fait voir que les particules ſalines qui font la diſſolution du metal, ont beſoin de nager dans une eau flegmatique pour entrer dans les pores des metaux, & d'être pouſſées & (pour ainſi dire) battuës par la liqueur dans laquelle elles nagent.

Vous pourrez faire la même choſe en faiſant diſſoudre le Zing dans l'eſprit de ſel commun, qui vous donnera un ſemblable flegme. Et notez que d'une livre d'eſprit, d'un de ces deux ſels, vous tirerez environ les trois quarts de flegme inſipide. Cette experience peut occaſionner aux vrais Philoſophes de faire de grandes & ſerieuſes reflexions, en conſiderant la grande quantité du corps impur qui accompagne l'eſſence feminale de quelque mixte que ce puiſſe être; l'or même n'eſt pas exempt de ce mélange impur, nonobſtant ce que les Chimiſtes ignorans en croyent. Comme j'ai parlé ſuffiſamment de tout cela dans le livre des Archidoxes, je n'en dirai rien davantage

vantage, d'autant plus qu'il n'eſt pas neceſſaire de s'expliquer entierement ſur une telle matiere, dont l'uſage regarde proprement les Chimiſtes, qui, pour la plus grande partie, n'y entendent rien, ou du moins tout de travers.

La figure qu'affecte le ſel nitre bien pur, particulierement dans ſa pointe, eſt *Exagone*, c'eſt-à-dire à ſix faces, ſoit (comme je le crois) que ne ſe coagulant pas par violence, les parties humides qui ſont les dernieres à ſe coaguler, s'applatiſſent vers la pointe, & forment ainſi les ſix Angles; & les quatre qui ſont dans la partie éloignée de cette pointe, comme plus terreſtres, retiennent encore la nature quadrangulaire du ſel marin, dont je crois que le nitre provient.

Ayant parlé de ces deux ſels qui ſortent de l'eau, & que je crois les principaux, il faut paſſer à l'Hiſtoire de pluſieurs autres ſels que la terre produit, & pour aller avec quelqu'ordre, je crois qu'il faut en premier lieu parler des ſels qui approchent le plus du ſel marin, & dont on ſe ſert pour l'uſage ordinaire d'aſſaiſonner les viandes & autres choſes que nous mangeons, d'autant qu'ils en ont aſſés les mêmes proprietés. Je repeterai encore, que la proprieté eſſentielle de tout ce qui s'appelle ſel,

Tome II. Q

est de se dissoudre facilement dans l'eau, d'où on le separe avec facilité par l'évaporation de l'eau.

Mais je crois à propos auparavant, de parler de quelques lieux particuliers où le sel marin se produit.

„ Tout sel, dit Pline, se fait avec quel-
„ que artifice, ou vient tout formé par la na-
„ ture. L'un & l'autre se fait en diverses
„ manieres : Mais les communes sont toû-
„ jours deux, car il se séche ou se coagule.
(Il ne peut se coaguler qu'en se séchant; cependant il peut se coaguler encore sur l'eau même, comme cet Auteur en donne quelques exemples.)

„ Il se séche dans le lac de Tarente, &
„ en quelques autres ; de maniere que dans
„ les lacs où il n'y a de l'eau que jusqu'aux
„ genoux, il se séche. Ce que l'on voit aussi
„ dans le lac *Cocanico* de Sicile, & en celui
„ qui est proche Gela : mais en ceux-ci, il
„ ne se desseche que sur les bords. Dans la
„ Phrigie, Capadoce, & Aspendo, il se coa-
„ gule jusqu'au milieu de quelques lacs de ce
„ païs, & il est admirable qu'il s'en desseche
„ autant la nuit, qu'on en prend le jour.

(Ce que je crois qu'il faut entendre des nuits chaudes & séches de l'Eté.) „ Outre
„ cela dans les Païs de Bactres, il y a deux
„ lacs, desquels l'un est vers la Scithie, &

« l'autre vers les Arriens, qui jettent du
» sel sur leurs bords par le mouvement
» des flots. A Cittio de Cipre, & auprès
» de Memphis, le sel se tire des lacs, &
» on le fait sécher ensuite au Soleil. Il y
» a aussi des Rivieres sur la superficie des-
» quelles le sel surnage, & il ne se fond
» pas, quoique l'eau coule par-dessous. &c.

Je ne sçais pas si ces lieux cités par Pline, font à présent les mêmes effets qu'ils faisoient de son tems ; mais aujourd'hui, il est constant qu'il y a un lac dans l'Isle Espagnole, auquel on a donné le nom de mer Caspienne, à cause de la ressemblance qu'il a avec la Mer qui porte ce nom, duquel Lac il sort une Riviere d'eau salée, qui dans ses bords forme du du sel, & quelquefois elle l'emporte sur ses eaux, comme la Seine fait en hiver les glaçons qu'elle charrie quand il fait bien froid, sans que le sel se fonde non plus que la glace que l'eau de la Riviere emporte.

Dans les Açores & dans les Canaries, il se produit beaucoup de sel sur les bords de ces Isles, où la mer frappe continuellement, & où les Navires Marchands, tant Hollandois qu'Anglois & autres, vont le prendre. Dans cette partie du Lac de Mexique qui est salée, l'eau jette sur le Rivage un sel qui sert à l'usage des habitans de cette Ville. Quelquefois ce sel se forme de l'écume des flots de la mer qui frappent contre les bords, ou contre les Rochers, & cette écume étant desséchée par le Soleil forme un sel fort subtil. Quelquefois aussi lorsque la Mer ou les Rivieres salées débordent sur les terres plus basses, ou contre les Rochers où il y a quelques lieux creux, les eaux étant desséchées du Soleil, le sel reste tout formé en grosses croûtes, ou en grains sur ces terres. Et c'est à l'imitation de la nature, que dans des endroits convenables les hommes ont formé des marais salans, dans lesquels après avoir fait entrer l'eau de la mer, on la laisse dessecher à l'air chaud de l'Eté, & on trouve ensuite le sel tout fait sur ces terres, lesquelles ont aussi absorbé une partie de cette eau, & lui ont fourni de leur propre substance pour former une plus grande quantité de sel, étant constant que ces mêmes marais ne donnent pas tous les ans une pareille quantité de sel, quoiqu'on y mette toûjours autant d'eau; car dans certaines saisons chaudes & séches, le sel y vient en plus grande abondance, d'autant que le Soleil fait fermenter l'eau avec la terre, laquelle donne les parties les plus pures & les plus minces de sa substance, qui s'unissant avec l'eau, forment une plus grande quantité de sel dans ce tems, que dans un autre pluvieux & fort humide. Ajoûtez encore que le sel qui est dans l'air s'y joint facilement alors, & se fige avec le sel qui y est déja & l'augmente. On pourroit même dire de plus que la chaleur que nous regardons comme l'esprit agent & formateur de toutes choses, agit alors plus fortement & fait que la semence saline non seulement fermente avec la terre, mais que le sel de l'air se communique & se transforme en sel marin. Des personnes experimentées dans les salines de Broüage ont dit au Gouverneur, qui me l'a raconté comme un fait connu de tout le monde & à lui même, que lorsque les vents d'*Orient* & de *Midi* souflent dans l'Eté, il se fait une recolte incomparablement plus grande de sel, qu'on n'en fait dans les autres tems, ou lorsque d'autres vents souflent.

Il n'est donc pas difficile de connoître comment le sel se peut séparer de l'eau, dans laquelle il est déja; mais il n'est pas si aisé de dire la raison pourquoi dans des lieux fort éloignés de la mer, où nous avons dit que le sel se forme en longueur de tems considerable, on trouve des sources d'eau salée, d'où on tire depuis plusieurs siécles une aussi abondante quantité de sel qu'on en tire de la mer, & quelquefois en plus grande abondance. Il y a beaucoup de païs où l'on trouve de ces sortes de sources; mais sans aller fort loin, je parlerai de celles qui sont dans la Franche-Comté, qui suffiront pour faire comprendre facilement ce que peuvent être les autres, & à peu près la maniere dont on le tire dans les autres endroits, à quelques circonstances près.

Ces sources sont près de la ville de Salins, qui tire son nom de ces salines ou sources d'où l'on tire le sel, & non seulement ces sources en fournissent à la Province & aux environs, mais aussi à la plûpart des Cantons Suisses, ce qui fait voir la grande abondance de sel que ces fontaines fournissent depuis quelques milliers d'années.

Je crois, par les raisons précedentes, qu'il sera bon d'en donner la description telle que le P. Kirker * la donne, & qui l'avoit reçûë des Peres de sa societé établis sur les lieux, comme aussi, suivant la relation du Chanoine Menard, homme sçavant de la même ville de Salins.

RELATION.

» Il y a une vallée où naissent plu-
» sieurs sources d'eau salée, dont cinq
» sont les principales : Elle est très fertile

*In mundo subterraneo pars secunda pag. 218.

» en herbes favoureuses, & dont le betail
» s'engraisse fort facilement. Cette vallée
» qui est loin de la mer d'environ trente
» lieuës en ligne droite, est environnée de
» hautes montagnes; une partie de ces four-
» ces sont à la distance l'une de l'autre de
» huit à dix pieds, & neanmoins elles
» donnent les unes plus, les autres moins de
» sel, & même de qualité un peu diffe-
» rente; mais on reçoit toutes ces eaux en-
» semble dans un reservoir commun. La
» premiere est plus abondante tant en eau
» qu'en sel. Il est à remarquer que lorsque
» le vent du midi soufle, & pendant les
» grandes pluyes, elle est plus abondante
» en eau, quoique toûjours aussi claire &
» pure qu'à l'ordinaire; cependant la quan-
» tité de sel qu'elle rend est un peu diffe-
» rente, mais ce n'est pas de beaucoup.
» Pour 100. livres d'eau, elle donne ordi-
» nairement 25. livres de sel. (Ce qui est
beaucoup plus que n'en donne l'eau de la
mer, quand on la fait simplement boüillir
& évaporer.) » La seconde qui est seule-
» ment à quatre doigts de la premiere, qu'-
» on appelle la *Source du canal de plomb*,
» donne 24. livres de sel pour cent d'eau:
» Mais en Eté & dans les tems secs, l'une
» & l'autre donnent une livre moins de
» sel. Cette derniere source entraîne avec

„ elle un fable rouge comme du cinabre.
„ La troifiéme fource n'a qu'un pouce d'eau,
„ & elle eft femblable aux autres, excepté
„ qu'on ne tire feulement que 23. livres
„ de fel pour cent d'eau. La quatriéme
„ fource qui eft loin des autres de fix pieds,
„ qu'on appelle le *Dourillon*, ne donne
„ que fept livres pour cent ; mais ce qu'elle
„ a de particulier, c'eft que dans le tems
„ de la Canicule, lorfque les autres four-
„ ces diminuent un peu d'eau, celle-ci
„ augmente le profit au double, en don-
„ nant 15. à 16. liv. de fel pour 100. liv.
„ d'eau. La derniere, qu'on appelle le *vieux*
„ *Puifoir*, ne rend que 6. liv. pour 100.
„ Et comme les autres, elle change felon
„ les vents & les faifons. Des gens expe-
„ rimentés difent que quand ce fel eft gardé
„ long-tems, comme 15. ou 20. ans, fi on
„ le jette fur le feu, il fait comme la pou-
„ dre à canon un écart & un bruit épou-
„ vantable, & avec danger même pour ceux
„ qui n'y prennent pas garde. On peut voir
dans le P. Kirker, fi on en eft curieux, les
machines & les manieres dont on fe fert
pour faire le refte, afin d'avoir le fel. Ce
que j'obmets pour abréger & faire quelques
reflexions plus importantes fur cette matiere.

 Premierement il eft vifible que quoique
ces

ces sources paroissent naître dans le même lieu, à peu de pieds de distance l'une de l'autre, elles peuvent venir neanmoins d'endroits fort éloignés. Ce qui peut se prouver non-seulement par la differente quantité de sel dont elles sont chargées, mais aussi par le sable rouge qu'une de ces sources entraîne avec elle. Je dis donc que quoiqu'elles viennent se rendre dans le même endroit, elles peuvent cependant tirer leur origine de lieux fort éloignés, & même opposés. Quant à la differente quantité de sel qu'elles entraînent, il y a apparence qu'en passant par differentes terres, leurs eaux ne peuvent se charger que de ce qu'elles trouvent, & que ces terres ont plus ou moins de sel. Il faut remarquer aussi que quand même elles seroient également salées, la differente quantité d'eau qu'elles distilent, peut contribuer à dissoudre plus ou moins de sel; quoiqu'il soit vrai qu'ici, on mesure la proportion du sel à la quantité du poids de l'eau, c'est pourquoi il paroît plus vraisemblable de dire, que dans les terres où l'eau de chacune de ces sources passe en particulier, il y a plus ou moins de sel. Cependant ce qui favoriseroit la premiere opinion, ce seroit ce qu'on a dit, qu'une de ces sources dans le tems de la Canicule, où les autres diminuent

Tome II. R

leurs eaux, augmente la sienne & double au même tems le profit ; comme aussi que toutes ces sources en general, quand le vent de midi souffle & que les pluyes abondent, donnent un peu plus de sel qu'en d'autres tems. Quant à ce que cette source particuliere donne plus d'eau & de sel dans le tems le plus chaud & sec de la Canicule, il se peut faire que cette source d'eau prenne son origine de quelque montagne chargée de neige & de glace, qui se fond plus dans ce tems où l'air est fort chaud, qu'en une autre saison. Quant à sçavoir pourquoi ces sources rendent presque toûjours la même quantité de sel, je ne crois pas qu'elles coulent dans la terre en forme de ruisseau ; car supposant même que ces ruisseaux passassent à travers des montagnes de sel, & que dans leur passage ils pussent ronger & dissoudre le sel qu'ils touchent, depuis tant de siecles que ces prétendus ruisseaux coulent par le même endroit, ils devroient avoir emporté tout le sel qu'ils touchent de ces bords salés, puisqu'on ne peut pas dire sans se rendre ridicule, que ces ruisseaux s'enflent & croissent à mesure que les bords salés diminuent.

Je croirois donc que ces sources, ou toutes, ou la plus grande partie, sont formées par des pleurs de la terre imbuë, soit des eaux de pluïe, ou des vapeurs des eaux souterraines qui se resolvent en une espece de pluye, & qui passent à travers des terres salées dont elles dissolvent le sel, & ces gouttes s'assemblant ensuite dans le penchant des collines, à travers lesquelles elles passent, forment ces sources qui ne sont à mon avis que des pleurs de ces collines salées.

Mais cela n'ôte pas tout-à-fait la difficulté de sçavoir comment ces terres n'ont pas été entierement défalées, depuis tant de siecles que l'on sçait qu'elles fournissent du sel ; car supposant que cette source qui donne 25. liv. de sel pour 100. d'eau, fournisse au moins 400. liv. d'eau en 24. heures, elle fournira 100. liv. de sel chaque jour ; en un an 36500. liv. en 100. ans 36500000. liv. en deux siecles le double &c. Comme ce sel ne descend pas du Ciel miraculeusement, il faut dire que ce sel se reproduit & qu'il renaît, comme l'herbe dans les prés, par le moyen de l'esprit seminal du sel, qui ayant été produit la premiere fois, y reste toûjours, & en produit de nouveau dans les mêmes terres, qui se changent facilement en sel par l'action du soulphre salin ; & quoique cette opinion paroisse choquer, cependant nous en verrons dans peu de telles experiences, qu'on ne la trouvera plus si étrange. Pour résoudre cette difficulté, je pourrois bien me servir de l'exemple des puits d'eau salée de Cester en Angleterre, dont on connut l'origine après le tremblement qui abîma une espace de terre, & qui donna naissance à un lac d'eau salée qui fournissoit celle de ces puits. Mais j'incline plus à l'autre opinion, par les raisons que nous verrons : Cependant si l'autre plaît davantage, on est libre de la suivre & je ne m'y oppose pas ; étant certain que quoique la mer soit fort loin de ce lieu, cependant elle penetre dans des endroits encore plus éloignés par les creux & les cavernes dont la terre est pleine.

Mais ce que je ne me lasserai jamais de repeter, c'est que le sel ne venant pas dans ces terres par un miracle particulier, il faut trouver quelque cause naturelle qui puisse le produire. J'ai dit mon avis, je laisse à d'autres plus habiles de penser mieux.

Il y a plusieurs autres sources salées en divers endroits de la France, comme dans le Languedoc, dans la Bretagne & autres Provinces, mais on les a negligées, par la facilité que l'on a d'en avoir plus commodement ailleurs. Au reste, il semble que la Providence en ait fourni plus particulierement les lieux qui sont loin de la mer, soit qu'en ces lieux on ne les neglige pas de même, ou parce qu'en effet elle a eû soin de pourvoir au besoin de ses créatures, & particulierement des hommes qui assaisonnent tous la chair & le poisson qu'ils mangent avec du sel : Et je n'ai lû que des seuls (*a*) Groënlandois qui ne se servent point de sel, parce qu'ils mangent ordinairement la chair toute cruë, & qu'ils font sécher leur poisson à l'air, comme la plûpart des autres nations qui sont voisines du Pole.

Il paroît que l'Allemagne, qui est si loin de la mer, ait été en recommendation à la nature, puisqu'elle l'a pourvûë d'un si grand nombre de fontaines & de lacs salés, & de mines de sel. Il y en a trois dans l'Autriche (*b*) qui sont très-abondantes, aussi-bien que les Puits salés de Traun-Kirken, proche de Bicklen & Halstat. En Baviere, il y a plusieurs endroits d'où l'on tire du sel. Il y a des montagnes pleines de sources salées, & d'autres terres pleines de sel, dans lesquelles en faisant couler de l'eau douce, elle s'en charge, & les ouvriers le tirent après par le moyen du feu. Il y a 24. Canaux, les uns entrelassés avec

(*a*) Relation de Groënland, attribuée à La Motte le Vayer.
(*b*) Relation du Pere Essert, Jesuite.

les autres qui portent de l'eau falée qui vient de la montagne de Hale-berg, & dont les Princes de ce lieu tirent le revenu d'un million de florins. Ce fel eſt de deux fortes, l'un eſt pur & blanc; l'autre de differentes couleurs, violet, rougeâtre, & aſſez gras & fentant même un peu le fouſ- phre : On ne ſe fert gueres de celui-ci quand on peut avoir de l'autre. Enfin toute l'Al- lemagne eſt pleine de ſources & de mines de fel. Il y a même des Villes & des Bourgs qui en prennent le nom, comme Hale-Berg, (*Hale* ſignifie fel, *Berg* veut dire Bourg,) &c. Les ouvriers aſſûrent au rapport du P. Effert, que dans le decours de quelques années le fel croît de nouveau dans cette Montagne, & que ces mines ſe rempliſſent comme auparavant. Ce qui, avec pluſieurs autres conjectures que je dirai, pourroit faire croire que le fel croît comme les plantes, par la vertu feminale qui eſt en lui, & qu'il a quelque forte d'âme vegetable.

 Au Comté de Mansfeld, en Allemagne, il y a une petite riviere qui porte du fel, & dans laquelle ſi les Pêcheurs y paſſoient leurs filets, ils feroient gâtés & brûlés, comme ſi on les trempoit dans l'eau-forte. Je ne m'étonne pas de cet effet, parcequ'en un voyage que je fis en Normandie, quelques personnes de la compagnie avec qui j'étois se trouvant fatiguez comme moi du Carosse, nous mîmes pied à terre, & marchant au bord de la mer sur le sable humide, nos souliers peu de tems après tomberent par morceaux, de même que si on les avoit trempés dans l'esprit de sel. Il n'est pas douteux que l'eau de la mer contient un sel subtil, qui est une espece d'eau forte quand il est ainsi dans sa nature subtile.

Il y a une fontaine de sel dans le Lunebourg, qui est d'un grand revenu au Prince.

On trouve en Angleterre, près de Cester, des Fontaines qui donnent beaucoup de sel.

Solkamkay, Ville de Siberie, est considerable par ses salines, au nombre de trente-cinq, & quelques-unes ont 150. brasses de profondeur. On cuit le sel dans de grands vaisseaux de cuivre, qui sont placés dans des trous creusés en terre, au-dessous desquels on met du feu : La matiere avec laquelle on fait ce sel, a tant de force, qu'il n'est pas possible de la tenir dans la bouche : on en tire du sel très-fin & blanc, dont on se sert non seulement dans le païs, mais qu'on envoye à Casan, à Astracan & ailleurs.

R iiij

Sur les Pirennées il y a une fontaine salée, & de laquelle on tire, comme au Comté de Bourgogne, de très-bon sel.

Dans toute l'Amerique on ne voit presque par-tout que des sources de sel.

Le Capitaine Narborough, dans son voyage au détroit de Magellan, rapporte ce qui suit de quelques sources qu'il trouva. » Ces sources sont petites, & l'eau en est » un peu *saumache* ; elles coulent dans des ,, vallées arides, dont le terroir est naturel- ,, lement salé; la terre & les rochers sont cou- ,, verts de salpêtre, comme d'un verglas. Je ,, penetrai deux mille au Nord . . . . . . On y ,, voit des rochers escarpés & des vallées ,, assez basses, mais arides, dont la terre ,, est de la nature du salpêtre &c. Il y a ,, plusieurs étangs d'eau salée, & beaucoup ,, de salpêtre dans la terre. Il y vient aussi ,, du sel commun en abondance, & qui ,, est fort bon.

* Le Pere Acusia dit que du côté de Topinanbourg on trouve des montagnes de sel.

Il y a un Lac à Truxillo, dans le Pérou, dont l'eau est douce sur la superficie, & dans le fonds elle est chargée d'un sel fort blanc & gravellé. On en voit un autre

*Rel. de la Riv. des Amazônes.

semblable sur une des montagnes des Andes, dont l'eau, quoique douce, produit des pierres de sel. Je ne me persuade pas aisément que ces eaux soient aussi douces qu'on le dit, je crois seulement que la superficie est beaucoup moins salée, & passablement bonne à boire. La Perse, l'Indostan, & la plûpart de l'Asie, particulierement cette partie qui est dans un climat chaud, abonde en sources de sel.

Il passe à Tauris en Perse, une Riviere aussi grande que la Seine, qu'on nomme *Agi*, c'est-à-dire salée; & qui l'est ainsi, parce qu'elle passe par des campagnes abondantes en sel.

Proche de Save près d'Hispahan, il y a un grand Marais fort salé, qu'on apelle la Mer de Sel. Ce Lac a près de 30. lieuës de longueur, & on le traverse sur une chaussée de pareille étenduë. Toute l'Isle d'Ormus n'est quasi qu'une masse de sel impur, & comme elle n'a point d'eau, & qu'elle ne peut pas même se servir de celle que le Ciel lui envoye, à cause qu'elle devient salée sur les terres & d'un mauvais goût, c'est ce qui oblige les habitans de s'en pourvoir ailleurs, de la maniere que je l'ai rapporté au Chapitre de la penetration des eaux.

* Il y a beaucoup de lacs & de fontaines salées à la Chine. La Province de *Su-chu-en*, qui est dans la partie la plus occidentale de ce grand Royaume, a une quantité innombrable de puits de sel. Ce qui paroît de plus particulier, c'est que les Habitans creusent ces puits dans des montagnes cultivées, dont le terrain est doux & ne paroît point salé au goût. On creuse ces puits à la profondeur de trente ou quarante toises, & on en tire l'eau qu'on fait évaporer, qui rend un sel beaucoup plus doux & agréable que celui qui vient de la mer. Il faut remarquer à l'occasion de ceci, que cette eau vient du fond des entrailles de la terre, c'est pourquoi il ne faut pas s'étonner si la superficie de cette terre n'a pas le goût de sel.

Dans la Province de *Xensi*, il y a quantité de lacs salés, dont six donnent un sel rougeâtre, qui se coagule tout seul sur le bord de ces lacs : il y en a un fort grand & qui a cent stades de circuit.

La riviere *Ho-ei* est fort salée, & elle se décharge dans la grande riviere *Jaune*, ou *Crocea*. On tire de bon sel de l'eau de cette riviere.

Il y a une fontaine merveilleuse & plusieurs lacs salés, dans le Popayan.

* P. Mart. Atl. Sin.

On fait mention encore d'une fontaine dont l'eau est fort noire, mais qui étant boüillie donne du sel très-blanc.

Ce seroit un détail trop long, que de vouloir parler de tous les lieux, où le sel se produit dans ce vaste Empire. J'ai déja dit, ce me semble, que dans la Province où est la grande ville de Pekin, en creusant un peu la terre, on trouve des mottes de salpêtre. Toute cette Province en général est pleine de ce sel, à qui on attribuë, avec raison, la cause du grand froid qu'on y ressent en Hyver; de manière que quelquefois les rivieres y gelent, * quoique Pekin soit à peu près à la même hauteur de Pole, que la Ville de Rome.

Enfin on pourroit parler d'un fleuve d'Afrique, qui outre qu'il est salé, a encore cela de plus, qu'il est fort chaud; comme-aussi de plusieurs autres eaux salées. Mais ce seroit ennuyer le Lecteur, que de vouloir détailler tous les endroits où il y a des rivieres, des lacs, & des sources desquelles on peut tirer le sel; car ce seroit toûjours dire la même chose, & il n'y auroit que le nom des lieux à changer, c'est pourquoi je passe à la nature d'un autre sel.

* 42. degrés.

Il faut pourtant remarquer que quoique nous ayons dit que le sel est la baze de tous les corps durs, & que de toutes choses l'on puisse tirer du sel; cependant le sel de chaque chose est different. Aussi quoique de toute la terre on puisse tirer du sel, néanmoins le sel d'une terre est très-different d'une autre terre ; c'est pourquoi ces sels ne pourroient pas nous servir à l'usage du sel marin, dont nous avons déja parlé ci-devant. Car il n'y a que celui-là, ou celui qui lui ressemble, qui soit agréable au goût & bon à la santé, & dont les proprietés principales sont de relever le goût des viandes, & de conserver autant qu'il peut nos corps de la corruption. Or ces proprietés ne se trouvent que dans le sel marin, & dans un autre sel que la terre produit en des lieux absolument secs & arides, & qui venant ordinairement en gros morceaux clairs & resplendissans, on l'appelle *Sel Gemme*, & aussi *Sel Fossile*, parce qu'il se trouve souvent sous la terre comme les miniéres des métaux. Une des plus fameuses de ces mines, est celle qui est auprès de Cracovie en Pologne ; de laquelle on tire le sel, comme les pierres des carrieres, en très-gros morceaux. Ce qu'il y a de plus particulier dans cette miniere, dont je ferai l'Histoire en peu de

DE L'UNIVERS. 205

mots, * c'est qu'elle est fort profonde, & plus d'un mille perpendiculaire, ce qui fait que les Ouvriers qui y travaillent n'en sortent que fort rarement. Il y en a même qui sont nés dans ces lieux ténébreux, & seulement éclairés par de grandes lampes, qui n'ont jamais vû le soleil ni les étoiles; car la plûpart des Ouvriers ont leurs femmes & leurs enfans qui travaillent avec eux, ou qui s'occupent aux soins de leur ménage.

Les Architectes qui conduisent ces ouvrages, ont été obligés de pratiquer dans ces rochers de sel, des endroits pour faire leur cuisine, & pour prendre le repos du sommeil. Il y a aussi avec eux des Prêtres pour l'exercice de la religion, des Juges pour y entretenir la Police & la Paix, & en un mot il faut imaginer une petite Ville soûterraine, où on fait à peu près tout ce qui se peut faire dessus la terre, (je veux dire) autant qu'il peut convenir à des Païsans & à des simples Ouvriers, qui ne sont occupés qu'à abattre de grandes piéces de sel, & à les envoyer par des machines faites exprès sur la terre;

* Relation particuliere, &c.

C'est de ce sel que la Pologne, qui n'en peut pas avoir facilement d'ailleurs, se sert pour ses besoins, & cette miniére est si abondante que non-seulement ce Royaume en est pourvû, mais aussi les Etats voisins qui manquent de sel, & qui n'ont point de sources chez eux.

Cependant une des choses qu'il faut remarquer à nôtre propos, c'est que l'on remarque comme une chose hors de doute, que les murs des chemins de communication d'un lieu à un autre, qui étoient fort larges, se rétrecissent de maniére par la suite du tems, que ceux qui y passoient fort à l'aise ne peuvent plus y passer, & qu'on est obligé de tems à autre d'abattre quelque portion du mur, afin de faciliter le passage. Ce qui, avec d'autres experiences semblables que nous verrons, pourroit confirmer l'opinion où je suis, que le sel dans sa carriere, ou dans l'eau marine, contient une essence seminale, qui par la vertu de son soulphre actif peut croître & végeter, comme nous l'avons dit des pierres.

Cette végetation est encore sensible dans cette fameuse montagne de sel de Cardonne, en Catalogne, d'où on tire continuellement du sel, sans que la quantité en diminuë : on remarque même que les morceaux de ce sel loin de diminuer, quand on les laisse exposez à la rosée & aux pluyes moderées, au contraire l'une & l'autre, particulierement la rosée, se convertissent en sel aussi parfait que celui qu'on tire de la mine. Ce qui ne peut arriver, que par la vertu seminale du premier sel. On rapporte généralement que ce sel de Cardonne a cela de particulier, qu'il est de couleurs differentes, comme de roses, violet, jaune, &c. Pour m'en éclaircir, je priai un de mes amis de m'en envoyer de toutes les couleurs. Ce qu'il fit : j'ai trouvé que tous ces sels differens étoient cristalins, quoiqu'il soit vrai, que chacun en particulier avoit je ne sçai quoi, & (comme on dit) un œil de ces couleurs. Ce que je dis, afin qu'on ne croye pas, comme je le croyois bonnement, que ces prétenduës couleurs soient fort exaltées. Il se pourroit peut-être-bien que ces sels envoyez de si loin, eussent pu perdre la plus grande partie des couleurs vives. Je rapporte ce que j'ai vû. Il y a d'autres lieux en Espagne, d'où l'on tire & d'où l'on peut tirer du sel. Il y a à Mengroville, près d'Avila, des grottes fort vastes, qui sont soûtenuës sur des grands pilliers de sel, comme du cristal & du marbre : marque certaine qu'autrefois on en a tiré du sel, & qu'on les négige à préfent.

L'on affure que fur la terre qui couvre ce fel, auffi-bien que fur la montagne de fel de Cardonne, les arbres & les herbes y viennent fort bien. Ce qui peut faire voir que le fel n'eft nuifible aux plantes que quand il eft en trop grande abondance; car alors il n'y a pas à douter qu'il ne les féche par fa grande fécherefle; mais quand la quantité du fel eft mediocre, & qu'il eft bien mêlé avec l'humidité, il féconde les terres & les rend plus capables de végeter.

Il y a dans toutes les parties du monde de ces montagnes, & autres miniéres de fel. (*a*) On trouve une montagne affés grande dans l'Ifle Efpagnole, femblable à celle de Cardonne, & avec les mêmes effets de reproduction de nouveau fel. Dans le Tirol, comme-auffi proche de Straſbourg, il y a des mines de fel très-abondantes, où il croît en gros morceaux. (*b*) Dans la Hongrie, on trouve des montagnes & des miniéres immenfes de fel, que

(*a*) Pierre Martir, & Oviedo Hift. des Indes.
(*b*) On reffent un froid extrême dans les carrieres de fel de la ville de Halle, près de Straſbourg, qui eft fans doute caufé par les vapeurs falines.

l'on creuse jusqu'à un mille ou deux de profondeur, qui sont semblables à celle de Cracovie, & dont on tire également avec des cordes & des machines convenables, du sel en grosses masses.

Dans l'Italie, outre le sel de mer, on ne manque pas de sel mineral qui y vient en abondance, particulierement à Altamonte, au Royaume de Naples, où on le tire en grands morceaux comme de la pierre, & qui est aussi clair & transparent que du cristal. Ce sel a cela de particulier, qu'étant jetté sur le feu il ne petille point, comme le sel fait d'ordinaire, mais il rougit comme un charbon, ou comme un morceau de fer : dont la raison est à mon avis, que ce sel est beaucoup plus terrestre que les autres ; car ce qui fait petiller le sel n'est autre chose que l'eau flegmatique qui est grossierement unie avec la terre, laquelle étant dilatée par le feu fait effort pour s'échaper, & pour sortir de ses liens, & en se dilatant & se separant de la terre, elle la chasse avec impetuosité, & cause dans l'air cette agitation d'où resulte le bruit. Il faut donc dire que la terre prédomine si fort dans ce sel, & est si fortement unie avec l'humidité, qu'elle empêche l'eau de se dilater, & qu'elle s'imbibe des particules du feu &

Tome II. S

rougit, comme on voit que font les pierres.

Quoi qu'il en foit, dans l'Affrique, les montagnes & les mines de fel ne font pas moins abondantes, & c'eſt un des plus grands negoces des Marchands qui font voifins de ces mines falines, lefquels le tranfportent dans les Provinces éloignées qui en manquent. Ils taillent ce fel comme la pierre, en grand morceaux. A Tigre-Mahon, une des Provinces d'Ethiopie on fe fert de morceaux de fel, d'un certain poids, au lieu de monnoye. * Une des principales marchandifes d'Ormus eſt le fel, qu'on coupe des montagnes de même que la pierre, & (comme on l'a dit) toute la terre de cette Iſle n'eſt proprement qu'une maſſe de fel, de diverſes fortes; & une partie de fes collines abondent auſſi en foulphre, ce qui contribuë avec le fel à gâter l'eau. En un mot, dans tous les lieux du monde où la mer eſt éloignée, on voit que la nature a pourvû les habitans, ou de fources, ou de mines & de montagnes de fel pour leur ufage. Au rapport de Pline, les fleuves Occo & Oxo, charrioient fouvent & prefque toûjours,

* Dans l'Atlas de...... & dans le difcours fur la Carte d'Affrique & d'Ethiopie.

des montagnes des Bactres, de grands morceaux de sel. (Apparemment à demi petrifié & spongieux) Ce qui a fait dire à quelques-uns, que les montagnes du Caucase n'etoient que du sel petrifié. Ce qui pourroit être appuyé, sur ce qu'on tire de ces montagnes de grands morceaux de sel, ni plus ni moins qu'on tire la pierre des carrieres; & même il y a des peuples qui bâtissent leurs maisons de ces pierres de sel. Pline parle de la montagne d'Oromeno, dans les Indes, de laquelle on tire de grands morceaux de sel, dont les gens du pays se servent pour bâtir, & que ces pierres de sel qu'on a ôtées, sont remplacées par d'autres qui reviennent en peu de tems, comme les branches d'arbre qu'on coupe. Ce qui confirme mon opinion, sur une espéce de végetation du sel. Les Rois du pays tirent plus de profit des mines de ce sel, que des pierres précieuses. A Carto, terre de l'Arabie, les murailles des maisons ne sont faites que de ces pierres de sel, & pour les attacher ensemble, au lieu de chaux ou de ciment, on ne fait que moüiller ces pierres avec de l'eau, & par ce moyen elles s'attachent ensemble, mieux qu'on ne feroit avec de la chaux ; car une partie de cette eau se change en sel, par la vertu seminale de ces pierres salines.

Le Philofophe Bernier confirme ce fait, dans la rélation de fon voyage au Mogol. Ce qui merite l'attention du Lecteur curieux.

En effet, il n'y a pas dequoi s'étonner, ni les rieurs de critiquer ces faits, avérez par des voyageurs fçavans & curieux, de notre tems, & entr'autres celui que je viens de citer. Parce que dans ces lieux il ne pleut prefque jamais, & il eft à croire que les gens qui bâtiffent ainfi, couvrent leurs maifons avec de la paille, ou autres chofes femblables ; de maniere que l'eau (qui tombe du ciel très-rarement) ne puiffe nuire à leurs murailles. Dans la Cappadoce, dit Pline, on tire le fel de la terre, comme on fait à Montmartre (de Paris)* la pierre fpeculaire qui fert à faire le plâtre en la cuifant, pour bâtir des maifons. Et nous verrons dans peu, que l'on tire de la terre diverfes fortes de fels de la même maniere. Mais qui pourroit faire l'hiftoire de tous les lieux d'où l'on tire du fel ? Ce que nous venons de voir doit fuffire, pour donner une idée de ce qui fe paffe dans les autres parties du monde. Il nous refte le foin de dire, com-

* Montagne qui eft au bout d'un des Fauxbourgs de cette Ville.

ment ce fel peut s'engendrer dans les montagnes & dans les mines avec tant d'abondance, si pur & si clair, afin que le Philosophe en rendant raison des effets de la nature, soit moins surpris de ces choses, qui ne laissent pas d'être admirables en elles-mêmes, quoique naturelles.

Je dis donc en premier lieu, qu'il ne faut pas croire que le Sel qui se tire en grands morceaux de ces carrieres salines, soit tout aussi clair & aussi pur qu'on le vend. Car (par exemple) la pierre speculaire que nous avons dit qu'on tire de la montagne de Montmartre, n'est pas toute claire & transparente, on en trouve de gros morceaux, çà & là, mais le reste n'est qu'une terre pierreuse & opaque. On voit la même chose dans les carrieres de pierre, & de marbre, duquel rarement on en peut tirer de gros blocs & de grands morceaux, car ces pierres sont souvent mêlées de terre, qui n'est pas encore durcie & changée en marbre, & en veritable pierre.

Il est donc à croire que quoiqu'on coupe de ces montagnes & de ces miniéres salines de gros morceaux de sel clair & transparent, la plus grande partie du sel est néanmoins mêlée de terre, dont on fait la séparation en faisant boüillir la terre dans l'eau, qu'on sépare quand elle est claire, & qu'on fait évaporer après par le feu.

Quant à la génération de ce sel, nous avons déja dit, que le sel se produit par le mélange de l'eau avec la terre subtile. Il y a donc apparence que dans ces lieux où ces montagnes & ces miniéres de sel se forment, la terre y étoit extrêmement subtile, & qu'ayant été long-tems abrevée par l'eau, soit de la pluye, soit des vapeurs de celle qui parcourt dans les entrailles de la terre, & ensuite étant cuite pendant un tems considerable par la chaleur centrale, ou même par les feux soûterrains, à la fin ces miniéres de sel se sont formées dans la terre. On peut encore dire de plus que dans ces lieux, où la terre étoit moins grossiére, ont été formées ces grosses masses de sel plus terrestres; & même, si toute la terre étoit extrêmément subtile, il peut s'être formé des montagnes entiéres de sel, la terre étant arrosée par les pluyes, qui sont fréquentes dans les lieux élevez.

Ainsi il ne faut pas croire que le sel, ou autre chose qui vient au-dedans de la terre, se forme en un instant, mais il faut quelques siécles pour la produire, comme nous le montrerons en parlant de la génération des corps qu'on appelle proprement minéraux, quoiqu'à la rigueur ces sels fossiles soient aussi minéraux. Sans avoir envie de disputer sur les noms, voilà mon opinion sur la formation du sel usuel, & qui peut nous servir pour saler ce que nous mangeons. Et cette même maniére de génération, doit nous servir d'exemple pour la production des autres sels fossiles, dont nous allons parler.

Mais comme il n'est pas possible de décrire la nature de toutes les terres différentes qui sont dans notre Globe, lesquelles à quatre pas les unes des autres sont dissemblables; de même on ne peut pas faire un détail de tous les sels differens; car, comme on l'a dit, étant composez tous d'eau & de terre, il est visible que le sel qui se forme en une terre, doit être différent de la nature de celui qui se forme du mêlange d'une autre terre plus ou moins grossiere; comme aussi parce que les dozes du mêlange de la terre avec l'eau peuvent être differentes.

C'est par cette raison que je me bornerai à parler d'un certain petit nombre de sels, qui sont plus connus & plus en usage.

Un de ces sels est, ce me semble, celui qu'on appelle Alum-de-Roche; c'est un sel mineral, & dont nous avons une miniére très-abondante dans un Bourg auprès de Rome, qu'on appelle la *Tolfa*. Ce fel ne vient & ne fe produit que dans des montagnes & des collines fort féches, & où il ne croît aucune herbe, ce qui me fait croire que la terre prédomine beaucoup plus dans ce fel, que dans ceux dont nous avons parlé.

La mine d'Alum de la Tolfa fut découverte à fon maître, à ce qu'on dit, par un Efclave Affriquain qui s'y connoiffoit, à condition qu'en lui découvrant la richeffe qu'il avoit dans fa terre, il lui donneroit la liberté, après lui avoir montré la façon de s'en fervir. Comme on comprendra facilement par la maniére dont on tire l'Alum, celle que l'on employe pour les autres fels, je la rapporterai ici en peu de mots.

On commence à rompre, avec des pieux de fer, les maffes de terre prefque pierreufes, qui contiennent l'Alum. On les fait cuire enfuite, comme quand on veut faire de la chaux ; mais on ne les cuit que quatorze ou quinze heures, parce que fi on les cuifoit davantage on détruiroit l'Alum ; après quoi on les met en monceau, & on y jette de l'eau trois ou quatre fois par jour, afin que le tout fe refolve en une efpéce de boüe, ce qui arrive en trente ou quarante jours. On jette

après

après cela cette terre dans de grandes chaudieres de maçonnerie dont le fond est de métal, & on y met par-dessus quantité d'eau, qu'on fait ensuite boüillir. Pendant que l'eau boût, deux ou trois hommes robustes remuent cette terre, afin que tout le sel se dissolve, & que l'eau s'en charge bien. On laisse refroidir & reposer l'eau, pour que la terre tombe au fond. Quand l'eau est bien claire, on la fait écouler dans de grandes cuves de chêne, & dans huit ou dix jours l'Alum s'assemble & s'attache au bois, en forme de cristaux très-gros & resplendissans. On fait évaporer la lessive & l'eau qui reste, & on en tire encore de l'Alum. On le dessèche & on le conserve dans de grands magazins.

Il est à remarquer que les seules caisses de chêne sont bonnes pour faire cristaliser l'Alum, dont je crois que la raison est de ce que le chêne a un suc amer, qui tient beaucoup du sel Alumineux stiptique, comme on le voit par la stipticité, & par le goût de son bois & de ses feüilles ; ou soit, comme disent quelqu'autres, par la conformité que les pores de ce bois ont avec la figure poligone, ou de cinq angles, que l'Alum affecte. Mais j'incline plus à la premiere raison ; peut-être parce que c'est la mienne. Il est à remarquer que l'Alum s'attache si bien à ce bois, que si vous en formez quelque figure, & que vous l'enfonciez dans cette lescive, en peu de jours elle sera couverte d'Alum, qui conservera toute la forme que vous avez donnée au bois, & ornée de christaux très-beaux & très-brillans. Et outre celles que j'ai vû à Rome, il y a encore dans le païs * tous les ornemens d'Eglise, avec de grands vases & des figures de saints qui paroissent de cristal de roche, qui ne sont néanmoins faits que d'Alum.

J'ai voulu rapporter la façon dont on fait l'Alum en Italie, afin que l'on voye que ce sel dans sa naissance est plûtôt une espéce de pierre, dont on ne pourroit pas tirer le sel, si on ne la faisoit auparavant calciner legerement, & qu'on ne fît toutes les autres choses dont nous avons parlé.

L'on tire l'Alum de plusieurs autres païs, à peu près de la même manière, suivant la nature des terres, qui sont plus ou moins dures & séches, ce qui fait le plus ou moins de facilité, & la diversité des moyens qu'on employe, qui reviennent à peu de chose près aux mêmes.

* A la Tolfa & ailleurs.

On trouve l'Alum abondamment en Allemagne, en Egypte, en Perse, dans le Mogol & presque par toute la terre; mais on n'en tire que des lieux, où le profit est plus grand que la dépense, car l'abondance qu'on en trouve, le rend à fort grand marché.

L'Alum est astringent, parce qu'il abonde en particules terrestres, qui font sa sécheresse superieure à l'humidité. Il sert beaucoup aux Teinturiers, à cause qu'il donne de l'éclat aux couleurs, & les fait pénétrer dans les plus petites fibres des étoffes. Il sert à blanchir & à nettoyer l'argent & l'or, parce qu'étant un peu corrosif, il les nettoye des choses qui le salissent, sans toucher à leur substance. Il dessèche les playes, les ulcéres, & mange les chairs mortes. Il est bon pour arrêter le sang, & à plusieurs autres usages, ausquels sa nature stiptique, dessicative, & corrosive peut servir.

Il y a quelqu'autres substances qu'on appelle Alum, comme l'Alum de plume, qui n'est point un vrai Alum, ni un sel, mais plûtôt une pierre. Car le vrai Alum est celui qu'on appelle de Roche. Quoique Mathiole assure d'avoir vû les autres dont Dioscoride & Pline font mention, c'est-à-dire, le *Scissilis*, le *Liquide*, le *Plenite*,

& le *Placite*, qui étoient entre les mains du Médecin Maranta; cependant nous n'en voyons guéres d'autre que celui de roche, d'autant que les Marchands, qui n'ont d'autre curiosité que du profit, n'apportent des lieux où les choses rares naissent, que la marchandise qui peut leur donner facilement de l'argent.

Parmi les sels naturels dont on fait un grand usage, au moins dans la Médecine, & dans la Chimie, on peut mettre le sel Armoniac, quoique celui dont on se sert communément se fasse avec artifice, par le mêlange du sel commun, de l'urine & de la suye de cheminée.

Le naturel croît sous les sables de l'Afrique, & particulierement dans ceux de la Nubie, d'où il tire son nom; car *Amnos* signifie sel dans la langue du pays, c'est pourquoi sel Armoniac vaut autant que *sel de sable*, & de là dérive aussi l'étimologie de Jupiter Hamon, qui avoit un Temple dans ces deserts sablonneux. Ce sel est proprement produit par le Salpêtre, & par l'air humide de la rosée, qui se fige & s'attache à ces sables arides, arrosez aussi par l'urine des chameaux & des hommes, qui composent les Caravanes qui passent par ces lieux. Les gens du pays disent que ce sel croît, & qu'il s'en forme davantage lorsque la lune augmente de lumière. Falloppius & Baccius assûrent qu'on trouve du sel Armoniac naturel, qui naît en quelques lieux d'Europe, & particulièrement proche les Volcans de Naples & de Sicile, comme aussi du côté de Pozzole, & en d'autres endroits chauds & secs ; mais on ne se met point en peine de le ramasser, parce que celui qu'on fait artificielement, produit le même effet que le naturel, & qu'on l'a avec plus de facilité & moins de dépense.

Les lieux où ce sel se produit me font croire, qu'il tient beaucoup de la nature sulphureuse & ignée. Le salpêtre est un peu plus aërien. Le sel commun & usuel tient plus du mercure, c'est-à-dire, d'un mélange proportionné des Elemens qui forme le goût agréable, ni trop mordicant, ni trop âcre, ou amer ; & enfin, que l'Alum est le plus terrestre.

La grande volatilité, & la figure subtile, aiguë, & pénétrante que le sel Armoniac affecte, me le persuade aussi. Car il se manifeste sous la forme de grand nombre de lignes subtiles, & comme capillaires, couchées les unes sur les autres, ainsi qu'il paroît dans la figure. *

* Voyez la troisiéme Figure.

Quant aux sels naturels, le Vitriol est sans doute un sel naturel, mais quand on en fait l'examen, on voit qu'il est composé de tant de substances differentes, qu'on ne peut pas dire qu'il est absolument un sel naturel, quoique ce soit la nature qui fasse cette composition de diverses substances. Car les Chimistes qui l'examinent de près, en séparent cinq substances differentes, & on trouve que c'est proprement un sel alumineux de la terre, lequel étant dissous par l'eau qui s'écoule dans ses entrailles, passe par les mines de divers métaux, particulierement du cuivre & du fer, & il se charge des particules de ces métaux qu'il dissout, & de plusieurs autres substances de leur miniére, principalement du soulphre & de l'ocre. C'est à peu près ce que le Directeur d'une miniére Vitriolique écrivit au Pere Kircher, qui lui demandoit des éclaircissemens sur la nature de ce sel. * » Quant au Vitriol, » dit-il, dans nos miniéres de Heren-Grund » il ne paroît être autre chose qu'un sel blanc » de la terre. Ce sel étant dissous par l'humidité & par l'eau qui distile de ces mi- » nes, en passant par les mines de cuivre » il les dissout, & il en acquiert la couleur

* *In mundo subterra.*

» verte ; que s'il passe à travers d'une mine
» de cuivre, qui contienne aussi un peu
» d'argent, alors il prend la couleur celeste,
» c'est pourquoi on l'appelle la rosée ou la
» fleur du cuivre, (*Ros sivè stellicidium*
» *cupri.*) Ce qui convient à ce que Geber
enseigne en parlant du Mars : * Que si vous
considerez & regardez les mines du cuivre
ou du fer, vous verrez manifestement,
qu'il en distile une humidité alumineuse
qui est presque inséparable de ces métaux.

Galien nous fait le récit de la maniére
dont il a vû tirer le Vitriol dans l'Isle de
Chipre. » Il y avoit dans ce lieu, dit-il,
» une caverne de la largeur où trois per-
» sonnes de front pouvoient entrer, & de
» la hauteur d'un grand homme. L'on des-
» cendoit par un chemin qui étoit ruiné
» en plusieurs endroits, & je vis qu'en
» certain lieu distiloit, par divers trous de
» de la colline, peu à peu une eau bleuë,
» qui suivant toute apparence prenoit sa
» couleur de la mine de cuivre par où
» elle passoit. En vingt-quatre heures il
» s'en distiloit environ huit barils Romains.
» Des Esclaves portoient cette eau dehors,
» & la mettant dans certains reservoirs,
» en peu de jours elle se congeloit & de-

* *Summa perfectionis.*

» venoit Vitriol. On fentoit dans la ca-
» verne un air qui fuffoquoit, & de l'o-
» deur du *Calcido*, ou du verd-de-gris.
» c'eſt pourquoi ceux qui jettoient cette eau
» étoient tous nuds. Dans la caverne il y
» avoit plufieurs lampes, lefquelles ne
» reſtoient pas long-tems allumées & ces
» gens me dirent : *l'eau que tu vois diſtiler
de cette montagne, peu à peu manque &
diminue* ; » C'eſt pourquoi lorſqu'il n'en
» vient preſque plus, l'on creuſe plus a-
» vant pour trouver le lieu par où l'eau ſe
» diſtile ; & c'eſt tout ce que je puis dire
» du Vitriol que j'ai vû. Comme dans
» l'Iſle de Chipre le climat eſt très-chaud,
» il ſuffit de mettre l'eau dans ces réſer-
» voirs ; mais ailleurs, où l'air eſt froid,
» il faut ſe ſervir du feu, en faiſant boüil-
» lir l'eau dans des chaudieres. Cependant
» reſſouvenez-vous, dit-il, que du côté
» gauche de l'entrée, je vis le mélange du
» Sori, du Miſi & du Calcitis, afin que
» l'on puiſſe connoître que c'eſt l'eau qui
» tombe & qui moüille toute cette terre,
» de laquelle ſe fait naturellement le Miſi,
» & le Calcitis. (Qui ſont comme la fleur
& la ſubſtance du Vitriol & de la mine
de cuivre.) » Ce que l'art fait dans les
» fournaiſes, en cuiſant & fondant en-
» ſemble le cuivre & la cadmie, deſquels

» resulte la Tutie, qui est la fumée de
» ces minéraux, qui s'attache à certains bâ-
» tons de bois ou de fer, qu'on met ex-
» près sur ces fournaises. Mais cela est
encore plus évident par l'experience que
j'ai faite plus d'une fois; car si l'on met
du Zing en grenaille dans l'eau où l'on
a fait dissoudre du Vitriol, & qu'on les
fasse boüillir un peu de tems, on verra
que le cuivre que le Vitriol contenoit tombe en bas, l'eau restant blanche & claire;
& en faisant évaporer l'eau, vous aurez
un sel blanc, qui est fort semblable au
goût & à la couleur de l'Alum; quoiqu'à
la verité il ne paroît pas que ce soit de
l'Alum pur. Ce qu'on voit encore, (mais
pas si bien) en moüillant le vitriol, &
en le frottant sur la lame d'un coûteau,
dont la superficie reste comme si elle étoit
changée en cuivre, ou pour ainsi dire, do-
rée d'une feüille de cuivre.

L'Auteur de la Pirotenique, dit ce qui
est vrai, qu'il lui semble qu'on trouve dans
le Vitriol cinq substances, qu'on peut séparer par la précipitation; c'est-à-dire, du
soulphre, de l'alum, du nitre, du sel,
& les substances métalliques du cuivre,
du fer & de l'argent. Et quand ces sels
sont chargez de soulphre, de vif-argent &
de particules de métaux, alors ils devien-

nent Vitriols. Quant aux substances métalliques, & aux sels, nous venons de dire comme on en peut faire la séparation. J'en ai vû tirer & séparer le soulphre brûlant, comme le commun; mais je n'ai point pratiqué la maniére. J'en ai tiré même un peu de vif-argent. Car lorsqu'il passe par les mines où il y a du vif-argent, qui n'est pas encore métallisé, il le dissout de même que le métal.

L'on tire le Vitriol de sa propre miniére (d'autant que les eaux qui en sont chargées peuvent aller s'arrêter en quelque endroit,) & d'une espéce de terre compacte, plûtôt que d'une pierre, qui est de couleur grisâtre obscure, avec quelques taches jaunes comme la roüille de fer, ou verdâtres tirant sur le verd-de-gris. La mine du Vitriol exhale une odeur très aiguë & puante, & semblable à celle du soulphre, dont effectivement il est mêlé, c'est pourquoi les Ouvriers en seroient suffoquez, si l'air n'entroit librement où on le tire. On met la terre vitriolique en divers monceaux, & on la laisse ainsi à l'air & à la pluye. Quand elle est ramolie, on l'étend, & on la tourne avec des pelles & autres instrumens, afin qu'elle s'ouvre & pourrisse encore davantage. On fait ensuite une fosse, dans laquelle on jette cette terre, avec une suffisante quantité d'eau, mêlant toûjours le tout enfemble, pour que le fel vitriolique fe diffolve. Après quoi on laiffe repofer l'eau, & quand elle eft clarifiée on la tire, pour la faire boüillir dans des chaudieres de plomb; (car il corroderoit les autres métaux en peu de tems) & cela jufqu'à ce que la plus grande partie de l'eau foit évaporée. On a foin auffi de mettre dans chaque chaudiere, une certaine quantité de fer ou de cuivre, qui en peu de tems fe diffout, & lui donne la couleur plus verte & plus belle. Par le moyen de ces métaux, le Vitriol fe criftalife encore mieux, ce qui fans cela ne fe feroit pas fi facilement.

Mais il faut remarquer auffi que dans plufieurs endroits commodes à cet effet, on ramaffe l'eau qui diftile des mines, & on la fait évaporer, comme Galien le dit. L'on met fouvent dans cette eau chargée de Vitriol, de la vieille feraille qui s'y diffout, & il en arrive que le cuivre contenu dans le Vitriol fe mêlant intimement avec le fer en très-petites parties, le fait paroître changé en cuivre, ce qui n'eft pas vrai, mais fimplement un mêlange de ces deux métaux, qui ont une fi grande conformité de nature, & qui s'embraffent fi étroitement enfemble, qu'ils ont donné lieu à la Fable des amours de Mars & de Venus, auxquels métaux les Chimistes donnent le nom de ces deux Planettes à cause de la conformité que ces deux métaux ont avec ces Astres en plusieurs choses.

L'on tire aussi le Vitriol du Pirite, qui est une espéce de pierre qui vient dessus les miniéres du cuivre ou du fer, qui sont les mines les plus propres à faire le Vitriol, dans lequel il faut qu'un de ces deux métaux, ou tous les deux se trouvent.

On fait cuire cette pierre, comme on l'a dit de l'Alum, mais pendant plus de tems; on l'arrose de même avec l'eau, & on la fait pourrir avec, afin que le vitriol s'en sépare.

Le Pirite est composé de diverses substances; car outre l'Alum & le Vitriol séparez, on en tire encore souvent du soulphre coulant. ,, Nos Saxons (dit Agricola)
,, cuisent le veritable Perite dans de grands
,, pots de terre, & ils en font couler le
,, soulphre en d'autres vaisseaux pleins d'eau,
,, & après on en sépare le vitriol. Il ajoûte qu'il y a certains Pirites, dont on tire non seulement le Vitriol, mais aussi l'Alum.

* Le Chevalier Talbot, membre de l'A-

* Journal des Sçavans de Londres de ladite année. page 23.

Académie de Londres, en 1676. communiqua & fit voir à la Compagnie une pierre qui se tire des mines de cuivre de Suéde, (c'est le Pirite de ces miniéres) laquelle est fort pesante & de couleur jaune, marquetée de veines blanches comme de l'argent, & qu'on tire à force de feu des rochers escarpez de ce pays. On casse cette pierre au feu, & avec l'eau qu'on y jette par-dessus elle s'échauffe. On la met alors dans des cornuës avec un recipient, & donnant du feu il en distile du soulphre. On laisse le reste de cette pierre brûlée pendant deux ans à l'air & au soleil, où elle s'échauffe toute seule, & jette ensuite une flamme si subtile, qu'à peine on la peut voir de jour, (laquelle est semblable à celle de la Fontaine ardente de Grenoble *) cette flamme étant consumée, elle laisse une espéce de terre bleuë, que l'on infuse dans l'eau pendant vingt-quatre heures & plus, après quoi on la fait boüillir ; & quand elle est refroidie, le Vitriol qu'elle donne se trouve attaché à des bâtons qu'on met dans l'eau, au travers des cuves qui la contiennent. On remet dans l'eau qui reste une huitiéme d'urine, mêlée avec les

* Il est parlé de cette Fontaine dans la 2e. p. &
Chap. des feux souterrains.

cive de cendres de bois, & on en tire de l'Alum de même que le Vitriol. On se sert encore de la terre qui reste, qu'on met dans un fourneau à grand feu, jusqu'à ce qu'elle devienne rouge, & donne du Minium, duquel on se sert dans le pays pour peindre les maisons & pour faire de la chaux, car il est fort grossier, & c'est une espèce de terre rougie par du plomb ou du cuivre calcinez.

Cette Histoire que le Chevalier Talbot nous a donnée, nous doit faire connoître, entr'autres choses, que dans la même minière il y a souvent diverses sortes de corps, lesquels sont si bien liez ensemble qu'il n'est pas trop facile de les séparer, & qu'il n'y a que d'habiles Chimistes qui en puissent trouver la manière. Quant aux cendres & à l'urine qu'on met dans la dissolution de cette pierre après qu'on a tiré le Vitriol, pour en avoir l'Alum, il faut remarquer que l'urine contenant beaucoup de sel, & les cendres encore plus, ces sels se mêlant sans doute avec la substance alumineuse, l'Alum qu'on en tire ne peut pas être regardé comme pur Alum, mais comme un mélange de divers sels, dans lesquels l'Alum domine ; à moins qu'on ne veuille dire que dans l'action du plus fort en quandré sur le foible, l'essence séminale de l'Alum qui étoit ouverte dans cette dissolution, n'ait converti en sa nature les autres sels qui se sont mêlez avec. De quelque façon que cela se fasse, il est visible que tous les sels ont beaucoup de conformité ensemble, & en cas que ce soit un veritable changement de nature, ce changement est encore plus facile à faire entre ces sels, dont la substance est fort prochaine. Et il n'est pas possible que cette ressemblance ne soit veritable, puisque tous les sels naturels n'étant en général qu'un mélange de terre avec l'eau, leur difference ne consiste qu'en un peu plus d'eau ou un peu plus de terre; de maniére que le changement de nature est facile, à moins que la terre ne soit absolument d'une nature différente & mêlée avec d'autres substances, comme dans le Vitriol; & c'est pour cela que l'on sépare auparavant le sel & le soulphre, pour avoir plus facilement l'Alum.

* Le Borax est aussi une substance saline, qui passe à travers les mines d'or, d'argent & de cuivre; c'est pourquoi il a la couleur de tous ces métaux mélangez ensemble, ou du Zaffira, dont il dissout

*Agricola & l'Auteur de la Piroten.

la substance : mais nous n'en avons presque point de naturel aujourd'hui. On le fait plus facilement avec l'urine, le salpêtre, l'Alum, le Tartre & autres semblables sels qu'on manie quelque tems dans un mortier de Bronze. Ce Borax artificiel sert à faciliter la fusion des métaux, à amasser leurs parties & à en séparer les ordures.

L'on peut voir que le Vitriol & l'Alum contiennent beaucoup de flegme, qui forme une partie de leur corps, en ce qu'ils se fondent facilement au feu, & qu'en les y laissant ce flegme s'évapore, & qu'il ne reste que le corps du sel très-sec. Mais ils ont encore un autre flegme plus étroitement uni à l'essence, qui ne se détache qu'avec un feu violent, & c'est ce flegme qui emporte les particules des sels qui font les esprits, & ce qu'on nomme *Eau-forte*. C'est pourquoi il faut dire que ce premier flegme n'est qu'une partie de l'eau dont on s'étoit servi pour extraire les sels de la terre qui les contenoit, & qui par la ressemblance de nature s'est jointe à l'autre flegme plus intime : mais qui ne laisse pas de former aux sens le corps du sel, comme fait en partie l'autre flegme.

Avant que de finir, je dirai en partie que les sels ne se mêlent pas facilement ensemble ; car si vous faites dissoudre du sel marin, fin, du vitriol, ou d'autres sels dans l'eau, & que vous mêliez le tout ensemble ; si vous faites évaporer l'eau & que vous laissiez cristaliser ces sels sans violence, vous trouverez ces sels coagulez chacun en particulier, & sans se mêler. Ce qui fait voir que chaque particule essentielle est presque indestructible & ne peut pas être pénétrée par une autre, suivant la nature des corps, & que le mêlange des principes est intime.

Après avoir parlé des sels qui sont les plus en usage, il semble qu'il ne faudroit pas oublier le sel Al-kali : mais d'autant que *Kali*, en Arabe, ne signifie que plante & vegetal, & que la syllabe *Al*, n'est que particule ; de sorte que *Sal Al-kali* ne veut dire autre chose que sel des plantes, ou sel du vegetal. Il semble que l'on ne finiroit jamais, si l'on vouloit faire la description du sel de toutes les plantes.

Il est vrai que le sel Al-kali, qui est à peu près la même chose que celui que l'on tire de la soude, n'est que le sel de diverses plantes brûlées ensemble, & que l'on choisit comme plus abondantes en sel. Je dirai donc en deux mots, que le sel Al-kali est le sel qu'on tire des plantes, & que celui dont on se sert communément se tire des cendres, & que par sa sub-

Tome II. V

tilité il est fort détersif, pénétrant, & propre à séparer & détacher la graisse & autres saletez; c'est pourquoi on se sert communément du sel des cendres pour faire la lescive & blanchir le linge, & pour nétoyer le drap, la laine, & toutes les autres choses où quelque graisse est mêlée. Je ferai remarquer aussi que chaque herbe ayant son sel particulier, chaque sel a sa vertu spécifique. Et c'est pour cela qu'on ajoûte souvent quelques sels des plantes aux medecines, pour aider à inciser & détacher des boyaux, certaines substances grasses & glaireuses. Cependant comme j'ai parlé suffisamment de la vertu des sels essentiels dans le traité des Archidoxes, j'y renvoye le Lecteur curieux des vertus de certains sels pour la medecine.

Mais d'autant que le Sucre est aussi le sel d'une plante, & qu'il est d'un grand usage dans les tables, je crois devoir dire quelque chose du sujet d'où on le tire, & même faire l'histoire de la manière dont on fait le Sucre, ce qui plaira peut-être à ceux qui l'ignorent.

Le Sucre se tire de certains roseaux ou cannes, que je ne sçaurois mieux & plus au vrai comparer qu'à la tige qui porte la feüille du Tabac, mais les feüilles ne sont pas de même largeur, à beaucoup près.

Ces roseaux s'elevent ordinairement à la hauteur de quinze ou vingt pieds au plus, sur un pouce & davantage de diametre, mais tout cela est plus ou moins, suivant les climats. Ils ont la peu tendre comme celle du Tabac, & une poulpe délicate comme celle du Surreau. C'est du suc de ces roseaux qu'on fait le Sucre. Il y a des moulins fabriquez exprès, (que les Espagnols appellent *ingenios*, comme qui diroit machine ingenieuse,) avec plusieurs trous, dans lesquels en mettant le bout de la canne ils la font moudre, & ces machines tirent en même-tems le reste avec tant de violence, que si on ne quittoit prise promptement, elles tireroient à elles la main sans pouvoir s'en deffendre. Ces cannes sont très-succulantes, & leur suc est fort doux. Elles croissent comme le bled dans les champs, & sont d'un beau verd. Pour être mures & propres à faire du Sucre, il faut qu'elles ayent au moins quinze mois, & on connoît leur maturité en ce qu'elles sont d'un verd plus foncé ; alors on les coupe à un demi pied de terre, & après qu'on en a ôté la terre, les feüilles, & qu'on les a lavées, on les porte ensuite aux moulins, où on les fait moudre au plûtôt, car si elles demeuroient plus de deux jours le suc en deviendroit aigre, &

elles ne seroient plus bonnes. On les fait moudre en quelques endroits, & on en tire du suc comme des olives, ou le marc des raisins. Tout le suc étant sorti, on le ramasse dans une égoutoire, par où il passe dans une cuve, où il commence à reposer & à se clarifier, ce qu'on acheve de faire en le changeant d'un vase à un autre; mais il ne faut pas qu'il demeure long-tems avec le marc, parce qu'il fermenteroit & s'aigriroit. Il se forme toûjours au-dessus une écume que l'on ôte avec des cuillieres, & qu'on met à part. Quand la liqueur est clarifiée, on la met boüillir dans des chaudieres, pour en faire évaporer l'humidité superfluë (le flegme,) & pour l'épaissir; mais le Sucre ne s'épaissiroit jamais, & il demeureroit toûjours en consistance de sirop, ou d'une substance visqueuse, si on n'y mettoit pas dedans une liqueur faite d'eau d'oizier, qu'on appelle *trempe*. On en met fort peu, mais comme c'est une espece de lessive très-aigre, elle change la visqueusité du Sucre, & la fait cailler & séparer; ce qui se remarque en tirant quelques gouttes, qu'on voit épaissir dans la consistance désirée. Alors on jette quelques cuillerées d'huile d'olive dans la chaudiere, ce qui fait boüillonner & enfler la liqueur, & acheve de la purifier

Cela fait, on l'ôte de la chaudiere & on la met dans des terrines convenables, où on laisse tiédir ce Sucre en liqueur pour le jetter ensuite dans les formes de pain de Sucre, où on le laisse refroidir deux jours. On le tire après, & on le laisse sécher un mois; & il se purifie encore dans ce tems à l'air, & quelquefois au soleil, selon les tems, les saisons & les pays. J'ai dit ci-dessus, qu'on ôtoit les écumes qui surnageoient sur le Sucre des cannes, ces écumes où il y a toûjours de l'humidité, ne sont pas superfluës ou inutiles; on les laisse un peu aigrir, car sans cela elles ne serviroient de rien, & elles ne monteroient point dans l'alambic où on les fait distiler. Et on en tire une premiere liqueur, qu'on appelle petit vin. On n'en prend que ce qui en vient le premier, comme en faisant de l'eau-de-vie. Cette liqueur est encore foible, mais on la redistile, comme quand on veut tirer l'esprit de vin de l'eau-de-vie, & elle donne en effet un esprit qui a la même force, & on s'en sert de même en un besoin. Si on approche une chandelle à quatre doigts seulement de sa vapeur, il prend feu tout d'un coup; l'on peut tirer le même esprit du Sucre même, & il est si fort, que j'y ai fait dissoudre l'or, quoiqu'en le bûvant il ne fasse pas d'autre effet que celui de l'esprit de vin le plus violent. Il y a d'autres maniéres de faire & de purifier le Sucre, suivant les lieux & les commoditez qu'on y trouve, mais celle-ci est la plus facile. Cependant cette derniere circonstance me feroit douter de tout le reste de la relation, qui m'a été envoyée de bon endroit; car il est vrai, & je le sçais par experience, qu'on tire du Sucre une liqueur très-acide qui dissout l'or; mais, comme je viens de le dire, cette liqueur ressemble à l'eau-forte, & à l'esprit de sel marin, qui au fond est le seul esprit qui dissout l'or. Car le sel armoniac, qui se mêle à cet effet avec l'esprit de nitre, est fait en grande partie de sel marin. Et l'on sçait que l'esprit de sel commun fait le même effet. C'est pourquoi le Sucre qui est un sel, peut faire, & il fait effectivement la dissolution de l'or; mais la liqueur du Sucre qui dissout l'or, est un acide très-fort, & tous les vegetaux ont cet acide, que nous verrons qui vient du suc salin de la terre, que le vegétal n'a pas encore bien digeré, comme on le voit dans le vin, duquel on sépare le vinaigre en le distilant, & du lait même, soit de vache, de brebis, de chevre, & de tout autre quadrupede, après qu'il est caillé, ou qu'on en a fait du beurre, on en sépare la serosité âcre, qui est le suc des herbes que l'animal a mangé, & qui n'est pas encore tout-à-fait digeré, comme il arrive en passant & repassant par le cœur, où il perd toute son acrimonie, comme on le verra en parlant des animaux.

Les cannes de Sucre ne viennent pas trop en Europe. Les Anciens tiroient la plûpart du Sucre de l'Isle de Cypre, & c'étoit une marchandise assez rare, au défaut de laquelle ils se servoient du miel, qu'ils aprêtoient d'une maniére que nous ignorons à present. Après que la navigation nous a eu frayé le chemin des deux Indes, le Sucre est devenu si commun qu'il n'y a personne qui ne s'en serve, & le miel ne sert plus que pour certaines medecines, & pour des lavemens. Il en vient quelque peu en Sicile & en Calabre, où la facilité d'en avoir d'ailleurs & à meilleur prix, fait negliger la culture des cannes. Elles viennent abondamment dans la plûpart de l'Amerique, aux Antilles, à Cube, à Madere, à l'Isle de Palme, & au Bresil, où les Portugais en font beaucoup.

* Il vient abondamment à Macassar, en Egypte, dans l'Ethiopie, dans plusieurs

* Relation de Macassar.

autres endroits de l'Affrique, & généralement dans toutes les terres de la Zone
torride, parce que ces cannes viennent
ordinairement dans les lieux chauds & un
peu secs. Il en vient beaucoup aux Indes
Orientales, particulierement à Bengala,
& on dit une circonstance du Sucre de
cette Province, qui mérite d'être rapportée. C'est que quand il est vieux fait, il
devient un poison très-violent, comme le
sel en Franche-Comté devient semblable
au nitre ; mais comme on ne dit pas quelle
est la qualité de ce poison, je n'en puis
rien dire de positif. Il paroîtroit seulement
que l'air agissant fortement sur ces sels,
particulierement dans la Zone torride, il
se pourroit faire que le sucre mît au-dehors l'acide corrosif que ce sel végétal
contient, & qu'alors il corrodât les boyaux
comme son esprit corrode l'or.

En voilà assez pour le présent, sur la
nature des sels differens, & des lieux où
ils naissent ; d'autant plus que nous aurons
occasion souvent de parler des sels ; & par
ce moyen s'il y avoit encore quelque chose
d'obscur, l'on en sera éclairci.

CHAPITRE

CHAPITRE II.

De la génération du Sable.

APRE's le sel, un des corps le plus simple, qui se produit très-communément, me paroît le Sable.

Je croirois volontiers qu'il n'est autre chose que le sel même, dans lequel les parties terrestres sont beaucoup plus dominantes, & dont l'humidité, qui forme le corps du sel, a été plus desséchée par une longue coction. Ce qui me le fait croire encore plus facilement, c'est premierement de voir que la même mer qui produit le sel, nous donne aussi le sable en telle abondance, que son lit & le rivage n'est autre chose. En second lieu, si l'on regarde les grains de sable avec le microscope, ils paroissent transparens comme le sel. Il est vrai qu'ils ressemblent encore mieux au verre, mais ce n'est pas une chose étonnante, puisque le verre se fait communément de sable & de sel mêlez ensemble, & cette facilité de se mêler intimement l'un avec l'autre est encore une troisiéme induction, que *le Sable n'est qu'un sel, un peu plus terrestre que le sel ordinaire.* En troifiéme lieu, c'eſt que le Sable ſe liquefie & ſe fond au feu comme le ſel, quoique ce ſoit avec plus de difficulté, à cauſe qu'il eſt compoſé de plus de terre; car rien ne fluë au feu que ce qui eſt humide, & rien ne reſiſte tant au feu comme l'Element terreſtre, qui ne ſe fond point, où très-difficilement à la chaleur, quoiqu'on le voye boüillir comme de l'eau, par l'agitation de la flamme qui meut ainſi ſes particules. Ce qu'on voit particulierement en calcinant le vitriol. Remarquez auſſi, que quand le ſel eſt bien incorporé avec le Sable, & qu'ils forment enſemble le verre, alors le ſel reſiſte plus long-tems au feu, à cauſe de l'adition de la ſubſtance terreſtre, qui eſt dans le Sable, qui s'unit au ſel; parceque, comme je l'ai dit, l'un & l'autre ſont de même nature, ou du moins fort approchans. De maniere que le ſel a moins de terre & plus d'humidité, & le Sable a moins d'humidité & plus de terre, qui ſurmonte de pluſieurs degrés l'humidité. Ces deux qualitez ſont ſi bien & ſi ſubtilement mêlées enſemble, que le feu même ne les ſépare, ou disjoint qu'avec difficulté; ce qui fait qu'après les métaux, & particulierement l'or & l'argent, il n'y a guéres de ſubſtance qui réſiſte tant à l'impetuoſité du feu, comme le verre; ce qui vient de la forte union du sec qui retient l'humide, l'empêchant de s'évaporer.

L'on dira peut-être que les rivieres qui ne produisent pas le sel, forment néanmoins le Sable. Mais cela ne fait rien à la chose; car je dis que l'eau & la terre forment le sel, & que le Sable est un Sel dans lequel la terre prédomine très-fort.

Quoique le Sable vienne du sel, il ne cause que peu ou point de sensation de saveur à la langue, parce qu'il ne se dissout point à l'humidité comme le sel, à cause de la sécheresse qui est prédominante en lui, & que pour produire le sentiment du goût que les sels causent, il est nécessaire que les corps se dissolvent en si petites particules, qu'elles puissent pénétrer les fibres de la langue & du palais, ce qui fait que le sel même ne cause aucun sentiment, que lorsqu'il est dissout en parcelles insensibles, & que les métaux ne produisent aucun goût, que lorsqu'ils sont réduits en parties impalpables & semblables aux sels.

L'on pourroit objecter à ce que je dis, que le sel de la mer est la source du Sable, qu'en creusant la terre on trouve presque toûjours du Sable; mais à cela on répond deux choses. La premiere, que nous venons de voir que le sel se produit dans la terre, comme dans la mer & les rivieres; & en second lieu, que toutes les terres sont pleines de sel, sans quoi elles ne produiroient point de vegetaux, dont le sel est la nourriture, comme nous le verrons en son lieu, en parlant des plantes. On peut même réduire par la Chimie la plus grande partie de la terre en sel, en la calcinant plusieurs fois, & après en avoir tiré de tems à autre le sel par le moyen de l'eau, calciner de nouveau la terre qui reste: mais comme il faut pour cela beaucoup de tems & de travail, sans autre utilité que celle de se satisfaire par l'experience, je ne puis pas dire d'avoir réduit une certaine quantité de terre toute en sel, mais bien une bonne partie, sans qu'on puisse dire que le feu y ait introduit le sel que j'en ai tiré; car dans cette operation, on ne fait autre chose que de subtiliser de maniére les parties de la terre, que l'eau puisse les dissoudre. Que si l'on ne peut pas dire que toute la terre soit un vrai sel, on peut du moins dire qu'elle en est fort remplie; sans quoi, comme j'ai dit, elle ne pourroit pas nourrir les vegetaux, desquels on tire, après les avoir réduits en cendres, une grande quantité de sel; ce que les femmes qui font la lesive, pour blanchir le linge, fçavent fort bien par l'experience journaliere.

Comme il y a differentes natures de terres, il y a auſſi diverſes ſortes de Sables de differentes couleurs. On ſe ſert à Rome, pour ſécher l'écriture, d'un Sable noir fort ſemblable à la limaille de fer, dont la couleur vient ſans doute des fumées minerales, ſoit d'antimoine, ou de fer, ou autre, qui donnent cette couleur noire. On ſe ſert ſouvent à Paris d'un Sable qui a la couleur d'or, dans lequel quelques-uns ont cru y pouvoir trouver de ce métal; mais quelqu'experience que j'aye vû faire là-deſſus, on n'a pû rien trouver de ce qu'on deſiroit, d'où l'on peut conclure, que ce Sable, dont la miniére n'eſt pas loin de Chartres, eſt teint ainſi par les fumées de quelque ſoulphre jaune, qui donne cette couleur & ce brillant à cette eſpéce de Talc.

* Quelque Voyageur raconte qu'en certains lieux, près de la mer Caſpienne, on trouve auſſi de ce Sable couleur d'or.

On en trouve encore de differentes couleurs & particulierement du noir, dans la petite Iſle d'Elbe, ſur les côtes de Toſcane en Italie, où il ſemble que la na-

* Struis.

ture ait pris plaisir d'assembler tous les mineraux qu'elle produit en divers lieux de la terre, & il ne faut pas douter que les fumées ou exhalaisons de tant de minéraux differens ne donnent les diverses couleurs au sable, & comme elle abonde particulierement en fer, elle produit en plus grande quantité ce Sable noir, que j'ai tâché d'imiter, afin de satisfaire une personne qui souhaitoit d'en avoir de semblables, pour mettre sur les lettres qu'elle écrivoit; j'y parvins, en mêlant le Sable avec la poix noire, que je faisois brûler entierement dans la suite, & le Sable restoit noir comme de l'encre, n'ayant autre défaut, sinon, qu'il noircissoit un peu le papier blanc: ce qui peut faire conjecturer que si ces fumées se fussent mêlées avec la terre lorsque le Sable se formoit, les fumées noires se seroient mêlées interieurement dans la substance du Sable, & l'auroient rendu noir.

Quoiqu'on dise qu'une maison qui est bâtie sur le Sable est mal fondée, cela doit s'entendre du Sable qui est sur la superficie de la terre; car au contraire pour bâtir solidement, l'on creuse la terre jusqu'à ce que l'on trouve le Sable, si l'on ne rencontre pas la pierre. Et c'est sur ce Sable qu'on jette les fondemens les plus solides.

Le Sable sert d'ailleurs à faire que les pierres ou briques, se colent ensemble, en mêlant le Sable avec la chaux détrempée avec l'eau, & dont on forme le mortier, qui, en se séchant, se durcit & sert de colle pour coller ensemble les pierres d'un mur, quand on n'a point de plâtre. Et l'on assure que le Sable qu'on tire du fond de la mer, comme plus humide & plus gluant, est meilleur que celui que l'on trouve sur le rivage ou sur d'autres terres, qui est plus desséché par l'ardeur du soleil.

Cependant nous avons près de Rome un certain Sable, qu'on appelle Pozzolane, lequel n'est pas tout-à-fait Sable, mais plûtôt une terre bitumineuse, laquelle se joint avec la chaux d'une maniere si forte, qu'avec le tems le mortier qu'on en compose devient presque aussi dur que la pierre même. Le Bitume tout seul sert de mortier, & les murs admirables de Babilone, que Semiramis fit bâtir, furent faits de pierres collées avec du Bitume, qui abonde dans le pays.

Mais pour revenir, si l'on demande d'où vient cette couleur & cette ressemblance à l'or, à l'argent & autres métaux, & de quelle maniere ce Sable peut-il être si brillant, qu'il puisse faire soupçonner que ce soit au moins quelque chose qui approche de l'or, de l'argent, ou autres métaux, je dirois que cette ressemblance & cette couleur lui vient, comme je l'ai déja dit, des fumées minérales des divers soulphres des métaux, & que ce qu'on appelle Sable n'est pas du vrai Sable; mais une terre mêlée de beaucoup d'eau forme une substance brillante, semblable au Talc de Montmartre proche Paris, qui a acquis les differentes teintures & couleurs, par les diverses exhalaisons sulphureuses de la terre. Et ce qui me le fait croire encore plus facilement, c'est en premier lieu, que cette matiére qu'on appelle Sable, non-seulement n'en a point la figure, qui est composé de plusieurs angles irreguliers, mais celle de plusieurs écailles plates, comme du Talc grossierement poli. Et ce qui importe plus, c'est que ce qu'on appelle Sable d'or ou d'argent, ou d'autre métal, ne se fond point au feu comme feroit le Sable, mais il résiste à l'ardeur du feu le plus violent comme le Talc, qui est une substance dans laquelle l'humidité est intimement mêlée avec la sécheresse terrestre; de maniére que celle-ci est mêlée plus intimement & subtilement, & elle prédomine beaucoup plus sur cette substance, que dans le Sable, lequel se fond facilement à grand feu, & en forme de verre,

DE L'UNIVERS. 249

étant déja verre en puiſſance prochaine, comme je l'ai dit; de façon que lorſqu'on le mêle avec le ſel pour en faciliter la fuſion, on ne fait au fond autre choſe, que réünir les petits grains de Sable qui étoient détachez, & les incorporer l'un dans l'autre; à quoi le ſel qui eſt fuſible de ſa nature contribuë beaucoup, à cauſe de la facilité qu'il donne par ſon humidité, qu'il ajoûte à celle du Sable ou autres cailloux, dont on peut faire auſſi le verre ou le criſtal, en imitant la nature.

Ce qui pourroit encore faire croire mon opinion, que l'eau croupie avec la terre, & que ces deux ſubſtances mêlées intimement enſemble forment le Sable; c'eſt que pour peu qu'on creuſe la terre on trouve du ſable, que les pluyes ou l'eau qui paſſe dans ſes entrailles ont formé en y demeurant, & qui s'eſt deſſéché avec le tems par la chaleur centrale.

Nous avons parlé des deſerts ſabloneux qui paroiſſent contredire à mon opinion, mais je crois qu'ils la confirment, en ce que ces deſerts étant la plûpart dans des lieux chauds, le ſoleil par ſon action faiſant boüillonner le peu de pluye & les roſées qui tombent, les mêle plus facilement avec la terre, & il deſſéche plûtôt l'humidité ſuperfluë : car toute action ſe fait par la chaleur ; c'est-à-dire, par quelque vertu qui meut la matiere. Mais il faut remarquer que ces Sables qui font sur la terre, non plus que ceux qui font au-dedans, n'ont pas été produits en un jour; & qu'il y a plus de deux ou trois mille ans que nous fçavons que les Sables d'Affrique exiſtoient, puiſque dans l'Hiſtoire Romaine il en eſt fait mention.

Quoique le Sable ſoit une ſubſtance ſemblable au verre & au criſtal, puiſque c'eſt du Sable qu'on le compoſe, & que les verres reſiſtent aux eaux les plus corroſives, cependant il n'eſt pas impoſſible de diſſoudre le criſtal. L'illuſtre Medecin Bohot donne pluſieurs moyens de diſſoudre & reduire le criſtal en eau, & je ne doute pas que cela ne puiſſe être.

J'ai experimenté moi-même qu'ayant laiſſé pendant trois ſemaines ou environ, de l'eau corroſive dans une bouteille, une partie de cette bouteille ſe calcina & ſe reduiſit comme le Talc, ſans pourtant ſe rompre, car perſonne n'ayant touché à la bouteille, elle reſta entiere. Je ne doute pas que l'eſſence du ſel ne puiſſe faire cette réſolution, d'autant que ce ſont les ſels qui par le ſecours du feu font l'union des particules du Sable, ou des ſels de la cendre. Et par les mêmes choſes que vous avez joint ces particules, vous pouvez les disjoindre, mais je laisse ces experiences à ceux qui ont plus de loisir & plus de moyen que moi de faire ces dépenses inutiles.

Quant à la maniere de faire le verre, on le fait en plusieurs façons. Cependant la plus facile est de choisir le Sable le plus menu & le plus transparent qu'on peut avoir, & après l'avoir bien lavé on y mêle environ la moitié de Nitre, ou de ce sel Alkali qu'on appelle *Soude*, qui est un sel des plantes qui rend le verre encore plus transparent. Par l'aide de ces sels qui se fondent facilement, le Sable qui est plus difficile, se fond aussi & se mêle avec son semblable, (car nous avons fait remarquer que le Sable est un sel fort terrestre,) & ils font ensemble une seule masse d'eau fort gluante, d'autant que vous n'en sçauriez tirer un peu, que la matiere à laquelle il est contigu ne suive comme de la gluë qui file. On le change quelque tems après & on le fait cuire de nouveau à grand feu de flamme, tant qu'il soit aussi clair & pur que la matiere dont on le tire le peut comporter, après quoi les Ouvriers l'employent comme ils veulent.

On prétend que des gens faisant du feu dans un champ sabloneux & nitreux, le Sable se fondit, & donna occasion de considerer le verre qui s'en étoit formé, & que peu à peu on l'a réduit à la perfection où il est aujourd'hui.

Dans le pays de Cornoüaille en Angleterre, on met les cendres des herbes avec le sablon de la mer, qui est sans comparaison meilleur que celui qui a été desséché par le soleil, ou par l'air. Le premier étant plus facile à se resoudre & à se liquefier.

On peut aussi calciner les cailloux & les faire fondre à grand feu, & ces cailloux ont plus de splendeur & de clarté. On se sert à Venise, pour faire le beau cristal, de certaines pierres tendres qu'on trouve dans les rivieres & ailleurs, qu'on appelle *Cuogoli* qui font un verre & un cristal plus beau, plus clair & plus transparent, car la matiere qui est plus disposée fait mieux, & moins on peut y ajoûter de sel, le verre est d'autant plus beau. Il y a des gens qui y ajoûtent de l'arsenic, ou autres drogues pour le rendre plus beau ; mais le meilleur est de pouvoir avoir une matiere bonne & disposée d'elle-même, néanmoins elle ne se trouve pas facilement par tout, car: *Non omnis fert omnia Tellus.*

Avec du cristal & divers mineraux, on fait differentes couleurs : comme, par exemple, avec du cristal & du plomb calciné, mêlez à grand feu, on en fait une composition qui reſſemble à la Topaſe. Avec le verd-de-gris, à l'Emeraude, & ainſi des autres.

Avec du Sable & du Plomb on fait une pâte fine, dont on enduit les pots & les terrines qu'on veut vitrifier, & il en reſulte par le feu cette croûte verdâtre dont les pots ſont communément enduits.

La même pâte faite avec l'Etain calciné, au lieu de plomb, fait la Fayance blanche. Et avec l'Antimoine, on fait cette couleur gris-de-lin obſcure, qu'on voit en quelques pots de Flandres.

Quant à la Porcelaine, c'eſt un Sable très-fin, formé des pierres de certains rochers de la Chine, qu'on mêle avec une autre terre qui lui donne la conſiſtance, & on y joint une huile ſemblable au vernis, qui donne l'éclat à la Porcelaine. On peut voir la maniere dont les Ouvriers travaillent cette Porcelaine, que les Jeſuites ont expliquée dans un des Volumes de leurs Lettres édifiantes, où on peut la lire. * On en a fait une Manufacture à Saint Cloud, près de Paris, qui eſt aſſez belle; mais celle dont je me ſuis ſervi ne reſiſte pas ſi bien

* Douziéme Recueil des Lettres édifiantes, pag. 272.

à la chaleur, comme la Porcelaine de la Chine. Peut-être qu'on l'a perfectionnée depuis. Ce qui fait voir, que si l'on cherche bien, on peut trouver encore parmi nous ce que l'on fait venir de loin. Je crois qu'en voilà assez, & que ceci doit suffire sur une matiere aussi séche.

CHAPITRE III.

De la génération des pierres Opaques & Transparentes, où l'on parle en premier lieu des pierres Opaques.

COMME le Globe terrestre est composé de terre & d'eau, de même tous les corps qui tombent sous les sens, sont formez principalement du mélange de ces deux Elemens, qui dominent sur les deux autres. Et d'autant que l'eau & la terre sont les Elemens les plus grossiers, cela fait que nos sens sont de même ; & comme ils sont formez de ces deux Elemens, par cette raison ils apperçoivent plus facilement, ce qui en dérive. Nous avons parlé des premiers corps, * que je crois qui se forment, dans lesquels la sécheresse de la terre prédomine, & par conséquent qui sont du regne de Pluton. Nous allons parler à présent de la formation des autres corps secs, plus grands, qui sont les Pierres, les Metaux & les Mineraux, lesquels étant produits dans le sein de la terre, la sécheresse terrestre y domine en effet sur tous les autres Elemens.

* Le Sel & le Sable.

On peut distinguer les Pierres en deux classes, Opaques & Transparentes. Mais comme les Opaques sont plus communes, plus terrestres, & moins précieuses, elles feront le premier objet de notre examen.

La Pierre, suivant la définition de Longius, *est un corps mineral, dur, pesant, qui ne s'étend pas sous le marteau, & qui ne se dissout point dans l'eau* : Or comme toute définition est composée du genre & de la difference, le genre de cette définition, est que la Pierre est un corps minéral, dur, & pesant. Et la différence qu'il y a entre la pierre & le métal, c'est que la Pierre ne s'étend point sous le marteau comme le métal, & ne se dissout point dans l'eau, comme les sels mineraux, dont la propre nature est de se dissoudre dans l'eau, ou quelqu'autre liqueur convenable.

Je serois volontiers d'opinion, que les pierres Opaques ne sont que de la terre pétrie avec une eau pétrifiante. Mais parce que l'on n'a guéres expliqué quelle est la nature de cette eau ou suc pétrifiant, je crois devoir l'expliquer, afin que le Lecteur ne trouve rien d'obscur.

Nicolas Longius dit, que le suc pétrifiant consiste en une eau qui a dissous & s'est impregnée de beaucoup de sel, en
partie

partie nitreux & en partie acide, qui forment ensemble une liqueur grasse & colleuse, laquelle se mêlant avec la terre, se fige & se séche avec elle. Il faut noter encore que je suis d'avis, que l'eau non-seulement chargée de sel, qui est en partie nitreux, en partie acide, mais chargée d'une substance sulphureuse & bitumineuse peut produire cet effet, & encore mieux. Il est vrai néanmoins que le soulphre & le bitume contiennent les sels acides & nitreux, comme le dit Longius.

Quoiqu'il en soit, je crois que les particules séches de la terre mêlées intimement avec l'eau, forment un suc colleux & petrifiant. Et nous voyons que la farine mêlée subtilement avec l'eau, forme conjointement une colle assez forte pour coller ensemble deux papiers, & autres choses plus grossieres; & si cette colle ou pâte est digerée & cuite doucement dans un four, elle se durcit en pain, ou biscuit, qui sera dur à proportion que l'humidité en est exprimée par la chaleur. Or la terre mêlée subtilement & intimement avec l'eau, produit l'Argile, qui étant séchée & cuite au four forme les pots, urnes & autres vases solides.

Le suc pétrifiant est donc, à mon avis, une espéce d'humidité gluante, à cause du

Tome II. Y

mélange subtil de la terre ; laquelle humidité gluante colle ensemble les particules d'une masse terrestre, & fait qu'elles se tiennent fortement unies, lorsque l'humidité superfluë est desséchée.

Il faut noter que plus cette colle est subtile & forte, & plus elle remplit les pores de la terre, plus la pierre qui en résulte sera dure ; d'autant que ce qui fait la dureté, consiste principalement en ce que toutes les particules du composé s'appuyent l'une sur l'autre, & mieux encore quand elles s'entrelassent & se tiennent l'une à l'autre, laissant entr'elles le moins de pores & aussi petits qu'il est possible ; comme la fragilité vient des dispositions contraires. Car quoique le verre, qui a des pores très-petits, soit fort fragile, cela vient de ce que ses pores sont en grand nombre, quoiqu'ils ne soient pas grands, & qu'à peine ses particules se touchent. D'ailleurs le verre est fragile, parce que les ouvrages qu'on en fait sont fort minces ; car un verre d'un pied d'épaisseur est aussi difficile à être brisé comme la pierre même. La terre donc qui est imbuë de cette humidité, qui peut coller ensemble ses particules, est enfin durcie en pierre après que toute l'humidité superfluë a été desséchée par l'air, ou par la chaleur centrale de l'Ether, qui parcourt par-tout par son mouvement, & enleve les particules humides. Aussi voit-on que les pierres à bâtir, ou autres, conservent en sortant de la carriere encore quelque humidité, & lorsqu'elles ont été exposées quelque tems à l'air, elles acquierent quelque degré de dureté, parce que l'air a desséché cette humidité.

Mais je crois devoir faire remarquer une chose, c'est qu'il n'est pas toûjours necessaire que le suc pétrifiant survienne à la terre, parce que pourvû que l'eau se mêle intimément & *per minima*, c'est-à-dire, avec les plus petites parties de la terre, cela suffit. Et ce qui me fait croire ce que je dis, c'est que cette terre grasse qu'on appelle Argile, n'est autre chose qu'une terre subtile, bien mêlée avec l'eau pendant longtems. C'est de cette terre qu'on fait les pots, les tuiles & les briques, lesquelles choses étant cuites par degrez, & toute l'humidité superfluë qui la rendoit encore molle en étant exprimée par la chaleur, ces vases acquierent la dureté de quelques pierres, comme la Tuffe & autres, ou peu s'en faut. Il suffit donc de comprendre, que cette Argile étant cuite par la chaleur centrale, peut former & forme en effet la Pierre. Ce que la nature faisant par une cuiſſon plus lente & pendant long-tems; il en réſulte que la pierre que la nature forme de cet argile eſt d'ordinaire plus dure, comme étant mieux cuite, & plus lentement.

Je veux dire encore que dans le pays de Cornoüaille, en Angleterre, on ſe ſert pour bâtir les portes, fenêtres & cheminées, d'une pierre qu'on appelle *De Marais*, parce qu'on la trouve effectivement dans les marais & dans les terres en friche. Elle eſt fort tendre quand on l'en tire, mais elle durcit lorſqu'elle ſe ſéche. Ce que je dis, afin qu'on ſe reſſouvienne que les pierres vegetent à leur maniére, tant qu'elles ont de l'humidité.

Une des choſes que je ne veux pas obmettre, c'eſt qu'à Lima, dans le Perou, il y a une eau qui étant expoſée à l'air ſe coagule en pierre, & qu'en la mettant dans des moules elle prend toutes les figures qu'on veut. Il y a près de Guatimala quelque choſe de nature ſemblable. Il eſt vrai que cette pierre n'eſt pas d'une grande dureté, quoiqu'elle ſerve encore pour bâtir. Ce qui fait voir que l'eau peut être chargée de tant de ſel & de tant de particules terreſtres, que l'humidité ſuperieure étant deſſéchée, elle peut former la pierre.

Cette eau n'est pas unique, car dans le Comté de Sepouse, en Hongrie, il y a des eaux qui coulent dans les champs, qui se durcissent de manière, que les gens du pays en bâtissent leurs maisons, & ils disent par raillerie, qu'ils vivent dans l'eau gelée. Les eaux de la riviere du Velin, qui coule dans les terres de Rieti, en Italie, laissent continuellement par où elles passent de la matière pétrifiante, qui forme de petits rochers, des Isles & des digues qui empêchent la riviere de couler; de sorte que les gens du pays sont obligez de rompre & d'arracher avec beaucoup de peine ces embarras, pour donner un cours libre à la riviere, afin qu'elle ne gâte pas leurs champs en sortant de son lit ordinaire. Il y a encore des eaux, près des mines de Hongrie, qui sont si grasses & si pleines de cette matière pétrifiante, que les Paysans s'en servent à la place de chaux, & quelques-unes de ces eaux étant en repos, elles se coagulent en forme de pierre-Ponce, ou de Tuffe, si on les peut laisser quelque tems exposées aux rayons de la Lune : car le Soleil les réduit en poudre, à ce que disent les gens du pays qui en ont l'experience. Ce qui pourroit nous indiquer que dans les vapeurs ou exhalaisons de la Lune, il y a quelque espèce de sel pétrifiant & glacial, qui contribuë à durcir cette eau déja disposée à cet effet. Ce qui doit être bien remarqué contre ceux qui nient absolument que la Lune ait aucune influence. Il y a aussi en Hongrie des eaux semblables à celles du Perou, mais qui n'ont pas beaucoup de dureté, car par les pluyes qui surviennent, cette pierre est ramolie comme de la pâte, ou comme les mottes de terre grasse dont se servent les Potiers, qui a quelque consistance étant séche, mais lorsqu'on vient à la moüiller, elle devient molle comme elle étoit auparavant.

J'ai rapporté tout ceci, afin qu'on ait une idée plus distincte de la nature du suc pétrifiant, qui consiste en une eau chargée de beaucoup de sel, ou de limon gras & bitumineux, où de particules subtiles de la terre, qui se mêlant intimement avec une terre plus ou moins subtile, la durcit plus ou moins, suivant que l'union & le mêlange de leurs particules est plus ou moins exact & bien mêlé.

Mais pour qu'on entende encore mieux ceci, je dirai que cette coction & cette dureté de la pierre ne se fait pas tout d'un coup, mais peu à peu, & à mesure que la chaleur exprime l'humidité superfluë en cuisant. Car les operations de la nature font lentes, & pour cela plus parfaites. Et pour en donner quelques exemples, je dirai qu'on trouve dans la mer Rouge des pierres qui ne font dures qu'au dehors, & qui au-dedans font molles comme de l'argille. Ce qui vient en partie de ce que les eaux de cette mer font fort pétrifiantes, comme on le voit par la quantité de Coralloïdes qui y naiſſent, & qu'on dit être en ſi grande abondance, que les poiſſons mêmes s'y trouvent embarraſſez à tous momens. *

Le grand Gaſſendi raconte de Pienecko ſon Diſciple, que ce jeune homme ayant coûtume de ſe baigner dans le Rhône, il s'apperçut un jour que le fond où il s'aſſeyoit d'ordinaire, qu'il avoit toûjours trouvé aſſez mou, s'étoit durci & avoit formé des globes ſemblables à des œufs durs dont on a ôté la coque. Etonné de cela, il en prit quelques-uns & les porta à la maiſon, pour les faire voir à ſon Précepteur, & lui demander la cauſe de cet effet. Mais il fut bien plus étonné quelques jours après, lorſqu'étant retourné au même endroit, il trouva que ces eſpéces d'œufs étoient tout-à-fait durcis, comme ſont d'ordinaire les cailloux des rivieres; ce qui étoit arrivé auſſi aux cailloux imparfaits, & encore mols

*Kircker. *In mundo ſubterraneo.*

qu'il avoit apportés & confervez à la maifon quelques jours auparavant, lefquels étoient devenus auffi durs que les pierres ordinaires. Ce qui étoit arrivé fans doute à ceux-ci, par la confumation de toute l'humidité, comme la pétrification de cette terre étoit arrivée par les caufes déja dites, d'une vapeur pétrifiante qui exhaloit, plûtôt en certains endroits qu'en d'autres, du fond de ce Fleuve.

Ayant donc fuffifamment expliqué aux gens d'efprit ce qu'on doit entendre pour le fuc pétrifiant, il ne refte qu'à donner quelques exemples qui puiffent nous montrer clairement cette verité. L'exemple que j'ai donné de la farine mêlée avec l'eau, qui fe durcit étant cuite, peut fervir beaucoup à l'intelligence de la chofe; car il faut que l'humidité gluante & pétrifiante, foit abfolument évaporée, fi l'on veut avoir la pierre dure. Il eft vrai qu'il en refte ordinairement quelque partie mêlée avec la terre, mais d'une maniere qu'elle ne peut pas être facilement féparée, même par le feu. Auffi voit-on que la plûpart des pierres peuvent fe fondre au feu fans diminution. Comme rien ne fe liquefie fans humidité, c'eft ce qui montre que la plûpart des pierres ont en elles beaucoup d'humide. Que fi l'on fait de la chaux d'une partie des pierres;

pierres, c'est qu'on ne leur donne pas un feu assez violent ; & qu'on se contente que le feu sépare seulement la connexion de leurs parties, exprimant une humidité qui n'est pas adherante au profond de la pierre.

Non-seulement en considerant les marbres, au Soleil, on les voit briller comme pleins d'un sel fort pur : mais si on les pile finement, & qu'on en mette sur la langue, on sentira quelque chose du sel dont ils sont formez, & plus facilement encore si l'on met sur ces poudres subtiles du vinaigre distilé, qui après l'évaporation laissera au fond du vase une matiére saline, ou bitumineuse, de la nature du sel, ou du bitume qui les a durcis. Car tous les sels & bitumes peuvent coaguler la terre en pierre.

Il y a encore une autre preuve (qui me paroît visible) de l'action de ce suc pétrifiant. C'est que les pierres dont on pave les ruës de Paris, qu'on appelle *Grès*, & qui sont fort dures, cependant avec de petits coups de marteau on les réduit aisément en sable ; car dans leur premiere origine ces pierres n'étoient que du sable, qui a été collé & condensé par cette humidité, ou vapeur gluante, qui s'est répanduë & mêlée avec le sable, dont les grains s'appuyant les uns sur les autres forment la

Tome II.   Z

dureté de cette pierre, de laquelle néanmoins elle est facilement séparée par les coups de marteau, à cause que cette colle n'est pas des plus fortes.

D'où nous pouvons conjecturer que le Porphire, qui est la plus dure des pierres opaques, est formé d'une terre très-déliée, collée par une humidité fort subtile, laquelle s'insinuant dans tous les intervalles & les pores de cette terre, laisse le moins de vuide qu'il est possible; comme au contraire le Tufe est formé d'une terre grossiere, & d'un suc qui laisse quantité de grands pores à cette pierre, ce qui fait sa fragilité, & qu'elle céde facilement aux coups de marteau.

Par ces deux extrêmes, on peut conjecturer les divers degrés de dureté des pierres. On tiroit autrefois le Porphire de la Gréce, d'où on n'en tire plus, depuis qu'elle est entre les mains des Turcs, ennemis de tout ce qui contribuë au luxe & à la beauté des Arts: on ignore même à présent la maniére de travailler cette pierre, qui par sa dureté ne céde point aux coups de ciseau. Quoique j'aye vû néanmoins, il y a environ quarante ans, un Italien de mes amis, qui sçavoit ce secret, & qui fit un Buste du Roi Loüis le Grand, de cette pierre, qu'un autre homme des plus fourbes voulut faire paſſer pour une tête antique de Titus, que ce flatteur diſoit reſſembler à ce Monarque : mais la ruſe ayant été découverte, elle cauſa la diſgrace de celui qui vouloit tromper le Roy, en le flattant de reſſembler à celui qui avoit acquis le titre, de *Délices du genre humain.* Comme cette Hiſtoire ne fait rien à nôtre ſujet, ſi ce n'eſt que le ſecret de travailler cette pierre n'eſt pas tout-à-fait perdu, je n'en dirai pas davantage.

Les beaux marbres qu'on tiroit de Paros, ſont auſſi négligez de ces Barbares ; mais l'Italie fournit encore plus aiſément ces marbres blancs, dans les carrieres de Carrare, proche de Gênes.

Parmi les pierres qu'on eſtime être de marbre, il y en a que l'Art peut faire, qui trompent ceux qui les conſiderent. On trouva il y a peu de tems près la petite ville de ſaint Tibery, Diocèſe d'Agde, une Urne cineraire, qui paroiſſoit de marbre, mais ſi tranſparente, qu'en mettant une bougie allumée dedans, on pouvoit lire une lettre à la lumiere qui paſſoit à travers de ce vaſe. Cette Urne n'eſt pas la ſeule, car on en garde à Marſeille une ſemblable dans l'Egliſe de ſaint Victor. On pourroit ſoupçonner & dire que cette Urne eſt d'un Albâtre très-fin & tranſparent. Cependant un Sçavant curieux, de Pezenas, prétend que cette Urne n'est pas de marbre, mais de terre cuite & solide qui a la dureté du Marbre, & la proprieté d'être transparente.

„ * Les anciens Egyptiens, dit-il, avoient
„ le secret d'employer l'argile pour former
„ des vases de terre de cette espece. Cet
„ Art, ajoûte-t-il, passa d'Egypte dans
„ la Gréce, & suivant le témoignage de
„ Pline, deux Ouvriers de l'Isle de Samos,
„ nommez Retus & Theodonus, furent les
„ premiers qui exercerent dans la Gréce
„ l'Art appellé Plastique; & cet Art fut
„ transmis aux Romains, au commence-
„ ment de leur Monarchie; car le même
„ Pline ajoûte, que quand Demaratus, pe-
„ re de Tarquin l'ancien, quitta la ville de
„ Corinthe pour se retirer dans l'Etrurie,
„ il fut accompagné de deux Potiers, qui
„ porterent leur Art en Italie. Numa-Pom-
„ pilius ayant constitué dans Rome plu-
„ sieurs Colleges ou Communautez, éta-
„ blit celle des Potiers, qui fut la septié-
„ me, *Septimum Collegium figulorum insti-*
„ *tuit*; & leur Art se perfectionna beau-
„ coup dans la suite. Ainsi je conclus que
„ l'Urne de saint Tibery, n'est composée

* Journal des Sçavans, d'Octobre 1724.

» que de cette terre cuite, de l'invention
» des Egyptiens.

Mais cependant on ne voit pas beaucoup de vestiges de ces sortes de Vases transparens, particulierement à Rome, où il y en devroit avoir beaucoup. Quoiqu'il en soit, il n'est pas impossible de donner à la terre cuite cette transparence de verre, dont nous voyons quelque apparence dans la Porcelaine fine. J'ai voulu mettre ceci, pour montrer que souvent on voit des choses, que faute de sçavoir les raisons & l'antiquité, on prend pour pierre ce qui n'est qu'une terre cuite avec Art. Et comme je le dirai dans la suite, un de mes amis, appellé de Solles, imitoit si bien toutes sortes de pierres opaques, même le précieux Lapis-Lazuli, qu'il pouvoit en faire de grands morceaux pour incruster de grandes chambres: mais, comme j'ai dit aussi, l'Urne dont nous venons de parler, peut bien être d'Albâtre. L'Auteur ajoûte à son récit, que nous n'avons point en France de pierre semblable.

Claudien parle, dans une Epigramme, d'un morceau de cristal, qui renfermoit une goute d'eau, qui se remuoit en remuant le cristal; on voit cela à Milan, où l'on en conserve un pareil.

Nec potuit tiro mentiri corpora gemmani,
Sed medio misit praditor orbe.

Monsieur Adiam, remarque dans son voyage, que ce ne sont peut-être que des goutes *d'air épais*, comme provenant de l'eau de ce cristal; mais cela me paroît trop rafiner.

Je me restraindrai donc à parler des pierres qui inspirent quelque curiosité, & entr'autres de cette pierre si belle dont Pline fait mention, & avec laquelle on dit que Neron fit bâtir un Temple à la Fortune. Cette pierre est encore plus transparente que l'Albâtre. * Le sçavant & curieux Wheler parle de cette pierre transparente, qu'il vit à une fenêtre du Temple de Minerve, qui est l'*Acropolis*, ou Citadelle d'Athênes. Cette pierre rend une lumiere rouge & jaunâtre. Pline appelle ce marbre *Phengites*. Il dit qu'il se trouve en Cappadoce, & que Neron, comme je l'ai dit, en avoit bâti un Temple à la Fortune, qui étoit tout éclairé lorsque les portes étoient fermées. Il est beau, mais non pas une Escarboucle merveilleuse comme le dit la Guilletiere, quoique lorsque le Soleil donne sur cette pierre, elle puisse reflechir sa lumiére d'une maniére merveilleuse. Et l'on

* Voyage de Gréce.

comprend bien que cette pierre n'est si transparente, que parce qu'elle contient plus d'humidité, & moins de terre que les autres.

Le même Wheler rapporte, qu'il y a proche d'Athênes des Carrieres de marbre blanc, avec des grottes & des congellations fort belles, lesquelles reluisent comme les diamans; & il ajoûte, que ces congellations se réduisent en feüilles, comme le Talc.

Après avoir parlé de la maniére dont les pierres se forment, qui vient de ce suc épais qui se mêle avec la terre, & après avoir fait voir en quoi consiste leur dureté, je crois qu'il est du devoir de l'Histoire & de la Physique de dire quelque chose de l'origine de leurs couleurs, & des lieux où viennent les plus belles de ces pierres.

Quant à l'origine de leurs couleurs, je crois qu'elle vient de deux causes. La premiere, de la terre même qui est colorée avant que de durcir, comme nous avons dit ci dessus, & alors il n'est besoin que du suc petrifiant qui l'épaissit; comme est par exemple le Porphire, le Marbre blanc, le Serpentin verd, & autres semblables.

L'autre maniere est quand le suc pétrifiant, en passant par des terres colorées ou minerales, se charge des particules les plus subtiles qui forment le sel, & se mêlant avec une terre blanche ou autre, qui n'est pas tout-à-fait colorée, ce suc donne la couleur à la terre qui forme la pierre; & je suis porté à croire que ces couleurs viennent de divers mineraux que l'eau détrempe, d'autant que c'est avec des métaux & des mineraux calcinez qu'on peut imiter la nature, & faire des marbres de diverses couleurs, comme on le pratique communement dans les Verreries de Venise, où l'on fait des morceaux de marbre pour mettre sur les papiers, afin qu'ils ne s'envolent pas. J'ai dit que mon ami de Solles imitoit merveilleusement bien toutes sortes de pierres opaques, avec des couleurs tirées des mineraux. Il teignoit les cailloux, avec les poudres de divers métaux, d'une maniere que j'ignore; & il avoit proposé au Roi Loüis XIV. de fournir du Lapis-Lazuli, & toutes autres sortes de pierres en grands morceaux, pour en incruster les plus spacieux sallons ou galleries: mais il ne fut pas assez heureux pour se faire écouter, quoiqu'il montrât de gros morceaux de ces pierres que j'ai vûës, & qui faisoient honte aux plus belles que la nature forme.

Cela me fait croire que ne pouvant pas

bien imiter la nature sans employer les choses dont elle se sert, la plûpart des couleurs peuvent venir de ce suc lapidifié imbû des sels mineraux, qui teint les terres, quand elles ne sont pas naturellement teintes.

Il paroît même que ces teintures tombent ordinairement sur une terre blanche, d'autant que le fond de ces pierres colorées est presque toûjours blanc, & que ce suc coloré n'a pénetré que certaines parties de la terre, d'où résultent ces belles taches & les couleurs differentes, suivant les divers sucs, ou exhalaisons sulphureuses & métalliques qui se mêlent avec la terre.

Les plus beaux marbres que j'ai vû, teints de diverses couleurs & particulierement de rouge, sont ceux qui viennent de la Sicile; & je ne doute point que les soulphres & les feux de l'Etna, ne contribuent à la beauté des couleurs, qui viennent en partie de ces soulphres mineraux.

Je sçai bien que la disposition differente de la superficie du corps, fait la difference de la couleur; mais ici, il paroît qu'elle vient d'une liqueur qui contient une matiére, dont la superficie est disposée à représenter à l'œil une telle couleur; de même que l'on met dans l'eau une certaine matiére propre à faire voir à l'œil la couleur rouge, bleuë, ou autre semblable; de laquelle eau, ainsi colorée, si on en mouille un drap blanc, ou toile, à qui on veut donner cette teinture, les particules de la couleur se répandent dans toutes les parties du drap, & le font paroître entierement teint, quoiqu'il y ait bien de la matiere qui ne le soit pas, comme on le découvre par le Microscope.

En faisant donc fondre à grand feu des pierres non colorées, ou du sable, & en y mettant dedans quelques métaux calcinez, & propres à leur donner la couleur qu'on désire, on peut imiter la nature autant qu'il est possible à l'art. Et c'est ce qui me porte à croire que les couleurs des pierres viennent des métaux ou minéraux, ou de leurs soulphres, dont le suc pétrifiant est quelquefois chargé, qui donne ces couleurs suivant la disposition des terres que ce suc pénetre, dans les endroits qu'il peut facilement pénetrer. L'on voit même que les pots dont on se sert étant enduits du plomb, ou de l'étain, ou de l'antimoine calcinez, ou autres métaux mêlez ensemble, (car il faut souvent les mêler) donnent diverses couleurs. On sçait que le plomb calciné est en premier lieu blanc; qu'en le calcinant ensuite à un feu plus fort il devient jaune, & qu'enfin à un feu encore plus violent il prend la couleur rouge, formant le *Minium* : semblablement que le cuivre qui paroît rouge, étant calciné, devient verd-de-gris. En un mot, chaque métal diversement manipulé donne diverses couleurs ; c'est pourquoi il faut souvent les mêler, pour augmenter l'une, ou pour diminuer l'autre. L'or seul ne peut pas se calciner facilement, ou du moins nous avons perdu la science de le faire. L'argent, dit-on, donne la couleur d'un bleu celeste très-beau, & c'est de l'argent, duquel se servoit en partie mon ami de Solles, qu'il formoit son beau Lapis-Lazuli & ses belles Turquoises. Le soulphre commun mêlé avec le vif argent forme le cinabre, la plus rouge des couleurs ; & je sçais par experience que le seul vif-argent, calciné à feu convenable, devient aussi rouge que l'écarlate la plus vive, quoiqu'il paroisse aussi blanc que l'argent, dont il a tiré le nom d'argent-vif. En un mot, les divers métaux & mineraux donnent differentes couleurs, suivant la maniére de les employer, ou seuls, ou mêlez ensemble.

Je repeterai que les terres sulphureuses ou bitumineuses forment avec l'eau un suc très-pétrifiant, & qui sert d'une colle très-forte. Sans repeter ce que j'ai dit du Bitume qui vient abondamment proche de Babilone; nous avons auprès de Tivoli, à trois ou quatre lieuës de Rome, un lac fulphureux, qui a formé plufieurs petites Ifles des divers fétus & terres qui tombent dans ce lac, lefquelles Ifles produifent des herbes & des arbres, & elles flottent fur l'eau au gré des vents, & pour cela on les appelle les *Barquettes*; c'eft-à-dire, les petits bateaux. Il y a de pareilles Ifles flottantes auprès de Saint Omer, dans un lac femblable. En Ecoffe il y a un pareil lac, qu'on appelle *Moumoud*, qui eft le plus grand du pays: il contient trente Ifles, dont la plus grande eft peuplée, quoiqu'elle flotte fur ce lac. Ce qui montre encore ce que j'ai dit, qu'une matiere vifqueufe & graffe, peut coaguler & coller enfemble plufieurs petits morceaux de terre, qui d'eux-mêmes n'auroient ni union, ni confiftance. Et les diverfes couleurs de ces Bitumes, qui font une efpece de foulphres, peuvent auffi donner leurs couleurs aux terres qu'ils durciffent.

Ce font auffi, à mon avis, ces fucs, & ces fumées métalliques & minerales, qui peuvent donner & donnent en effet aux pierres diverfes vertus, d'autant que les vapeurs qu'elles exhalent, font de la nature d'un tel mineral. Et il ne faut pas s'étonner si ces exhalaisons ont tant de force, quoique l'on ne sente pas que quelque chose sorte de ces pierres: car nous ne sentons pas qu'il sorte rien de l'aiman, & cependant on sçait que cette pierre produit des effets admirables, dont nous parlerons dans la suite de cette Partie. C'est pourquoi, quoique les pierres soient dures, il n'est pas difficile de croire que l'air qui les environne, ne fasse sortir d'elles quelques vapeurs qui font certains effets, avec cette circonstance que comme toutes les pierres d'Aiman n'ont pas la même force, de même toutes les pierres ausquelles on attribuë certaines vertus ne sont pas de la même efficace, apparemment parce qu'elles n'exhalent pas une assez grande quantité de corpuscules nécessaires à produire un tel effet. Et s'il faut ajoûter quelque foi aux Sçavans curieux, on ne la peut pas nier à l'Illustre Boyle, qui avec tant de circonspection a examiné les effets naturels. Il dit donc avoir vû, que la vertu qu'on attribuë au Jaspe rouge, pour arrêter les hemorragies, étoit veritable : mais il parle auparavant des Cornalines dans ces termes. * ,, J'ai connu un Medecin,

* Boyle, *de Remed. Specif.* pag. 100.

„ qui étoit d'ailleurs de bonne santé, le-
„ quel souffroit seulement de ce que, lorſ-
„ qu'il dormoit, il étoit reveillé avec une
„ grande agitation & palpitation de cœur.
„ De quoi se plaignant, après avoir essayé
„ en vain tous les remedes de la Medecine,
„ il fut guéri par un homme qui lui en-
„ seigna de porter au col des pierres de
„ Cornaline Orientale, ce qui l'ayant dé-
„ livré de cette incommodité, il crut après
„ quelque tems, pouvoir quitter ces pier-
„ res qui l'incommodoient un peu : mais
„ le mal étant revenu peu après, avec la
„ même force, il résolut de porter toû-
„ jours de ces pierres, &c. " Dont il lui en
donna quelques-unes, à ce qu'il dit, afin
qu'il ne pût pas en douter, car il en avoit
fait une ample provision, crainte d'en man-
quer. „ Je n'ai pas eu occasion d'en faire
„ experience, (ajoûte Boyle) mais ce Me-
„ decin étoit homme de probité & véri-
„ dique, & il ne se feroit pas vanté d'une
„ chose, qui donnoit quelque atteinte à
„ son Art & à sa propre science.

Voici ce qu'il dit du Jaspe.

„ J'ai fait aussi moi-même (dit un
„ Marchand à Boyle) l'experience de cette
„ pierre. J'ai mis à mon col plusieurs de

» ces pierres attachées ensemble comme
» un Chapelet, de maniere qu'il touchoit
» le nombril, & j'ai été soulagé de mon he-
» morragie ; quoique le Dragon dont
» Gallien (a) fait mention n'y fût point gra-
vé. Menardus (b) sçavant Medecin Espagnol,
confirme cette experience par ces paroles.
» J'ai vû quelques personnes affligées de
» cette maladie, (de l'Hemorragie) qui en
» portant continuellement au doigt des an-
» neaux de cette pierre, leur sang étoit ar-
» rêté, & même le menstruë des femmes,
» quand il étoit trop violent. Boëtius, illustre Medecin de l'Empereur Rodolphe II.
rapporte quelque chose de semblable. Il
y a apparence que cette pierre rouge est
formée d'un vermillon pétrifié, qui est
très-bon pour arrêter les Hemorragies du
nez, y soufflant cette poudre.

Quoiqu'il ne soit pas question ici des
herbes, cependant la matiére me conduit
à faire mention de ce que Boyle dit de
l'herbe qui vient sur le crâne des pendus.
(c) Il rapporte qu'étant souvent attaqué
d'une Hemorragie de sang par le nez, un
an jour qu'il étoit chez sa sœur, il en fut

(a) Galenus, des simples medicamens, liv. 9.
(b) Tit. de lapidib.
(c) Traité de remed. specif.

surpris avec violence, mais elle qui avoit de cette herbe qu'on appelle *Mousse de crâne humain*, qu'on lui avoit envoyée d'Irlande, où l'on dit que vient la meilleure, on voulut la lui mettre dans le nez à l'ordinaire; mais ce curieux Philosophe, quoique le mal fût violent, voulut voir si en la tenant dans la main elle ne feroit pas quelqu'effet. Il la ferra donc dans sa main, & à l'instant le sang s'arrêta, non sans étonnement des assistans: & pendant plusieurs années il ne fut point incommodé de ce mal. Il ajoûte qu'un de ses amis de la Societé de Londres, qui étoit sujet à un semblable mal, arrêtoit son sang par le moyen de cette mousse qu'il tenoit dans la main; & que pour experimenter si cela venoit effectivement de cette mousse, il la quittoit un peu de tems, & le sang ruisseloit de nouveau comme auparavant, & il s'arrêtoit en la reprenant & la serrant dans sa main, dont la chaleur contribuoit à l'émission des vapeurs de cette herbe. Ce que non-seulement le patient lui dit, mais son Medecin aussi, qui étoit ami de l'un & de l'autre.

Quoique les pierres soient d'une consistance differente des herbes, on voit cependant que les simples exhalaisons qui sortent de certains corps, peuvent produire

duire certains effets très-forts dans les humeurs & dans le sang, & calmer sa fermentation qui cause l'Hemorragie.

(a) Boyle parle ensuite des pierres Neuphretiques, dont il loüe les effets, quoiqu'il n'en ait pas lui-même fait l'essai : mais il cite des témoins dignes de croyance, tels que Menardus, Boëtius & Unzerus; & si mon témoignage peut servir de quelque chose, je puis dire d'avoir vû un de mes amis, nommé Monsieur Fermet, qui étant fort travaillé de la maladie des reins (causée par des sables) portoit toûjours sur lui trois de ces pierres, une desquelles il estimoit beaucoup; car, me disoit-il, lorsqu'il sentoit la douleur vive en quelqu'endroit de ses reins, en y appliquant cette pierre il étoit en peu de tems soulagé, & vuidoit quelque quantité de sable avec l'urine. Au surplus même, cette pierre paroissoit moüillée de la sueur qui sortoit de la partie affligée, ce que ses deux autres pierres ne faisoient pas; ce qui montre, comme je l'ai dit, que toutes les pierres n'ont pas la même efficace. Unzerus raconte plusieurs effets de ces pierres, (b) dont Boyle en rapporte un

(a) Dans le même Traité.
(b) Voyez Boyle *de Remed. spec.* pag. 1043.

particulier entr'autres, que non-seulement cette pierre faisoit rendre à la femme d'Unzerus quantité de sable, mais même qu'elle la purgeoit fortement jusqu'à douze & quinze fois, quoique sur le mari elle ne fît pas une si grande purgation. Il parle aussi d'un de ses amis, sujet à des douleurs de paralysie, qui portant sur lui la dent d'un veritable Hipopotame, ou cheval marin, en étoit délivré ; & aussi-tôt qu'il la quittoit, le mal lui reprenoit. Mais, comme j'ai dit, ce qui fait que l'on met en doute la vertu des pierres, c'est que toutes ne sont pas de même efficace, & même qu'il y en a plusieurs qui n'en ont point du tout.

Boyle * parle avec la même loüange d'une pierre *Hematis*, qui arrêtoit le sang quand on la mettoit sur la tête, & l'Hemorragie revenoit quand on l'en ôtoit, sans que le patient le sçût, & que l'imagination y eût part.

Quant aux pierres Neufretiques, les bonnes sont celles qui viennent de l'Amerique, que les Sauvages tirent d'un certain limon, auquel ils donnent diverses figures, tant qu'il est mol, mais qui dans la suite se durcit fort à l'air, qui

* De remed. spec.

consume & dessèche son humidité; & apparemment ce limon contient des substances minérales, propres à soulager le mal des reins, par l'émission des vapeurs qui en provient, & à aider à expulser le sable qui cause la douleur, & dont la raison nous est inconnuë, aussi-bien que de plusieurs autres effets.

Mais je ne puis pas obmettre ce que Boëtius rapporte de la Turquoise, parce que j'ai vû moi-même plusieurs effets de cette pierre. Il dit donc, qu'un de ses voisins avoit une si belle Turquoise, que tout le monde l'admiroit. Cet homme étant mort, & ses meubles étant mis en vente, comme il est ordinaire, plusieurs personnes allerent pour acheter cette belle pierre, mais on trouva qu'elle étoit devenuë d'une si vilaine couleur, que personne n'osa l'acheter. Le pere de Boëtius y alla comme les autres avec son fils, qui étoit encore fort jeune, & l'acheta à vil prix. Il en fit présent à son fils, lui disant que l'on tenoit que ces pierres devenoient belles dans les mains des jeunes gens: mais la pierre étoit si laide, que n'osant pas la porter telle qu'elle étoit, il y fit graver ses armes pour s'en servir de cachet: cependant l'ayant portée quelques semaines, elle devint aussi belle qu'elle avoit été auparavant, quoique la graveure lui ôta quelque chose de sa splendeur; ce qui n'est pas difficile à croire, car cette pierre étant fort tendre, elle peut avoir été noircie & gâtée par les vapeurs corrompues d'un homme qui se meurt, & que cette saleté des vapeurs a été purifiée par les exhalaisons d'un jeune homme fort sain & plein de feu. Mais la chose est plus difficile, en ce qu'il raporte, qu'un jour il trouva que sa bague étoit fenduë, & qu'un petit morceau se seroit détaché, si l'or dans lequel la pierre étoit enchassée ne l'avoit retenu : ce qui fut, à ce qu'il dit, le présage du malheur qui lui arriva le lendemain, où étant tombée sous le cheval qu'il montoit, il s'étoit cassé une jambe. Ce qu'il auroit peut-être attribué au hazard, si une semblable fracture n'étoit arrivée à sa pierre encore une autre fois, la veille qu'il se démit une côte en faisant certain effort. Et je puis dire que ma mere portoit au doigt une très-belle Turquoise, dans laquelle on lisoit (pour ainsi dire) non-seulement l'état de sa santé, suivant les changemens de couleur, mais je puis assurer encore, avec verité, que suivant certains points noirs, & autres marques extraordinaires, on pouvoit prédire avec sûreté les malheurs externes qui devoient lui arfiver, dequoi on ne peut pas rendre facilement raison, à moins de dire avec les Astrologues, que quoique les malheurs exterieurs n'alterent pas le temperamment d'une maniere qui produise des maladies sensibles, néanmoins l'Astre malin qui les cause ne laisse pas d'agir sur le temperamment.

Quant à ce qui regarde l'alteration du temperamment, l'on observe la même chose dans les Coraux; ce que j'ai vû particulierement dans les enfans, qui à Rome portent ordinairement un collier & des brasselets de Coraux, que j'ai remarqué quelquefois devenir très-pâles, & presque blancs, lorsque ces enfans souffroient quelque maladie ou simple incommodité. Ce qui ne m'étonne pas beaucoup, car ces sortes de pierres étant fort tendres & poreuses, elles peuvent bien être alterées par les exhalaisons du corps. Mais voyons quelqu'autres pierres considerables.

DU SUCCIN.

L'ON met le Succin, ou Ambre jaune parmi les pierres, quoiqu'au fond il ne soit qu'une espéce de bitume fort pur, semblable à l'huile de Petreol, qui par des canaux soûterrains se distile dans la mer Baltique vers les côtes de Prusse, & se coagule à l'air frais de ce pays. Je crois plûtôt cette opinion, d'autant qu'elle est fondée sur ce que l'on voit souvent des pailles, des mouches & autres insectes, qui se sont pris dans le Succin avant qu'il fût bien durci. Je crois donc, comme je l'ai dit, que le Succin est une huile bitumineuse très-pure, laquelle distilant par-dessous la mer, remonte comme plus legere, & se mêlant en partie avec le sel de la mer, à travers de laquelle cette huile passe, elle se coagule au froid de l'air, & par les flots elle est jettée sur les bords, où on la trouve souvent, comme j'ai dit, avec divers insectes, qui y sont restez attachez & pris, en passant sur cette matiere glutineuse. Cela paroît d'autant plus vrai, qu'à la plus petite chaleur du feu il se distile en forme d'huile, semblable à celle de Petreol, & qu'il a les vertus comme cette huile de guérir plusieurs maladies froides, & autres qu'on peut voir dans Boëtius.

* Le Pere Rzenezinski, Jesuite, favorise admirablement mon opinion par ces paroles : » Il est vrai-semblable que les terres » de Prusse qui sont fort sabloneuses étant » pleines de bitume, lorsqu'il se liquefie » par la chaleur de l'air & du soleil, en » Esté, il passe à travers les sables, & par » des routes que la liqueur s'est faite, elle » vient se décharger dans la mer voisine, » où elle se fige en pierre de Succin. Et il cite Hollemanus, qui dit qu'assez près de l'Abbaye d'Olive, on trouve des morceaux de bitume gros comme un œuf & plus. Ce qui confirme l'opinion où je suis, que le Succin n'est qu'une liqueur bitumineuse très-subtile, & purifiée par les sables à travers lesquels il passe, & où il quitte sa substance grossiere.

J'ai lû que l'on trouve aussi le Succin en Podolie, dans une miniére particuliére, près la Forteresse de Kaminiec : mais j'ai oublié le nom de l'Auteur qui l'écrit.

On en trouve aussi en quelqu'autres côtes & Isles de la mer Baltique.

Ce qui montre bien que c'est un suc bitumineux qui vient aussi dans la terre, &

* Histoire naturelle de Pologne page 44 & 45.

que ce n'eſt pas la féve de certains pins ou autres arbres (comme diſent quelques-uns) qui ſont ſur le bord de ces mers, & qui diſtilent une telle liqueur, comme ces arbres, ſous la forme deſquels furent tranſ-formées les fœurs de Phaëton, qui pleurent encore ſur les bords de l'Eridan, le ſort de cet ambitieux infortuné. D'ailleurs nous voyons que diverſes huiles bitumineuſes ſe diſtilent par-deſſous la terre, & entre des rochers, comme eſt, par exemple, l'huile de Petreol, d'où elle a tiré ſon nom d'huile de pierre, ou comme les Italiens l'appel-lent *Oglio di Saſſo*.

Quoique je croye que le Succin ne ſoit pas formé de la liqueur bitumineuſe que certains arbres diſtilent, cependant, afin de ne pas paroître trop attaché à mon opi-nion, je dirai ce qu'on rapporte au con-traire.

On dit donc que le Succin vient dans la Province de Junnam & de Xenſi, à la Chine, & que c'eſt la gomme d'un ar-bre qui la diſtile. Il en vient de même, dit-on, à Madagaſcar, mais celle-ci eſt plus rouge. Quant-à-moi, ſuppoſant que ce qu'on dit ſoit vrai à la lettre, je dirois que la nature peut operer diverſement, & que peut-être il y a des gommes qui reſſemblent tout-à-fait à notre Succin, qui

n'eſt

n'est au fond qu'une gomme bitumineuse. Il faudroit seulement comparer l'un avec l'autre, & voir s'il y a quelque difference; le Succin même n'étant pas toûjours semblable pour la couleur, puisqu'il y en a de blanc, & de plus ou moins jaune.

Quoiqu'il en soit, je tiens que celui qui vient de la mer Baltique, est une espéce particuliere de bitume, purifié par les lieux où il passe, & coagulé par la fraîcheur de l'air & de l'eau. Ce qui paroît vrai-semblable, par-tout ce que j'en ai dit, & mieux encore par l'odeur qu'il exhale quand le feu l'a réduit en forme d'huile.

Il n'est pas difficile de comprendre que les esprits salins qui exhalent de cette pierre forment un petit tourbillon, qui circulant autour & rentrant dans les pores de la pierre, d'où les esprits qui le forment sortent; ce petit tourbillon, dis-je, enveloppe les petits corps, desquels on approche la pierre, & les attache à elle. D'autant que lorsque ce tourbillon cesse, le corps qui s'y étoit attaché n'étant plus soûtenu, tombe peu après par son propre poids. On peut soupçonner encore que ces esprits sont salins, en ce que tous les sels étant frottez, ils tirent à eux les petits corps, comme la paille, &c. Le verre même, à cause des sels qui entrent dans sa composition, a la vertu d'attirer comme le Succin. Mais comme j'expliquerai cela plus amplement en parlant de l'Aiman, j'y renvoye le Lecteur, afin de ne pas repeter deux fois la même chose.

DE L'AMBRE GRIS.

L'Ambre Jaune me fait résoudre à parler de l'Ambre Gris; lequel, quoique ce ne soit pas une pierre, néanmoins ayant une consistance solide il peut trouver lieu dans ce Chapitre, d'autant plus que la ressemblance de sa production m'y convie. Malgré ce que d'autres Auteurs ayent dit, je crois volontiers que l'Ambre Gris est une espéce particuliere de bitume très-subtil, qui se distile au fond de la mer par des routes inconnuës, & lequel étant plus leger que l'eau, surnage & flotte sur la mer, où il se coagule comme l'Ambre Jaune. Et de fait, il n'y a que de certaines côtes où l'on en trouve plus d'ordinaire, parce que les sources d'où s'écoule cette liqueur sont de ce côté-là.

Le Pere du Tertre favorise mon opinion, disant que l'Ambre Gris est un bitume, qui se détache du fond de la mer par les tempêtes. Car, ajoûte-t-il, c'est alors qu'il paroît. Il dit encore qu'il sent le suif étant mol, qu'il se fond comme le bitume, & qu'on trouve dans quelques morceaux, des pierres & du sable attachez. Que les poissons & les oiseaux en sont fort friands, & parmi les quadrupedes, le Renard, lequel la rend par le bas à demi digerée, & on l'appelle *Renardée*. Cette Ambre ainsi digerée par ces animaux, n'est plus si bonne. Il en vient beaucoup vers la Floride, & un peu dans d'autres lieux de l'Amerique, que les flots de la mer répandent çà & là. Il est vrai qu'on en trouve en differens endroits, où les vagues & les tempêtes de la mer le transportent; mais cela n'est point contraire à ce que j'en dis. Il est vrai aussi qu'on en a trouvé dans le ventre des plus gros poissons, comme les Baleines; mais c'est que ces grands poissons avalent la plûpart de ce qu'ils trouvent en leur chemin, & que, comme je l'ai dit, certains poissons, & sur-tout les Baleines, sont assez friands de cette matiére odoriferante ; quoiqu'elle n'ait pas beaucoup d'odeur, à moins de faciliter l'exhalaison de ses particules, c'est pourquoi on amollit la dureté de cette espéce de pierre, avec quelques huiles odoriferantes. Mais la meilleure maniére que l'experience a fait trouver, c'est de la mêler avec la Civette, qui est très odoriferante, & laquelle en la ramollissant s'évaporent ensemble. Dans toutes les côtes d'Affrique, aux Maldives, à la Chine, & ailleurs, l'Ambre Gris est commun ; on en trouve même sur les côtes d'Angleterre & de Portugal, où les flots le portent & le jettent. On en a trouvé quelquefois de grands morceaux qui paroissent des pierres, & à moins qu'on ne le connoisse, on l'abandonne comme chose inutile, ou comme un excrément de la mer. Quelques Soldats Portugais qui étoient en garnison à Melinde, ou à Mozambique, en virent un si grand morceau, que ne connoissant pas que c'étoit de l'Ambre, ils le méprisérent : mais un d'eux qui en avoit quelque connoissance, après que ses Camarades furent retirez, l'ayant examiné & connu, il le cacha ; cependant ce ne fut pas de maniére que la chose ne fût éventée, & l'avidité des autres qui demanderent de partager au profit, rendit la chose publique. Le Gouverneur se saisit de l'Ambre qu'il dit vouloir envoyer à son maître (le Roy de Portugal) qui la payeroit fort cher ; & ainsi la chose retarda si bien, que personne n'eut rien. Tant il est vrai que les petits sont toûjours la duppe des grands.

Mais comme je ne veux pas imposer par

mes opinions, je vais rapporter ce que des Auteurs très-estimables ont écrit sur cette matiére. Quelques-uns d'entr'eux veulent que l'Ambre Gris soit l'ouvrage de certaines abeilles qui le produisent : se fondant sur ce qu'on a trouvé un morceau d'Ambre avec un morceau de ruche de miel. Ce qui ne prouve rien ; car ce miel peut s'y être mêlé par quelque accident inconnu. Un autre dit, que c'est la fiente de certains oiseaux, mais c'est une opinion sans fondement, quoiqu'on dise que ce soit dans les Isles Uziques & de Zanguebar où ces oiseaux odoriferans naissent, ce que je rapporte plûtôt pour ne pas gêner l'esprit du Lecteur, que pour autre chose ; car je suis persuadé que les choses sont formées des principes dans lesquels elles se resolvent, & l'Ambre Gris est sans doute une substance bitumineuse, dessechée par l'air & par le sel marin. Cependant chacun peut conjecturer à sa maniére, & en croire ce qu'il voudra.

Après avoir parlé de l'Ambre Jaune & de l'Ambre Gris, je crois qu'en troisiéme lieu on doit mettre le Gé, ou *Gagette*, qui est une espéce de bitume plus grossier que celui de l'Ambre & mêlé avec beaucoup de terre, mais très-subtile, & mêlée si intimement, qu'il s'en forme une pierre, quoique fort tendre.

Le Charbon de terre suit le Gé, qui est encore mêlé d'une si grande quantité de terre, qu'il forme une espéce de Gé si terreftre, qu'on s'en fert au lieu de Charbon. L'experience le fait connoître: car si l'on met le Gé, & le Charbon de terre, en parties menuës dans une cornuë à grand feu, par la diftilation il en fort une huile bitumineufe puante, comme étant fort terreftre, & dont les particules aiguës & groffiéres que cette huile exhale, produifent un fentiment trop fort & par conféquent défagréable : mais cette huile bitumineufe chaude, a plufieurs vertus pour les maladies froides.

Ce qui peut faire voir que le bitume, comme je l'ai dit, peut fervir à former des pierres au lieu d'une autre eau pétrifiante, particulierement fi fon huile par des feux foûterrains fe diftile en une terre fubtile, elle peut former le Gé; & le Charbon de terre, en fe mêlant avec beaucoup de terre groffiére.

PIERRE E'TOILE'E.

MAIS pour revenir aux veritables pierres, une de celles qui meritent l'attention du Lecteur, non pas pour sa beauté, mais parce qu'elle donne de la curiosité, je crois que c'est la pierre étoilée. Cependant ce n'est pas une veritable pierre, que la nature ait formée comme les autres de simple terre & de la liqueur pétrifiante : mais au dire de ceux qui examinent les choses de fort près, c'est une herbe qu'on appelle *la Millepora, ou Madrepore d'Imperatus*. Le sieur Bocconi & autres, qui ont fait l'Anatomie de cette pierre prétenduë, ont dechiffré ce myftére. Et les étoiles qu'on y voit, ce sont des fibres ainsi formez, qu'on trouve au bout de la tige de cette herbe. La terre se met entre ses tuyaux & forme un corps compacte ; le suc ou vapeurs pétrifiantes, avec le tems la rendent médiocrement dure, & lui donnent la consistance & l'apparence de pierre.

Cette espéce de pierre étant coupée mince, & mise dans un plat avec du vinaigre, on la voit peu-à-peu se mouvoir, & courir d'un bout à l'autre. La raison qu'Agricola (si je ne me trompe) donne

de ce mouvement me paroît bonne. » C'eſt,
» dit-il, que cette pierre eſt aſſez poreuſe,
» particulierement autour de ſes Etoiles,
» leſquels pores étant remplis d'air, lorſ-
» que le vinaigre les pénétre, & qu'il
» veut en chaſſer l'air, cet air comprimé
» faiſant effort pour en ſortir, meut avec
» vivacité la pierre, qui d'elle-même eſt
» immobile & ne peut ſe mouvoir ſans
» l'impulſion d'une autre matiére. Ce qui
paroît d'autant plus probable, que lorſque la pierre a trempé quelque tems au
même endroit dans le vinaigre, elle ne ſe
meut plus, parce que l'air en eſt tout-à-
fait ſorti & que le vinaigre occupe entierement ſa place; ce qui fait voir que ce
n'eſt pas le vinaigre qui la meut, ſi ce
n'eſt d'autant qu'il meut l'air qui eſt dans
ſes fibres, lequel étant entiérement ſorti,
la pierre reſte immobile.

PIERRE D'AIGLE.

LA pierre d'Aigle merite auſſi quelque
attention, en ce qu'elle eſt creuſe,
& que dans ſon ſein elle renferme une
aſſez petite pierre, ou bien pluſieurs grains
de ſable. L'on peut dire que la terre encore molle s'étant enflée par quelques exhalaiſons de la terre en dilatant, l'humi-

dité interieure, a produit ce creux dans cette pierre, & que dans le même-tems le sable ou autres petites pierres qui étoient mêlées avec cet argile ou terre molle, ne pouvant pas être rarefiées, sont restées emprisonnées au-dedans, sans pouvoir en sortir, à cause que la pierre s'est durcie dans la suite ; de maniére qu'en secoüant cette pierre, on les entend raisonner au-dedans. On croit que cette pierre penduë au col des femmes grosses les empêche d'avorter, & que liée au genou dans le tems de l'accouchement, elle le facilite. On dit que l'Aigle la porte dans son nid, afin que ses œufs ne souffrent pas de l'intemperie du Ciel & de l'air, mais je n'ai pas assez d'experience sur ce fait, pour en dire quelque chose.

Je ne crois pas nécessaire de faire ici le dénombrement des pierres & choses fossiles differentes, & des lieux où chacune vient, d'autant qu'Agricola, Boëtius de Boot, en ont écrit au long, & ceux qui voudront s'en instruire, n'ont qu'à lire ces Auteurs, & autres qui en ont traité. Car de transcrire tout ce qu'ils en ont dit, outre que cela grossiroit trop mon Livre, ce seroit une peine perduë, puisqu'on le peut voir ailleurs, ne me proposant ici que de traiter de ce qui peut rendre cet

Ouvrage un peu curieux, comme je l'ai annoncé dans le Titre de ce Livre, où j'ai eu pour but de faire L'Histoire Naturelle des choses les plus curieuses de l'Univers. Car de rapporter jusqu'aux moindres choses que l'Univers contient, il faudroit faire un Livre aussi grand que l'Univers-même. Je crois donc plus à propos de dire mon sentiment sur les pierres figurées qui font quelque peine à plusieurs curieux, qui croient que la nature les a formées telles qu'on les voit, par un jeu & un caprice de la nature-même.

DES PIERRES FIGURE'ES.

QUANT à moi, je crois qu'on peut considerer les Pierres Figurées comme étant de deux sortes. De la premiere, sont sans doute, celles que la nature produit abondamment dans les Etats du Grand Duc de Toscane, & qu'on met ordinairement au-devant des tiroirs des beaux cabinets pour les rendre plus magnifiques; ces pierres, qui sont de diverses couleurs, représentent souvent des édifices, des bois, & autres choses semblables, mais qui ont toûjours quelque chose d'informe; ce qui peut venir par une espéce de hazard, qui fait que les diverses couleurs formant differentes lignes, elles peuvent représenter quelque chose qui ressemble aux objets précedens & autres, mais toûjours avec quelque imperfection. Nous voyons des représentations semblables dans les nuës; je veux dire, de poissons, de serpens, de montagnes, d'arbres & de cent autres choses. Et ceux qui, en hyver, considerent les charbons ardens, ils y trouvent non-seulement des choses pareilles, mais des visages d'hommes & d'animaux.

La pierre qu'on appelle *Oeil de chat*, est une Agathe de diverses couleurs. Ces couleurs se trouvent quelquefois tellement disposées, que l'on y voit au milieu une prunelle, comme celle d'un chat, environnée d'un cercle blanc; & en un mot designer si bien un œil, qu'on diroit que c'est l'ouvrage d'un Peintre. J'ai même vû à Rome, entre les mains d'un Seigneur curieux, de mes amis, un brasselet de la même Pierre, dans laquelle les deux yeux étoient parfaitement bien désignez, ce qui étoit une rareté singuliere.

On dit qu'il vient dans l'Arabie une pierre qu'on appelle *Lunaire*, parce qu'elle représente une Lune; laquelle croît & décroît, suivant que cette Planete paroît dans le Ciel. Je n'ai pas vû ce prodige, &

je le rapporte sur la foi des Auteurs.

Mais quand on voit des animaux, ou des plantes, dont on reconnoît l'espece, je crois qu'il ne faut pas précipiter son jugement, & ne pas croire legerement que la nature se soit joüée, comme on l'a dit, à représenter sous terre les plantes & les animaux qu'elle produit dessus; car s'il étoit vrai qu'elle produisît sous la terre un arbre ou un poisson, on pourroit croire qu'elle produira toutes les choses qu'on ne voit pas qu'elle produise. Je crois donc, que tout ce que la nature produit par des semences sur la terre, qu'elle ne le fait pas dans les mines, car elle ne change pas de maniére. Je suis donc persuadé que quand on voit des pierres où l'on reconnoît un arbre ou des animaux dont l'espéce est connuë, il est plus probable de dire que ce sont des animaux, ou des arbres pétrifiez, que des productions de la nature capricieuse, qui veut s'égayer.

Le Seigneur Agostino-Scille a fait un Livre Italien, dans lequel il montre que la plûpart des choses que l'on croit être de ces jeux de la nature, ne sont que de veritables animaux pétrifiez. Ce qu'il démontre non-seulement par des paroles, mais avec des figures, que ce Peintre Philosophe a désignez si au naturel, qu'il faut être stupide pour ne se pas rendre à une verité sensible. Et comme ces prétendues productions ont exercé la speculation de plusieurs Sçavans, c'est pour cela qu'il a intitulé son livre : *La vana speculatione disingannata dal senso*; c'est-à-dire, la vaine speculation détrompée par les sens. Il commence d'abord par les langues & les yeux de serpent, qu'on trouve assez communément dans l'Isle de Malthe, & fait voir que ce sont les dents d'un certain poisson vorace, appellé dans le pays *Dentale*, à cause de ses grosses dents. Les plus grosses dents donc de ce poisson s'étant pétrifiées dans quelques lieux de la terre de Malthe, a donné lieu de croire qu'elles étoient des langues de serpent, que la nature produisoit pour se divertir, & les plus petites de ces dents étoient ce qu'on appelle des yeux de serpent, que le vulgaire qui vend ces pierres aux Etrangers (soit qu'il le croie ou non) est bien aise de leur faire croire; en leur disant sur la tradition qui court dans le pays, que lorsque saint Paul maudit les serpens de cette Isle, dont un l'avoit mordu, la terre ne pouvant plus produire ces bêtes, a produit à leur place les langues & les yeux de ces animaux, en memoire du miracle que ce grand Apôtre avoit fait lorsqu'il fut mordu de la vipere, comme l'Histoire sainte en fait foi.

Le Sieur Scille montre aussi que certaines Pierres, dont j'en ai eu long-tems une, & qui ressemble aux chataignes de mer, qu'on appelle *Echinius*, sont de veritables poissons de cette mer qui se sont petrifiez dans la terre. Et ces pointes, ou petits os, se portent au col, enfilés avec un cordon de soye, pour se garantir des inflammations & de l'esquinancie.

Il montre encore avec évidence que ce sont les pointes de certains limaçons, & autres poissons (*Crustaceo*) de la même mer. Et comme on trouve souvent ces choses & autres semblables mêlées ensemble, il fait voir qu'une partie de tout cela, dont les gens de ce pays se nourrissent, a été jettée dans les champs, particulierement les écorces, qui avec le tems se sont pétrifiées, quoique naturellement elles fussent assez dures, & semblables à la pierre. En un mot, la lecture de ce Livre m'a tellement persuadé, que j'ai peine à croire que les animaux, plantes & autres choses, que la nature produit sur sa superficie, puissent être produites dans le sein de la terre en forme de pierres. Et je suis porté à croire que ce sont plûtôt de ces productions de la nature, lesquelles par quelque accident, se sont pétrifiées dans son sein.

Le sieur Nicolas Longius a fait un excellent Traité, où il parle de toutes les Pierres Figurées qui se trouvent dans les montagnes des Suisses, & quoiqu'ayant lû le Livre du sieur Scille, il paroisse douter si la plûpart de ces pierres figurées sont de veritables productions de la nature, ou des choses pétrifiées, cependant en quelques endroits de son Ouvrage il semble vaciller, & ne pas décider sur les diverses opinions de quelques-uns, qui prétendent que la terre, par un certain esprit seminal imaginaire, peut produire divers animaux de pierre, & non-seulement les os, mais même une chair fossile, qu'ils croyent pouvoir provenir de veritable chair pourrie, & réduite en une substance gluante, qui fait une espéce de semence, de laquelle la terre peut produire de la chair. Mais pourquoi ne dirons-nous pas, dit Fabius Colonna, un de mes Auteurs, que si la terre par cette *aura seminalis*, comme ils l'appellent, peut produire des ossemens, des dents, de la chair, & autres choses semblables, ne pourra-t-elle pas produire également un bœuf, un cheval, & un homme, particulierement y en ayant un si grand nombre qui sont enterrez dans un champ où on a donné une bataille, & dont la pourriture peut

fournir abondamment cette prétenduë vapeur séminale. Sans doute l'esprit séminal de tant d'hommes & de tant de bêtes, doit produire des merveilles plus grandes que celles qu'on nous raconte d'une dent, qu'on avoit trouvée en Sicile du tems de Tibere, qui avoit végeté & crû à la grandeur d'un pied. Pour moi, au lieu de ces merveilles, je dirois que cette dent haute d'un pied, étoit celle de quelque grande bête, comme d'un Elephant, qui a des dents semblables à celles des hommes, lesquelles ne végetent que dans la machoire de l'homme, ou de l'animal, par le moyen de la racine, qui tire & transforme en sa nature le suc animal. Que si l'on donne dans ces merveilles en lisant le P. Rzenezinski, qui rapporte qu'en Pologne on trouve sous terre des vases de figures différentes, qui sont encore mols, & qui deviennent durs exposez à l'air ; on dira que la terre formera des pots, des cruches, & toutes autres choses. Il est vrai que ce Pere ajoûte que ces vases, qui sont tout-à-fait semblables à ceux dont les Anciens se servoient pour conserver les cendres des morts, ou pour leurs sacrifices, & dont il y en a quelques-uns à deux anses, & avec des figures, que plusieurs Sçavans croyent que ce sont des vases anciens,

ciens, qui ayant été plusieurs siècles sous terre, ont été ramollis peu-à-peu par l'humidité de la terre, laquelle s'évaporant à l'air, les vaisseaux reprennent leur ancienne dureté. Mais ce Pere, fort sçavant d'ailleurs, semble croire, que cette terre (où on les trouve) étant enflée par des exhalaisons terrestres, a pû produire ces vaisseaux, & même leur donner une ou deux anses, comme font les Potiers. Mais quant à moi, je ne sçaurois être de son avis. Et il me semble, qu'il vaudroit autant dire, que le Mont *Testacio* de Rome, qui est formé de plusieurs piéces de pots cassez, a été fait ainsi par la nature des pots qu'elle n'a pû conduire à perfection, & que les collines d'huitres que l'on voit en quelques lieux proche de la mer, entre Nantes & Bordeaux, sont l'ouvrage de la nature qui se joue, & non pas un amas de vrais coquillages, qui par quelque hazard que nous ignorons ont été amassez dans ces endroits, comme nous sçavons que les pots cassez ont été assemblez dans ce lieu, que les Romains avoient donné aux Potiers, qui travailloient dans le voisinage, pour y assembler les débris de ce qui étoit sorti gâté des fournaises. L'on trouve divers poissons & coquillages dans les montagnes des Suisses; dirons-nous que c'est un jeu de la nature, ou bien, que ce sont des poissons naturels pétrifiez. Quoique nous ne sçachions pas s'ils y sont restez emportez par le déluge universel, ou parce que la mer a été autrefois où est à présent la terre. En un mot, je crois que tout ce qui ressemble trop à l'animal vivant, & aux herbes des campagnes, & dont on reconnoît l'espéce, ou qu'on connoît pour pouvoir être l'ouvrage des hommes, peut être mis au nombre des choses qui se sont pétrifiées dans la terre, quoique nous ne sçachions pas bien comme cela est venu dans ces lieux ; & sur cela je suis bien aise de donner deux exemples, qu'il y a peu de jours que j'ai lû dans le Journal des Sçavans.

* L'on a trouvé dans une pierre l'image de certaine herbe inconnuë, & qu'à la fin quelques Sçavans ont connu que c'étoit une plante, qu'on appelle *l'Arbre Triste*, parce que c'est seulement la nuit que ses fleurs s'épanoüissent, & qu'elles exhalent une odeur très-suave. L'on dit que cette plante ne vient qu'à la Chine, & les Sçavans ont été fort embarrassez à speculer de quelle maniére cette plante avoit pû venir dans cette pierre, en cas que l'on pût dire,

* Journal des Sçavans de Septembre 1724.

que c'étoit une simple pétrification, & non pas un jeu de la nature. Mais je suis bien-aise de pouvoir rapporter au Lecteur, que dans l'année 1723. j'ai vû cette plante à Paris, dans la maison de M. le Marquis de Champinelle, qui me la fit voir, me récitant ses proprietez. * Je veux dire que cette Plante, qui étoit cette année-là à Paris, entre les mains d'un Gentilhomme particulier, pouvoit bien y avoir aussi été en d'autres tems.

L'on trouve à Montpellier certaines pierres Parallelipedes, qui forment une maniere de plancher à la Mosaïque. Et après de longues recherches & opinions, on a connu que ce sont les machoires d'une espéce de Raye, qui vient dans les mers de la Chine, dont on conserve un squelette au Jardin Royal ; sans quoi on n'auroit pas eu encore connoissance de ce poisson, qu'on ne trouve que dans les mers de la Chine & du Japon, & on ne sçait pas, & on ne comprend point comment ce poisson a pû venir en quantité dans la mer de Montpellier. Mais qu'importe qu'on le com-

* M. de Jussieu range avec beaucoup de raison, cette plante dans l'espece des jassemins : car les fleurs de celle que j'ai vûe n'étoient pas fort differentes des jassemins jaunes, ou orangers.

prenne ou non, & qu'on le sçache ou qu'on l'ignore. L'homme sera donc assez fol pour croire qu'il ne se puisse rien faire, & que rien ne peut arriver qu'il ne le sçache, & qu'il ne le comprenne : si cela étoit, la nature seroit bien embarassée, & ses productions & ses effets seroient bien limitez. Il faut donc, à mon avis, se contenter de sçavoir certaines choses, & d'en ignorer d'autres. Il est certain que ces sortes de Rayes forment cette pierre, à cause des dents qui s'enchâssent l'une dans l'autre. Cette raye s'est petrifiée sur ces côtes, & represente une pierre. C'est beaucoup de sçavoir cela. Oh ! Comment sont-elles venuës de la Chine à Montpellier ? Pour moi, je ne le sçai pas : mais dites qu'elles y sont venuës par curiosité de parcourir le monde, ou parce que la mer de la Chine communiquoit autrefois avec la Mediterranée, ou par le Déluge Universel. En un mot, elles y sont venuës, & se sont arrêtées en cet endroit, & non ailleurs. Comme la Plante Triste y est venuë plus d'une fois, sans publier sa venuë aux Historiens naturalistes.

J'ai vû dans le cabinet de M. du Fay, des pierres qu'il conserve, qui ont la figure de plusieurs limaçons de mer, appellez *Turbinées*, dont les coques sont de diverses formes; il y en a qui sont semblables à ceux qu'on appelle en Latin *Turbines*; comme aussi des vers, & autres choses pétrifiées avec la terre. Et ce qui importe, l'on trouve de ces pierres assez près de Paris. (*a*) On ne peut pas dire que la nature ait voulu produire sur la terre ces limaçons qu'elle produit dans la mer, car elle ne fait rien en vain, & tous les animaux ne se produisent que par l'accouplement & par des semences. Mais nous ne sçavons pas de quelle maniere ces petits poissons sont venus dans ces terres. Eh! Qu'importe? Ils y sont venus, ou ils y ont été portez, & se sont petrifiez avec la terre, & cela suffit ou doit suffire.

Souvent, faute de connoître la bête, on donne à la nature cette production: par exemple, si l'on trouvoit dans la terre le limaçon monstrueux, qui vient dans la riviere de Sprehe, qui va se rendre de la Silesie dans la mer de la Marche de Brandebourg, lequel est gros comme un tonneau, (*b*) on diroit que c'est un Limaçon, que la nature a produit pour se di-

---

(*a*) On en trouve au Village d'*Issi*, à une petite lieuë de Paris.
(*b*) L'Auteur en fait mention au chap. 8. de la cinquiéme Partie de cet Ouvrage.

vertir. (*a*) Voyez le Pere Boussigaut qui fait la description de cet animal monstrueux. De maniére qu'il y a des animaux que nous ne connoissons pas, qui viennent en divers pays. Oh! dira-t-on, comment est-il venu dans ces lieux? Qu'importe, il y est venu comme l'Arbre Triste, & autres choses.

L'on trouve des langues & des yeux de serpent, des cornes, & autres figures. Agostino Scille fait voir (comme nous l'avons déja dit) d'une maniére indubitable, que les langues & les yeux de serpens sont les dents du poisson appellé *Dentale*, dont les dents représentent précisément ces figures; faut-il s'obstiner contre l'évidence? Il fait voir (comme nous l'avons dit) que les chataignes de mer, & autres poissons représentent des cornes & autres figures, qu'on admire comme des productions de la nature. Pourquoi chercher ce qui n'est pas, puisque les sens sont convaincus de la verité?

Ce n'est pas à dire pourtant que la nature ne puisse désigner sur quelques pierres des figures diverses, mais elles seront toûjours plattes, de même que les yeux que j'ai vû dans des agathes.

(*a*) Théatre du monde, Part. 2ᵉ. pag. 159.

J'en ai vû auſſi trois de la grandeur d'une ongle chacune, ſur l'une deſquelles, qui étoit noire, il y avoit comme des branches d'arbre, de la couleur de l'arbre même; le fond de la pierre étoit tranſparent, comme du criſtal un peu obſcur. Les deux autres étoient à peu près comme l'œil de chat.

J'ai vû dans le cabinet de feu Monſieur du Fay, des pierres, qui repréſentoient aſſez bien; l'une les parties de la génération de l'homme, * & l'autre celle de la femme. Dirons-nous que la nature exerce ſous terre, ce que les hommes font au-deſſus d'elle. Ce ſont ſans doute des productions à qui le hazard a donné

---

* Il y a proche de Caſtres, dans le Languedoc, une petite côte dont le terrein n'eſt bon qu'à produire du vin, par rapport aux pierres qui y ſont en plus grande quantité que la terre. Ces pierres ont cela de ſingulier, qu'elles ont toutes ſi exactement la figure des parties naturelles de l'homme, que la plus grande partie n'en different que par leur priapiſme. Les teſticules y ſont joints & très-bien formez à la plûpart. Il y a quelques-unes de ces pierres qui n'en ont point, mais on en doit attribuer la cauſe ou au mouvement de la terre qu'on eſt obligé de remuer pour la culture des vignes, ou à l'imperfection de leur formation. En un mot, la choſe eſt ſi commune & ſi connuë, que cette petite montagne en a acquis parmi les gens du pays, un nom, que la modeſtie veut que l'on taiſe.

quelque chose d'aprochant de ces parties, & que l'imagination lubrique des Spectateurs trouve semblables.

Il faut donc dire, à mon avis, que ces choses sont des pierres qui ont quelque ressemblance éloignée avec les membres, comme sont les os fossiles ; & quand elles paroissent tout-à-fait semblables aux os, on peut croire sans se tromper que ce sont des os, & des dents de cadavres d'hommes ou d'animaux, lesquels dans la guerre ou autrement se sont trouvez enterrez, ou épars dans ces lieux.

Si l'on examine bien toutes les figures, que le sieur Scille met dans son Livre, on verra sans doute avec évidence, que les pierres qu'on nomme Figurées par la nature, sont effectivement figurées par cette sçavante Ouvriere ; mais que ce sont des animaux ou plantes ; qui ont été réduites en pierres dans la suite par le sucsalin & pétrifiant de la terre, où ces corps ont été long-tems enfermez.

Mais quoiqu'il reste toûjours la difficulté de sçavoir comment ces animaux (la plûpart marins) ont été transportez dans les hautes montagnes des Suisses, si éloignées de la mer. Cela, comme je l'ai dit, importe peu. Cependant pour appaiser l'esprit inquiet & curieux, on peut dire, ou
que

que la mer a été autrefois dans ces lieux, ou qu'ils y ont été portez dans le tems du Déluge Universel, qui n'est pas si ancien, & duquel (si l'on peut douter de la premiere proportion) il n'est pas permis de douter. (*a*) Mais de ceci, on peut voir ce que dit le Docteur Longius, qui en a fait une très-docte explication à la fin de son Livre.

Ce qui me paroît encore plus surprenant, c'est qu'on trouve quelquefois, au rapport d'Agricola (*b*) & du Pere Kirker, (*c*) non-seulement des serpens & des grenoüilles, mais que l'on trouve des poissons vivans enfermez dans quelques pierres. Ce qu'ils nous disent des grenoüilles & des crapaux, que l'on trouve assez souvent dans les campagnes de Narbonne vers les Pirenées, n'est point étonnant, parce que ces animaux peuvent vivre longtems enfermez dans ces pierres à cause de leur substance visqueuse, comme on le voit & que je l'ai vû dans les viperes, qui étant étranglées avec des cordons de soye par les Apoticaires qui veulent en faire la Thériaque, ou autres remedes vivent

(*a*) Hist. Naturelle des Suisses.
(*b*) Agricola, *Pays prima, lib. octo.*
(*c*) Kirker. *In mundo subterr. cap. primo, f.* 86.

Tome II.   D d

encore long-tems après. Il nous refte feulement à connoître de quelle maniére ces animaux peuvent fe trouver dans ces pierres. Il y a apparence que ces bêtes vivant le plus fouvent dans la terre, elle a été pétrifiée par les vapeurs ou liqueurs vitrifiantes, où elles fe font trouvées ainfi renfermées, & ont vêcu un tems affez confiderable pour qu'on les ait trouvé encore en vie. Néanmoins il ne faut pas croire que cet efpace de tems puiffe être extrêmement long, mais que l'occafion a voulu, que lorfqu'on a trouvé ces animaux encore vivans, il n'y avoit pas long-tems qu'ils y avoient été renfermez. Quant aux poiffons, dont la raifon eft plus difficile à trouver, je rapporterai feulement ce que le Pere Kirker en dit, ne croyant pas pouvoir en donner de meilleure.

» Dans le tems, dit-il, que la mer eft
» agitée par les vents, (ce qui fe doit dire
» auffi des rivieres qui debordent,) & qu'il
» fe peut faire que parmi le fable & la
» terre il s'y trouve quelques poiffons mê-
» lez, ce fable & cette terre abondant en
» humidité, tout cela, mêlé avec le fel ma-
» rin, qui contribuë à la coagulation,
» étant deffeché par le Soleil, & par l'air,
» cet amas de fable & de terre deffechée
» par dehors renferme les poiffons qui s'y

» trouvent, lesquels se nourrissent pendant
» un peu de tems de l'humidité qui reste
» encore au dedans. Ainsi, si l'on trouve
» ces pierres lorsque ces poissons sont en-
» core vivans, on est étonné de voir un
» spectacle aussi rare que surprenant.

Quand ces poissons se trouvent morts, ces pierres représentent leur image, comme cet Auteur le rapporte en plusieurs endroits de son Livre, & alors on les voit avec étonnement dans ces pierres. Non pas que la nature les ait produites, non plus que de certaines figures peintes, comme celle d'un Crucifix, ou d'autres Saints, dont il rapporte des exemples * ; mais parce que ces figures, par quelque accident ayant été perduës dans la terre, qui s'est dans la suite pétrifiée, elles ont laissé leurs traits & leurs couleurs dans ces pierres ; car il ne faut pas croire que la nature se soit jouée à les former, d'autant que je crois avoir fait voir à l'occasion des pierres qu'on trouve dans la Toscane, qu'il est facile de connoître dans les figures que la nature produit dans les pierres, qu'il leur manque toûjours quelque chose de la perfection & des soins que l'Art employe pour les désigner. Ce que

* Mund. Subterr. pag. 84. & 85. &c.

D d ij

j'ai fait voir encore à l'occasion des langues de serpent & autres pierres qu'on trouve à Malthe, où j'ai montré, après un sçavant Peintre, que ces choses sont provenuës des poissons de la mer voisine. C'est pourquoi il ne faut pas croire que ce soient des caprices de la nature, car cette sçavante Ouvriere qui a formé ces choses les a encore alterées en les pétrifiant, ou s'est servie de l'art pour rendre ses ouvrages toûjours plus merveilleux à ceux qui n'examinent pas la chose telle qu'elle est en effet.

Ce que rapporte M. Ligon de certaines pierres des Barbades, est assez singulier. On trouve dans les sables de petites têtes de Negres de la longueur de deux pouces, avec le front, les yeux, le nez, la bouche, le menton, & une partie du col. » * Je n'ai jamais pû trouver, dit cet Auteur, » aucune racine par où elles puissent croître: » mais je les ai trouvées toûjours seules » dans les sables, sans être attachées à » rien. Ce n'est point aussi un fruit qui » tombe d'aucun arbre, car on n'en voit » point dans l'Isle qui leur ressemble. Elles » sont aussi noires que du Geay, mais » personne ne sçait d'où elles viennent. Je

* Relation des Barbades.

crois que tout ce que j'ai dit jusqu'à préſent ſur les pierres figurées, doit ſuffire pour mettre le Lecteur en état de juger ſainement de ces ſortes de productions. Il ſeroit inutile d'en dire davantage.

Avant de finir ce Chapitre des Pierres Opaques, je veux rapporter encore quelque choſe de particulier ſur ce ſujet, qui convient à mon Hiſtoire. Un de mes amis me fit préſent d'un ſac de pierres minérales, qui étoient très-rondes, & on auroit pû s'en ſervir au lieu de balles pour charger un fauconneau, (car elles n'étoient pas fort groſſes.) En les battant avec le fuſil, elles rendoient beaucoup de feu, & ſentoient fortement le ſoulphre. Je crois que la rondeur qu'elles avoient venoit de la fermentation du ſoulphre avec le ſuc acide de la terre, & que par une ébulition interieure elles avoient acquis cette figure ronde. Il y en avoit quelqu'unes qui ſe tenoient deux & trois enſemble, comme ſi elles avoient été collées. Ce qui venoit ſans doute du ſoulphre terreſtre, qui eſt colleux quand il ſe refroidit. On en trouve dans l'Iſle Eſpagnole, en Amerique, & ailleurs de ſemblables. Elles étoient fort ſemblables à la matiere des marcaſſites.

Il y a encore près de Wiſmar, quantité

de ces pierres fulphureufes, mais elles repreſentent differentes figures. Ce qu'il y a de particulier, c'eſt que quand il pleut ſur cette terre, ſouvent elle prend feu & elle s'éleve & ſe bouleverſe, à cauſé des particules de feu qui ſont dans le ſoulphre, leſquelles ſe dégagent quand l'eau les pénetre. Ce qui arrive auſſi à la chaux vive, laquelle fait boüillir l'eau dont on l'arroſe.

On pourroit dire que les pierres que l'on trouve proche de Gloceſter, qui ont la figure d'étoile, travaillées à miracle, proviennent d'une ſemblable fermentation dans une terre plus molle, & que la chaleur boüillonnante dans le centre, s'eſt répanduë par pluſieurs canaux & par pluſieurs endroits, d'où en ſont reſultées les pointes ces étoilles. Il en vient qui ont la figure de gonds, d'autres celle de ſerpens; & ſi on caſſe la plûpart de de ces dernieres pierres, on y trouve dedans des ſerpens de la même conſiſtance, mais ſans tête. Ce qui peut faire voir que c'eſt une veritable pierre, & non pas un animal pétrifié, s'ils ſont tous de même. Mais s'il y a une tête, il eſt probable de croire, que pendant leur ſommeil la terre s'eſt durcie de maniére, qu'à leur réveil ils n'ont pû ſortir, & ils y ſont restez pétrifiés ; de même que les coquilles pétrifiées qu'on trouve dans la même terre, où sont les choses qui représentent les figures dont nous venons de parler.

Il y a à Venise, un Crucifix peint dans une pierre. Je repéte, qu'il n'est pas difficile de croire, que quelque figure peinte se soit perduë dans la terre, & que cette terre s'étant pétrifiée dans la suite, l'image & les couleurs du Crucifix y soient restées imprimées. C'est ainsi que plusieurs figures differentes ont pû être formées, comme l'experience l'a fait connoître de quelques-unes. A moins qu'on ne veüille dire, que cela soit arrivé comme dans les pierres de Florence, où on y voit plusieurs choses assez bien représentées ; mais où il y a toûjours quelque chose d'imparfait, parce que la nature sans art a imité en partie l'art des hommes.

Il y a beaucoup d'albâtre dans la Russie Noire ; & les portes de l'Eglise des Jesuites de Prague, sont faites d'une pierre, qui, à la premiere vûë, paroît absolument du bronze.

Dans les montagnes d'Argentaro, qui traversent la Gréce, & lesquelles vont se joindre au Mont-Taurus, il y a tant de Jaspe & de Calcedoine, que quelquefois les Villes & les Villages ne sont bâtis que e ces pierres.

Il y a en Alsace, dans un lieu près de Strasbourg, beaucoup de pierres d'Agathe, qui ne sont pas cependant si belles que celles qui viennent d'Orient. Et en Angleterre il y a une espéce d'Agathe bitumineuse, qui brûle dans l'eau comme la chaux vive; & si on frotte cette pierre, elle tire la paille & autres corps legers, comme le fait l'Ambre. Ce qui est commun aux substances bitumineuses, soulphreuses, & autres semblables.

Le Marbre de Paros a été autrefois fameux : il en vient de même ailleurs, & sur-tout celui de Carare, comme nous l'avons dit, répare la perte de celui de Paros, qui est à present entre les mains des Turcs, aussi-bien que toute la Gréce. Il y a aussi des grottes dans l'Isle de Paros avec toutes sortes de figures; soit qu'elles s'y soient formées par végetation, ou bien par l'eau qu'on voit distiler à travers les fentes des rochers. Les Echos y font un grand tintamarre, quand c'est une grande voix qui les forme. Il y a aussi des mines d'Aiman, & cependant la boussole ne varie pas dessus. Il est vrai que cet Aiman est très-foible.

En Franche-Comté, on trouve des mines de pierres, où il y a quantité d'arbres, d'oiseaux, & autres choses peintes par la nature. Elles font affez femblables à celles de Florence dont j'ai parlé, & defquelles on fe fert pour orner des tables & des cabinets: mais il faut confiderer, que parmi un grand nombre de pierres de rebut, où ces figures font informes, on choifit les plus belles pour fatisfaire la curiofité. Dans les nuës, comme j'ai dit, on voit fouvent auffi toutes fortes d'animaux, quand on y regarde avec attention.

On trouve proche de Nantes & auprès du lac de Grand-lieu, des langues de ferpent comme à Malthe, & des crapaudines, qui font les pétrifications de quelque poiffon, ainfi que je l'ai dit de celles de l'Ifle de Malthe.

* Dans une Ifle de Groënland, qui eft appellée *Reyatfen*, à caufe de la quantité de Rénes dont elle eft remplie, il s'y trouve une efpéce de pierre nommée *Talguestein*, fi forte que le feu ne la pénetre pas & ne peut la confumer, & néanmoins elle eft fi douce à couper, que l'on en fait des vafes pour boire, des chaudieres, & des cuves qui contiennent dix ou douze tonneaux. Je croirois trèsfort que cette pierre pourroit être en quelque maniére de la nature du Talc, qui

---

* Relation de Groënland, pag. 38. 39.

réfifte fortement au feu, & cependant qui céde facilement au fer.

On trouve la pierre Hematite en Catalogne, près de Rubricon, & elle eft fort bonne pour les hemorragies. Il y vient auffi de l'Albâtre tranfparent très-beau, & dont on fait dans la ville de Seravalle des vitres très-belles. Peut-être que c'eft de la pierre fpeculaire & non pas de l'Albâtre.

Dans le Royaume de Valence, il vient auffi de l'Albâtre, & plufieurs autres pierres précieufes.

Mais qui voudroit faire l'hiftoire de tous les lieux où naiffent diverfes pierres, ennuyeroit, & il ne finiroit pas. Il fuffit de dire, que par-tout où la terre eft difpofée d'une certaine manière à former le fuc pétrifiant, il s'y forme des pierres, lefquelles font auffi de diverfes couleurs, fuivant la difpofition des terres, & du fuc pétrifiant qui s'y trouve.

J'ajoûterai encore ici pour la curiofité, le poids de quelques pierres Opaques, fuivant ce que l'illuftre Boyle nous marque. Il dit donc : que le marbre blanc dans l'eau, eft comme 2 & fept dixiémes à ladite eau.

Le Lapis Hematis, qui n'eft pas fi dur que le marbre, comme 5 & un feptiéme à 1.

L'Aiman, comme 4 & 2 dixiémes à 1. quoique toutes les pierres d'Aiman ne soient pas égales en pesanteur, à cause du plus ou moins de fer.

La pierre Calaminare, comme 4 & deux dixiémes à 1.

La Tutie, presque 5 à 1.

Il y a des pierres dont on tire des liqueurs, comme du Gé, lequel pese comme 1 & vingt-deux cientiémes à 1. d'eau ; il y en a même qui est plus leger que l'eau, quoique le Gé soit rempli de substance métallique, mais sulphureuse. J'ajoûterai aussi, qu'on sçait que tout le Succin se résout en huile.

Il est tems de finir ce Chapitre, pour parler des pierres Transparentes, plus précieuses & plus rares que les pierres Opaques.

CHAPITRE IV.
Des Pierres transparentes.

QUANT aux Pierres précieuses transparentes, je suis porté à croire que ces pierres ont un semblable principe; c'est-à-dire, la même cause de coagulation qu'ont les Pierres Opaques. Je croirois donc volontiers que ces pierres ne sont autre chose que de l'eau coagulée & durcie par des vapeurs, ou par la substance même du suc pétrifiant. La vapeur de ce suc pétrifiant est formée par des sels; & on les sent (je crois) quelquefois dans les grands froids des hyvers, où ils sont capables de geler & de faire mourir les hommes & les plantes, ce qui est encore plus manifeste dans les pays proche du Pole. C'est pourquoi, au rapport des Hollandois, la nouvelle Zemble est toute bordée de faux diamans, ou de cristal. Peut-être que ce n'est que de la glace fort dure, qui se fondroit au feu, & non pas au soleil, qui n'est pas assez fort dans ce pays-là.

Quelquefois le même suc pétrifiant se dessèche jusqu'à consistance de pierre. Et je crois que leurs couleurs ne viennent que des differentes fumées minérales, qui se font mêlées avec l'eau congelée.

Pour donner une idée plus claire de ma pensée, je crois qu'on peut dire, que toutes les pierres Transparentes ne sont que du cristal, plus ou moins dur, differemment teint par les vapeurs minerales.

Si je puis bien expliquer la formation du cristal, on entendra facilement tout le reste.

Premierement, ce qui me fait croire que le cristal n'est autre chose que de l'eau fortement congelée, c'est la ressemblance qu'il a avec la glace, quoique Boëtius paroisse contredire cette proposition.

» Quelques-uns, dit-il, croïent que l'eau
» est la matiére du cristal, & que la glace
» gardée long-tems dans les montagnes froi-
» des, se convertit enfin en cristal, ce-
» pendant ils se trompent, &c.

Mais je dis, que je ne sçais pas, s'il ne se trompe tout-à-fait lui-même sur tout; car je tiens avec raison, que l'eau est la matiére du cristal, non pas toute seule, mais mêlée de quantité de particules salines, suffisantes pour la coaguler & la durcir: Ou bien Boëtius nous dira, quelle est la vraïe matiére qui forme le cristal. Or nous voyons que l'eau se coagule en forme de glace par le sel nitre de l'air, car il ne peut y avoir d'autre cause de la neige & de la grêle, qui se forme dans la moyenne région de l'air. Et d'autant qu'il y a de la glace, de la neige, & de la grêle, dont l'une est plus dure que l'autre, & qui se conserve plus ou moins long-tems sans se fondre, il y a lieu de penser que cette différence vient du plus ou moins de sel, qui est mêlé avec l'eau & qui la durcit. Je suis donc porté à croire que l'eau qui forme le cristal & les autres pierres Transparentes est si pleine de sel, qu'il peut non-seulement la coaguler en forme de glace, ou de grêle, mais de pierre fort dure, n'y ayant que la substance terrestre qui prédomine dans le sel, qui puisse donner la consistance & la sécheresse à l'eau.

Je crois donc volontiers, que lorsqu'un *sel extrêmement subtil, pur & transparent*, est mêlé intimément avec les plus petites particules de l'eau, alors l'eau devient sèche & consistante comme le même sel, & d'autant plus dure, qu'il y a davantage de ces particules salines terrestres dans sa composition; que s'il n'y en a pas une quantité suffisante pour se joindre à toutes les plus petites particules humides, alors cette eau coagulée se fond, évaporant avec elle les particules du sel volatil qui est dans l'eau.

Dans ce sens il est vrai, ce que dit Boëtius, que la glace qui demeure long-tems en des lieux froids ne se convertit pas toûjours en Cristal, comme quelques-uns ont cru, car cela n'arrive pas, comme je l'ai dit, à moins qu'une quantité suffisante de sel & des particules les plus minces de la terre ne soient mêlées *per minima* avec l'eau. Ce qui peut néanmoins arriver quelquefois, par la dissipation insensible de l'eau, qui dans la simple glace est fort superieure au sel, & ce n'est que dans le cas où le sel est tant soit peu superieur à l'eau qu'il la peut durcir.

Nous voyons même que le Cristal qu'on appelle de *Roche*, se forme ordinairement de la glace qui se fond, & qui passe à travers des montagnes, où elle se charge encore des plus petites particules de la terre, qui contribuent à la production de ces Cristaux, dont les grottes & les cavernes de ces montagnes sont ornées; ou bien, quand elle n'est pas assés chargée de sel terrestre, en coulant vers la terre, elle forme ces culs de lampes, qui n'ont pas tout-à-fait la consistance cristalline, & qui sont souvent de couleur trouble, parce que la terre qui s'est jointe avec l'eau n'étoit pas assés déliée, & parconséquent peu propre à s'unir avec les plus petites particules de l'eau. Ce font ces culs de lampes criftallins (dont nous avons parlé dans la defcription de la grotte d'Arci *, & qu'on voit en beaucoup d'autres lieux femblables) que les Latins appellent *Fluores*, parce qu'ils proviennent d'une eau qui fluë à travers la terre, & qui n'a pas acquis la dureté du Criftal.

Pour le dire en peu de mots, je crois que le Criftal, auffi-bien que toutes les autres pierres tranfparentes font formées par l'eau, avec les plus petites parties de laquelle fe font mêlées des particules très-fubtiles de fel, de maniere qu'il n'y a aucune partie de l'eau qui ne foit jointe à une autre particule de terre ou de fel, lequel, comme je l'ai montré, n'eft autre chofe qu'une eau mêlée intimement avec la fécherefle terreftre, de forte que l'on peut dire que le fel eft le principe feminal de la pierre, & une fubftance homogene au Criftal & à toutes les pierres tranfparentes, auffi-bien qu'aux opaques, comme on l'a dit ci-devant. N'y ayant aucune difference des unes aux autres, finon que les pierres opaques contiennent plus de terre groffiere, & les tranfparentes

* Dans la deuxiéme part.

n'ont

n'ont qu'un sel très-subtil, très-pur, & très-transparent, comme on le remarque dans le sel gemme. En un mot, la glace a trop de ressemblance avec le Cristal, pour croire qu'il y ait aucune autre différence que le plus ou moins de sel qui se mêle avec l'eau, & qui arrête entierement sa fluidité.

J'ai un morceau de rocher, a travers lequel l'eau a pû s'écouler & se coaguler en Cristal. Et il est remarquable que cette eau coagulée affecte toûjours la figure exagone, semblable à celle du salpêtre. Ce qui pourroit faire croire que le salpêtre, qui coagule l'eau dans l'air en forme de neige ou de grêle, seroit aussi la cause de la coagulation du Cristal. Cette opinion paroît se prouver assés évidemment, en ce que la partie superieure du Cristal la plus pure & la plus libre, prend elle-même cette forme; mais celle qui est attachée au rocher étant contrainte par la terre, ne peut se figurer entierement comme la partie superieure, & pour cela elle n'a que des figures irrégulieres & incertaines, dépendantes en partie de la terre où le Cristal est attaché. La figure exagone s'accomplit, dit Boëtius, lorsque quelques parties du mixte sont ou plus subtiles, ou plus carrées, ou en quelqu'autre maniere differente des autres; car elles sont repoussées aux angles, ou bien elles ne cherchent pas à s'unir au centre si-tôt que les autres molécules, & de cette maniere, en se coagulant, elles forment la figure exagone.

Il y a encore une autre preuve ; c'est que le Cristal, par certaines operations chimiques, se dissout entierement en eau. Ce qui paroît conforme à cette regle generale, que les corps sont composés des mêmes principes dans lesquels ils se resolvent. On peut voir dans Boëtius *, la maniere de résoudre le Cristal en liqueur par l'eau d'ortie, après l'avoir auparavant bien calciné avec du soulphre.

Il faut donc établir ce principe naturel & constant, que l'eau ne peut pas perdre sa fluidité, sans le mélange de la sécheresse, que nous avons dit être des corpuscules très-subtils, & invisibles. Ce qu'on voit tous les jours par une experience grossiere, que l'eau mêlée avec la terre forme la bouë, qui est plus ou moins liquide, suivant qu'il y a plus ou moins de terre ou d'eau dans ce mélange ; mais cela se remarque encore mieux dans le mélange de l'eau & du plâtre. Il en est de même de la farine & de l'eau, qui forment ensemble une espéce de colle ou de pâte, qui devient dure lorsque la chaleur de l'air, ou du feu, en a exprimé l'humidité qui la rendoit encore molle.

* Pages 282., 283., & 284.

DE L'UNIVERS. 331

Mais quelqu'un pourroit dire que cela montreroit que dans la matiere du diamant & des autres pierres Orientales, qui sont fort dures & très-séches, la terre domine en elles & non pas l'eau. A quoi je réponds, que le sel qui rend les pierres dures, est lui-même composé (comme on l'a vû) d'eau & de terre, qui forment un corps transparent. De maniere que quoique les pierres transparentes tirent leur dureté & leur sécheresse de la matiere saline; cependant ce même sel, comme je l'ai déja dit, n'est lui-même que de l'eau où la terre est très-peu dominante. D'où l'on peut conclure que la matiere du Cristal est l'eau mêlée avec les particules les plus subtiles du sel, qui en grande partie est eau, & c'est ce qui fait la transparence de la pierre, par les raisons déja dites en expliquant la nature du corps transparent.

Au surplus, je ne suis pas éloigné de croire que dans les montagnes où il y a une glace perpetuelle, il ne se puisse former du Cristal, par une insensible & lente consumation des particules humides superfluës que l'air enleve. Et de fait, on m'a assûré (quoique je n'assûre que ce que j'ai vû) que parmi ces glaces on trouve quelquefois du Cristal, qui peut-être s'est formé autrement. Il y a même dans une

E e ij

montagne des Alpes, qu'on appelle *Monte Roffo*, ou Mont-Rouge, des mines de Criftal de Roche, que je crois qui fe forme de cette eau glacée qui fe crible à travers de cette montagne, dont la terre contient apparemment des particules terreftres très-fubtiles, & propres à fe méler intimement avec les plus petites molecules de l'eau. On tire beaucoup de Criftal en Catalogne, des montagnes de Nutie, & des rochers de Cadinet. Il y en a dans le Dauphiné, qui eft mêlé avec l'or, dont je parlerai. Enfin il y a peu de montagnes & de rochers, à travers lefquels l'eau puiffe fe filtrer, qui ne forment du Criftal plus ou moins parfait & dur, & plus ou moins tranfparent, fuivant que la terre ou l'eau fe filtre eft plus ou moins fubtile. Je crois inutile de raconter tous les lieux où le Criftal fe forme. Il fuffit de dire que c'eft en une infinité d'endroits & en tous climats.

Si j'ai bien expliqué la formation du Criftal, on entendra facilement celle des autres pierres tranfparentes, & il n'y a d'autre difference que dans le plus ou le moins de dureté : car le diamant ne differe du Criftal que par la dureté, & il y a même plufieurs lieux qui produifent des Criftaux plus durs que le Criftal commun, & aufquels on donne le nom de diamans. Il y a aux environs de Rome, proche d'un lieu appellé la Tolfa, une mine de ces diamans qui sont assés beaux. Et je ne puis pas obmettre que la Tolfa est le même lieu où j'ai dit que l'on fait l'Alum; de manierequ'il semble que le sel de cette nature pourroit aussi entrer, & plusieurs autres semblables, dans la formation de ces faux diamans. Il y a en France plusieurs endroits où l'on trouve de ces pierres fausses. Celles d'Alençon sont renommées, comme aussi celles de Medoc. On tire de belles pierres, qu'on colore diversement aux confins de la Tourraine & du Poitou; on les trouve dans des cailloux qui renferment l'eau coagulée. Il en vient aussi en plusieurs autres lieux, comme en Bohéme, en Silesie, en Angleterre & en diverses parties du monde, mais qui ne sont pas comparables à ceux d'Orient, qui sont les seuls vrais diamans, & dont je me sens obligé de faire la description, d'autant qu'elle peut donner quelque lumiere à la formation des autres pierres.

Je me servirai pour cela du rapport de Tavernier, qui a fait plusieurs voyages aux Indes & dans les endroits où sont les mines de diamans, & qui par conséquent a pû observer exactement tout ce qui pouvoit donner des lumieres à sa profession(*), c'est pourquoi il est probable qu'on peut le

* Il étoit Joüaillier.

croire mieux qu'un autre.

„ Il y a quatre Mines de Diamans, (*) la
„ premiere mine est au Royaume de Visa-
„ pour, dans la province de Carnate, ap-
„ pellée la mine de Raolconde. Tout autour
„ du lieu où se trouvent les diamans, la
„ terre est sablonneuse & pleine de rochers
„ & de taillis, à peu près comme les envi-
„ rons de Fontainebleau. Il y a dans ces
„ rochers plusieurs veines ou crevasses, tan-
„ tôt d'un demi doigt & d'un doigt de
„ large, où les Mineurs enfoncent & fou-
„ rent de petits fers crochus par le bout,
„ pour en tirer le sable, où la terre, qu'ils
„ mettent dans des manequins, & c'est en-
„ suite parmi cette terre que l'on trouve
„ les Diamans. Mais parce que ces veines
„ ne sont pas toûjours droites, & que sou-
„ vent elles montent ou descendent, ils
„ sont contraints de casser les roches, en
„ suivant néanmoins toûjours la trace des
„ mines; & quand elles sont toutes ouvertes,
„ & qu'ils ont ramassé toute la terre qui
„ pouvoit y être, alors ils se mettent à la
„ laver par deux ou trois fois, & ils cher-
„ chent parmi cette terre ce qu'il peut y
„ avoir de Diamans. C'est à cette mine de

* Premiere Mine de Diamans.

„ Raolconde qu'on trouve les pierres les
„ plus nettes; mais le mal est que pour tirer
„ plus facilement le sable de ces roches,
„ l'on donne de grands coups de leviers de
„ fer, qui étonne les diamans & y met des
„ glaces.

„ Les Marchands, ajoûte-t'il, aiment
„ mieux un point noir qu'un rouge dans
„ une pierre. Car le rouge en brûlant la
„ la pierre devient noir, & le noir s'en va
„ souvent au feu.

Je veux à propos de cette mine, faire l'histoire d'une montagne du Dauphiné dans laquelle se forme le Cristal de roche, qui pourra donner quelque idée de la maniere dont se forment les Diamans dans les fentes de ces roches de Raolconde, puisque nous avons dit qu'entre le Cristal & le Diamant il n'y a de difference que dans la dureté; ce qui non seulement éclaircira ce que je dis du Diamant, mais donnera encore plus de lumiere à ma proposition. Dans la montagne de Villar-Aimon, aux extrémités du Dauphiné, il y a, entre deux roches, un sillon large d'environ six pieds. Le fond de ce sillon est d'une pierre blanche comme du marbre, quoique pas si dure. Et il faut concevoir que ce fond de marbre n'est pas par tout égal comme une planche, mais en divers endroits il est creux & inégal.

C'est des deux côtés de ce marbre que le Cristal sort comme des branches d'herbes qui viennent à une muraille, en divers figures, sans pourtant se joindre ensemble par les deux extrémités ou pointes, comme j'ai tâché de le représenter dans la Figure*. AAA est le Cristal, qui ne sort pas immédiatement du rocher, mais du sillon de marbre; & B est un creux qui se trouve dans le sillon de Marbre, qui continuë ainsi entre deux rochers la longueur d'une lieuë & plus. Et notez comme une chose importante, que quelquefois, & non pas toûjours, le Cristal s'éleve comme une plante du fond de ces trous de marbre, aussi-bien qu'ailleurs, comme si ce Cristal vegetoit. Il y a de plus à remarquer, c'est que ce Cristal est enterré dans une terre grasse, rouge comme le cinabre, qui le cache aux yeux & qui le nourit; mais les paysans qui connoissent les lieux où vient le Cristal, le déterrent & le lavent pour le vendre.

Ce qu'il y a encore de plus curieux dans cette montagne, c'est qu'outre ce Cristal, il sort de la même pierre plusieurs branches d'or très-fin, que les paysans grossiers qui cherchent le Cristal, jettoient comme chose inutile, la neige & les pluïes ayant terni la splendeur de la superficie de l'or, jusqu'à ce qu'un paysan plus curieux en

* Voyez la quatriéme Figure.

donna une demie-livre à son Curé qui alloit à Grenoble, afin de le faire examiner par un Orfèvre, qui en le faisant fondre trouva un or très-fin, qui rendit poids pour poids. Depuis peu de tems * M. le Duc de Bourbon, Sur-Intendant des Mines de France & premier Ministre de nôtre jeune Roy Loüis XV. y a mis un garde, avec défense aux paysans d'en approcher sous peine de punition. J'ai vû de cet or, & un de mes amis, très-habile Mineraliste, m'a fait le récit dont je viens de parler, que je n'ai pas expliqué aussi clairement qu'il seroit necessaire. Mais on peut toûjours comprendre que les diamans qu'on trouve entre les fentes des rochers de Raolconde au dedans de certaine terre, doivent se former à peu près de même, l'eau dont ils sont composés se filtrant au travers des pores des rochers, puisqu'après quelques années, dans les endroits d'où on les avoit tirés, il en revient d'autres. Il est vrai que l'on pourroit dire que l'eau de pluye qui s'engage dans ces fentes, pourroit se coaguler en Diamant, par les vapeurs salines qui exhalent de ces rochers; cependant il ne paroît pas probable que dans un pays si chaud que celui-ci, qui est proche de la Zone Torride, cette coagulation se puisse faire facilement, & je serois plus porté à croire

* En 1725. *Tome II.* F f

qu'elle se fait de la maniere que nous avons vû que le Cristal se forme dans les rochers du Dauphiné, qui ne sont pas les seuls qui le produisent de même; mais, à ce que m'a dit le même homme, très-habile & qui est naturel du Tirol, dans les montagnes de ce pays & celles des Suisses qui sont voisines, le Cristal de roche se forme à peu près comme je viens de le dire. Ce qui pourra corriger, si j'ai dit quelque chose qui n'est pas juste sur la formation du Cristal.

Je ne puis pas m'empêcher de me recrier contre ceux qui disent que l'ame vegetale des Peripateticiens est une ancienne fable. *Antiquatam Peripateticorum fabulam. Car il faut bien qu'il y ait une substance agente qui meuve cette eau, & même qui la pousse en haut en forme vegetable. Qu'on appelle cette substance, chaleur, feu central, air, matiere subtile, ou de tel nom qu'on voudra; les Peripateticiens l'ont appellé Ame vegetale, parce qu'elle fait l'effet de faire croître & vegeter. Ce n'est pas une fable des anciens Peripateticiens, Decartes & les Cartesiens, comme apparemment étoit Guisoni, auront beau faire, sans leur matiere subtile qui meut, ils ne pourront faire aucune vegetation, ni former

* Lettre de M. Pierre Guisoni, à M. Bocconc.

rien des choses qui existent. Mais il semble qu'ils ont une espéce d'aversion & d'horreur de prononcer le mot d'ame, entêtés qu'ils sont qu'il n'y a point d'agent vegetable ni sensible que l'homme. Au reste, en voilà assés sur ce point, qui ne tend qu'à faire voir que l'ame vegetable qui pousse le Cristal en branches, soit par les pores subtils de cette pierre ou de son fond, est un agent semblable à celui à qui Decartes fait tout faire & qu'il nomme matiere subtile, que les Peripateticiens disent être encore plus subtile que celle des Cartesiens, puisqu'elle est leur matiere premiere incorporelle. Mais revenons aux mines de diamans.

Deuxième Mine.

„ La 2e mine est à sept journées de Golgonde, tirant droit au Levant, & cette mine de diamans est appellée *Gani*. Elle est proche d'un gros bourg par où passe la même riviere, que je traversai (dit Tavernier) en venant de l'autre mine. A une lieüe & demie du Bourg, il y a de hautes montagnes qui forment une espéce de croissant. Cet espace qui est entre le bourg & les montagnes est une plaine, où est la mine où l'on trouve les diamans.

„ Plus on cherche en tirant vers la monta-
„ gne, plus on trouve de grosses pierres;
„ mais quand on monte trop haut, on ne
„ trouve plus rien.

„ Il y a environ 500 ans que cette mine a
„ été trouvée par un pauvre homme, qui
„ en bêchant trouva une pierre, & comme
„ elle luisoit un peu, il la fit voir à Gol-
„ gonde à un homme qui par hazard s'y
„ connoissoit.

„ C'est dans cet endroit que l'on trouva
„ la grosse pierre du Grand Mogol.

„ Mais si cette mine est considerable par
„ les grandes pierres, le mal est que d'or-
„ dinaire elles ne sont pas nettes, & que
„ leur eau tient de la qualité du terroir où
„ elles se trouvent; si le terroir est ma-
„ récageux & humide, la pierre tire sur le
„ noir ; & d'autant que du bourg à la
„ montagne il y a divers terroirs, il y en a
„ qui tirent aussi sur le rouge, & ainsi des
„ autres endroits, tantôt sur le blanc,
„ tantôt sur le jaune. Sur la plûpart de ces
„ pierres, après qu'elles sont taillées, il
„ paroît toûjours comme une espéce de
„ graisse, qui fait que l'on porte incessam-
„ ment la main au mouchoir pour l'essuyer.

„ On cherche les pierres dans cette mine,
„ d'une maniere toute differente que dans
„ celle de Raolconde. Après que les mineurs

« ont reconnu la place où ils veulent tra-
» vailler, ils applaniſſent tout proche un
» autre endroit de pareille étenduë, &
» même un peu plus grande, autour duquel
» ils font une enceinte de muraille d'environ
» 2. pieds de haut. Autour de ce mur, ils font
» de deux pieds en deux pieds, des ouver-
» tures pour faire couler l'eau, leſquelles ils
» ferment juſqu'à ce qu'il ſoit tems que l'eau
» coule. Ils foüillent après juſqu'à dix ou
» quinze pieds de profondeur, mais dès
» qu'ils trouvent l'eau il n'y a plus rien à
» eſperer. On apporte toute la terre qu'on
» a tirée dans l'endroit dont nous venons
» de parler, & alors tant hommes que
» femmes & enfans y portent de l'eau, qu'ils
» jettent ſur cette terre pour la détremper,
» la laiſſant ainſi un jour ou deux, ſelon
» la dureté de la terre, juſqu'à ce qu'elle ſoit
» comme de la boüillie. Cela étant fait,
» ils ouvrent les trous de la muraille &
» font couler l'eau. Ils en jettent d'autres
» juſqu'à ce que tout le limon s'en aille,
» & qu'il ne reſte que du ſable. Ils le laiſſent
» ſécher & ils le criblent enſuite comme
» nous faiſons le bled, pour faire en aller
» la pouſſiere. Ils étendent le gros qui reſte
» ſur la terre, le plus uniment qu'ils peuvent,
» & tous avec un billon de bois, comme
» un pilon, large par en bas d'un demi-

» pied, ils en battent la terre, allant d'un
» bout à l'autre par deux ou trois fois ;
» après quoi ils remettent le sable dans les
» paniers, & ils le vannent comme la pre-
» miere fois, puis ils l'étendent & com-
» mencent ensuite par un des bords à cher-
» cher les diamans.

» On ne faisoit point de difficulté autre-
» fois d'acheter des diamans qui avoient
» l'écorce ou superficie verte, parce qu'étant
» taillés ils étoient blancs, & de belle eau.
» * Mais comme depuis 20 ou 30 ans on
» avoit découvert une mine entre Colour
» & Golgonde, dont les diamans étoient
» de cette couleur & se brisoient à la rouë,
» le Roy de Golgonde la fit fermer, pour
» ne pas décrier les autres qui sont bonnes.

Troisiéme Mine.

» La troisiéme mine, la plus ancienne
» de toutes, est au Royaume de Bengala ;
» son nom est *Soumelipour*, qu'elle tire d'un
» gros bourg où l'on commence à chercher
» les diamans, qu'on trouve dans le sable
» d'une riviere qu'on appelle *Goual*. Cette
» riviere passe au pied de ce Bourg, &
» elle vient de hautes montagnes, qui sont

* Il écrit en 1660.

,, du côté du midi. Voici comme on y
,, cherche les Diamans. Après que les gran-
,, des pluyes sont passées, ce qui arrive
,, d'ordinaire au mois de Décembre, on
,, attend encore le mois de Janvier, afin que
,, la riviere soit éclaircie, parce que dans
,, ce tems-là elle n'a pas plus de deux
,, pieds; & qu'elle laisse beaucoup de sable
,, tout découvert. Vers le mois de Février,
,, il y vient des gens de tous côtés pour
,, y travailler. Ceux qui sont experts con-
,, noissent si dans le sable il y a des diamans,
,, & cela quand ils voyent parmi ce sable
,, de petites pierres semblables à celles que
,, nous appellons de Tonnerre. On com-
,, mence à chercher depuis le bourg, en
,, remontant vers la montagne d'où ces
,, pierres sortent, & qui est éloignée de Sou-
,, melipour d'environ 50 côtes.* Aux en-
,, droits où l'on croit qu'il y a des diamans,
,, on tire le sable de cette maniere. D'abord
,, on entoure ces lieux avec des pieux,
,, comme quand on veut faire l'arche d'un
,, pont, pour sécher la place. Après cela
,, on en tire le sable, & on ne fouille tout au
,, plus qu'à la profondeur de deux pieds.
,, Ce sable est étendu ensuite sur une place

* Mesure du Mogol qui fait certaine quantité
de lieües.

» préparée, entourée d'une petite muraille,
» & on le lave comme on a dit du précé-
» dent. Les belles pierres qu'on appelle
» *Pointes naïves* viennent de là, mais rare-
» ment on en trouve de grandes. (Je crois
que la riviere n'empore avec elle que les
plus petites.) » On croit que cette mine est
» perduë, parce qu'on ne voit plus de ces
» diamans en Europe, mais ç'a été à cause
» des guerres qui ont troublé ce Païs.

Quatriéme Mine.

» La quatriéme mine se trouve dans l'Isle
» de Borneo, qui est la plus grande Isle du
» monde. Il y a une riviere appellée Succa-
» dary, dans le sable de laquelle on trouve
» aussi de belles pierres, & qui ont la mê-
» me dureté que celles de la riviere de
» Gouel, & des autres mines. Les pierres
» sont cheres à cause que la Reine (ce sont
» les femmes qui gouvernent le Royaume,
» pour être sûres que leurs Souverains sont
» du sang Royal) ne veut pas que les
» étrangers en emportent. De maniere qu'il
» n'en sort que peu, & en cachette. Voilà
ce que Tavernier nous dit des Mines de
diamans qu'il a vûes, & il croit qu'il n'y
en a point d'autres dans le monde.

Par où il me semble que l'on peut voir

que non seulement les diamans se tirent des mines en differentes manieres, mais qu'ils se reproduisent par succession de tems. Car il est certain que dans la mine de Raolconde, en laissant les endroits, où l'on a tiré autrefois les diamans, quelques années sans y foüiller, on y en trouve d'autres dans la suite, qui sont formés de la maniere que j'ai dit, ou autre semblable. On en tire aussi en quelques lieux de la Chine; & depuis peu on a découvert en Catalogne, des pierres de couleur verte, & de violettes comme les Ametistes.

Je ferai ici une courte digression, qui ne sera peut-être pas tout-à-fait hors de propos. Je veux dire que cette régénération des diamans, que nous voyons en plusieurs autres choses, comme par exemple dans le charbon de terre que l'on tire depuis tant de siécles des montagnes d'Ecosse, & à la Chine depuis plus de 4000 ans sans qu'il manque, & même de quelques montagnes ou carrieres d'où l'on a tiré incessamment du sel ou des pierres, qui comme je l'ai dit, reviennent & continuent tant que l'humidité ne manque pas; cette régénération, dis-je, a donné occasion à plusieurs Philosophes de croire que dans l'air il y a certaines semences universelles de toutes choses, qu'ils appellent *Pansper-*

mia, qui signifie semence universelle, lesquelles semences se condensant dans la terre font ces reproductions, chose que je ne veux pas tout-à-fait nier. Mais je croirois plus volontiers aussi, que dans certaines terres il y a une essence seminale de la chose, propre à faire cette reproduction, & qui peut transmuer les éléments dans sa propre nature par la force de cette vapeur seminale, qui réduit tout & change tout dans sa propre substance quand elle est forte : ce que l'on voit visiblement dans les Magisteres chimiques, où une liqueur essentielle change facilement en sa nature, tout ce qui a quelque convenance & similitude. Mais ces choses ne sont pas trop bien entendues, par ceux qui ne sont pas stilés dans la parfaite chimie. Et d'autant que j'en ai parlé au long dans l'abrégé de la doctrine de Paracelse, j'y renvoye ceux qui ont une connoissance de l'Art, & qui sont capables d'entendre : Que l'esprit seminal du charbon de terre transmuë les élemens en sa nature, comme l'esprit petrifiant des diamans coagule l'eau en ces pierres précieuses, ou en une autre chose, suivant la nature de la semence. Cela suffira pour à présent sur cette matiere, qui sera éclaircie par plusieurs experiences dans le cours de cette histoire.

Mais pour revenir aux pierres précieuses, nous ne sçavons pas que l'on tire le vrai diamant d'autres mines, que de celles dont nous avons parlé, qui sont dans le Royaume de Golgonde & dans les montagnes contigues de celui de Visapour, qu'Aureng-Zebe Empereur du Mogol a ajoûtés à son empire le siécle précédent. Tavernier, qui a été six fois sur les lieux, rapporte qu'on le tire des roches de ces montagnes, de la maniere que j'ai dit. C'est dans quelques-uns de ces morceaux de rochers, & non en tous, que l'on trouve les diamans; ce qu'on connoît à la forme exterieure & à quelque clarté, & surtout à la figure qui approche de celle du diamant, qui tire à l'Exagone. Comme moi-même j'en ai vû quelques-uns qui étoient encore si brutes, qu'on ne voyoit rien de clair, mais qui étoient tout-à-fait envelopés de pierre. Je crois qu'on peut attribuer à la chaleur du climat la subtilisation du sel qui coagule le diamant, & qui le desseiche plus fortement qu'en d'autres pays, car le vrai diamant est extrêmement sec : ce qui se voit, en ce qu'il est impossible de le fondre, sans y ajoûter quelques sels subtils. Cependant j'en ai vû fondre par un de mes amis, dont j'apris le secret, qui croyoit de plusieurs petits diamans fondus ensemble, en pouvoir faire un fort gros, & gagner beaucoup par ce moyen : à la verité les diamans se fondirent comme il le désiroit & il s'en fit un plus gros; mais les sels qui s'y étoient mêlés l'avoient rendu d'une fort vilaine couleur, plus tendre, & presque sans éclat; de sorte qu'il perdit la dépense faite dans l'achat des petits diamans, avec la peine qu'il avoit prise pour les faire fondre à un feu terrible.

» Il faut remarquer, dit Tavernier, qu'en » laissant quelqu'années de repos aux mines » dont on a tiré les diamans, on en trouve » d'autres dans la suite : marque d'une nouvelle reproduction.

La poudre de Diamant, suivant les observations du sçavant medecin * Schenckius, n'est pas un poison comme on le dit communément, car l'experience de plusieurs montre le contraire, & même on prétend qu'elle est bonne pour guérir certaines maladies, surquoi on peut consulter Boëtius, qui parle des vertus & propriétés du diamant.

Il dit aussi qu'il a eu connoissance familiére d'un Medecin, qui se vantoit par un artifice singulier, de pouvoir mettre

Observat. Medic. pag. 915.

facilement un Diamant sur la pointe d'une aiguille, & qu'il pouvoit diviser avec les ongles quelque Diamant que ce fût en diverses écailles, à la façon de la Pierre speculaire. Ce que je n'ai pas de la peine à croire, puisque j'ai vû un Ouvrier *, dans la Place Dauphine à Paris, qui coupoit les Diamans comme des pommes, avec un instrument d'acier très-fin, & je lui ai vû couper un gros Diamant, qui devoit servir à faire des boutons de manches égaux pour Loüis XIV. Cet homme disoit, ce que les autres de sa Profession affirmoient être vrai, que le Diamant étoit de même que le Talc, ou la Pierre speculaire, formé de plusieurs couches l'une sur l'autre, & qu'en prenant le fil droit de ces couches, on le coupoit & le divisoit très-facilement, sans quoi on étoit en danger de le briser en mille piéces ; & même que lorsqu'on le mettoit sur la rouë, pour lui donner la forme & les facettes ordinaires, il falloit avoir quelque égard à la disposition de ces feüilles ; sinon on se mettoit au hazard de le briser, comme il arrive à des Diamans qui ont des nœuds, c'est-à-dire, qui ne se sont pas congelez en entier au même-tems, lesquels mis

* De Lamarre, Lapidaire.

à la rouë se brisent en plusieurs morceaux, à moins que l'Ouvrier ne soit fort intelligent.

Il n'est pas vrai non plus, du moins à présent, qu'on ne puisse travailler le Diamant qu'avec le sang de Bouc, qui le ramolit, car sa dureté ne cede qu'à lui-même ; c'est-à-dire à la poudre du Diamant, sur laquelle on le fait passer plusieurs jours sur une roüe d'acier qui tourne incessamment, afin de lui donner les facettes & les angles que l'Ouvrier veut qu'il ait. Le seul Diamant reçoit la teinture & l'attache à soi, & elle se fait avec de l'yvoire brûlé & humecté de certaine huile, laquelle teinture étant mise par-dessous le Diamant, elle en releve beaucoup l'éclat. Mais il n'est pas facile de rendre raison pourquoi le seul Diamant reçoit cette teinture, à moins de dire, que c'est à cause que ses petits pores conviennent avec cette poudre d'yvoire, brûlé & mêlé avec cette huile. Et c'est une des plus sûres preuves pour connoître le vrai Diamant, & le distinguer de ceux qui sont faux ; car le veritable Diamant prend cette teinture, & l'unit à soi, & les autres non. Le feu mediocre ne nuit point au Diamant, & même quand il y a quelque petite pointe noire, ou quelque petit nuage sombre, les Joyalliers le laiſſent quelques jours au feu environné de la poudre d'Emeril, & le Diamant en ſort plus beau & plus brillant.

Je veux à ce propos rapporter encore quelques autres obſervations ſur le Diamant, & autres pierres tranſparentes, qui pourront donner quelqu'ouverture à l'eſprit des curieux. Quoique le Diamant par ſa dureté paroiſſe être très-fixe au feu, néanmoins il eſt certain que ſi on le laiſſe long-tems à un feu violent, il diminue peu-à-peu & il s'évapore. C'eſt une vérité que pluſieurs Joyalliers m'ont aſſurée. Un entr'autres, des plus expérimentez & curieux, m'a dit, qu'un certain homme l'ayant aſſuré qu'il pouvoit, par le moyen du feu, rendre clairs tous les Diamans qui avoient l'eau trouble, en ayant fait l'experience, qui conſiſtoit de tenir les Diamans à un feu très-violent un temps aſſez long, elle avoit réüſſi, & on avoit retiré le Diamant fort clair & délivré de toute obſcurité ; mais dans le même-tems il étoit diminué de ſon poids, de plus de la moitié, de manière qu'on perdoit beaucoup plus par le poids, qu'on ne gagnoit par la clarté de la couleur, & que continuant cette experience longtems, la pierre s'en alloit preſque toute en fumée. Ce qui marqueroit non-feulement, que rien ne refifte à la violence du feu continuel, & fort ; mais qu'il y auroit lieu de croire, que le Diamant & les autres pierres tranfparentes, font formées d'eau coagulée. J'ai connu un homme qui fe vantoit (je n'en ai pas vû l'experience) de pouvoir réduire toutes les pierres en liqueur, qui fe pouvoit diftiler. Il eft certain que le fameux Medecin Boot, met dans fon livre du parfait Joyaller, le moyen de réduire le criftal en liqueur, en le faifant diffoudre dans l'eau d'ortie, à laquelle peut-être il ajoutoit quelque chofe qu'il ne dit pas, pour ne point rendre fon fecret commun.

Paracelfe donne auffi, dans fes Archidoxes, une maniére de réduire toutes les pierres tranfparentes en liqueur, mais à fa maniére ordinaire, en rapportant feulement la moitié de ce qu'on doit faire. Ne difant guéres autre chofe, finon, qu'il faut commencer à les calciner & réduire en poudre fubtile, avec le foulphre. A propos de quoi je dirai que j'ai vû un jeune homme, qui avec une poudre que j'ai entre mes mains, dans laquelle je n'ai fçû diftinguer que du foulphre, réduifoit les Rubis en poudre impalpable, dont il difoit fe fervir pour teindre le criftal de

la

la couleur du Rubis Oriental. Ce que je dis pour exciter l'esprit des curieux à faire des experiences utiles, que je n'ai pas le tems ni la commodité de faire.

Je ne veux pas obmettre de parler d'un soupçon que j'ai sur le Diamant, que les anciens estimoient. Je veux dire que ce n'étoit peut-être pas tout à-fait le même que celui que nous avons aujourd'hui, quoique fort semblable dans la dureté & le brillant. Ce qui me le fait soupçonner, c'est que le Diamant dont Pline parle, ne se pouvoit travailler, à ce qu'il dit, qu'en l'amolissant avec le sang de bouc. Or il n'est pas probable qu'un homme de conséquence & aussi curieux, comme étoit Pline, ne sçût pas une si petite circonstance qu'est celle-ci, de la maniere dont les Ouvriers travailloient le Diamant de son tems. Chose que je ne crois pas qui fût un mystére à Rome.

Ajoûtez encore qu'on trouve écrit, que la poudre du Diamant étant avalée, est un poison contre lequel il n'y a point d'Antidote. Cependant, comme nous l'avons déja dit, plusieurs sçavans Medecins, entr'autres Boot, que je cite souvent, disent tous qu'il est faux que cette poudre de nos Diamans soit à présent mortelle & venimeuse, & en aucune maniére malfaifante. Ce qui appuyeroit le soupçon que le Diamant d'aujourd'hui n'est pas le même que celui des Anciens. D'ailleurs nous sçavons que les mines d'à présent sont nouvelles, & entr'autres une de laquelle il n'y a pas cent cinquante ans qu'on tire des Diamans. C'est pourquoi il n'est pas impossible, & même il est probable, que les mines dont les Anciens tiroient leurs Diamans étoient differens, & qu'ils avoient en eux quelque malignité, que ceux d'à présent n'ont point. Quoique je sçache qu'on peut dire, que la malignité de la poudre du Diamant consiste de s'attacher au velouté des intestins, & qu'elle les corrode & les gâte. Il faut donc dire, que la poudre des Diamans modernes est privée de cette corrosion maligne, qui faisoit le venin.

Toutes les pierres Orientales étant long-tems au feu, perdent ou diminuent leur couleur. Les Saphirs qui ne sont pas trop chargez de couleur, la perdent plus facilement, & ils passent à ceux qui ne s'y connoissent pas parfaitement, pour vrais Diamans. J'en ai blanchi une fois un que j'avois, & bien des gens le croyoient Diamant. Mais un autre chargé de couleur, ne fit que perdre la beauté qu'il avoit, sans blanchir tout-à-fait.

Ce qui marque aussi que la couleur

est une fumée survenante. Mais quant au Rubis d'Orient, on ne peut l'alterer, parce que sa teinture vient du soulphre d'or, qui est tout-à-fait inalterable comme l'or.

Il y a encore une autre preuve que la couleur est une fumée minerale, qui est additionnée à l'eau qui forme la pierre colorée. C'est que le fameux Boyle nous dit, qu'avec certaine eau-forte, il tiroit la teinture des Grenats de Boheme, qui devenoit noire comme de l'encre, étant mêlée avec l'eau où on avoit infusé la noix de galles.

Cet Auteur nous fait remarquer aussi, que toutes les pierres transparentes colorées, sont un peu plus pesantes que celles qui ne le sont pas. Comme, par exemple, les Diamans colorez sont plus pésans que les blancs.

Quoique nous ayons dit que les pierres transparentes sont formées d'eau. Cependant toutes ces pierres sont plus pésantes que l'eau, puisqu'elles vont au fond, & que la glace qui est faite d'eau surnage. Mais on peut dire que les pores de la glace sont plus larges que ceux de l'eau, & que ceux des Pierres Transparentes sont plus petits, ayant été condensées en forme de pierre. Ajoûtez encore, que cette

Gg ij

coagulation ayant été faite par l'addition d'une matière terrestre & saline, elles doivent être plus pesantes qu'un égal volume d'eau.

Les plus gros, & au même-tems les plus beaux Diamans qui soient au monde étoient deux du tems de Tavernier, ausquels je crois pouvoir en ajoûter un troisième, que feu M. le Duc d'Orléans, Regent de France, acheta pour le Roy. Le plus beau & le plus gros est celui du Grand Mogol, qui pese 279. carats & un seiziéme, & lequel étant brut pesoit 793 carats. Cette pierre, dit Tavernier qui l'a vûë, est de la même forme comme si l'on avoit coupé un œuf par le milieu; & il ajoûte que suivant le calcul du poids, cette pierre, dont l'eau est parfaite, vaudroit 11723278. l. 4 s. 9 d. & que ce seiziéme de carat emporte le prix de 499 liv. 4 s. 9 d. Par où l'on peut voir la différence que fait un peu plus ou moins de pesanteur d'une si grosse pierre.

Le second Diamant est celui du Grand Duc de Toscane, qui pese 139 carats & demi, & suivant le prix dont parle Tavernier, il ne vaudroit que 2608335 l. C'est dommage, dit-il, que l'eau en soit un peu jaune.

Le troisiéme Diamant, que j'ai vû moi-même, est celui du Roy de France. Je n'en sçai pas précisément le poids, mais je ne crois pas qu'il soit comparable aux deux précedens, n'étant guéres plus grand qu'une ancienne piéce de trente sols. Cependant la vérité est que l'eau en est fort belle. Je l'ai vû enchassé avec grand nombre des plus belles pierreries du Roy, dont on avoit parsemé la Couronne avec laquelle fut sacré Loüis XV. en 1722. Ce Diamant fut vendu par un Marchand Anglois, qui l'avoit acheté cinquante mille écus d'un Esclave, qui l'avoit dérobé, en le cachant lorsqu'on le tiroit de la mine. Il n'a coûté au Roy, qu'un peu plus de deux millions de livres.

Il y a des Diamans de toutes sortes de couleurs; mais les jaunes & de couleur de rose, sont les couleurs les plus fréquentes. J'en ai un jaune assez beau, & un couleur de rose mediocre. J'en ai vû un violet, ou pour mieux dire couleur de fer.

Boyle (*a*) dit en avoir vû un verd, qui paroissoit une veritable Emeraude. (*b*) Ces couleurs, comme j'ai déja dit,

(*a*) *De Gemm. origin. pag.* 29.
(*b*) Il y en a actuellement un en Angleterre presque aussi gros que le Diamant que le Roy a acheté de M. Pitte, dont on veut avoir cinq à 600000 liv. Il est d'un verd parfait.

ne peuvent venir aux Pierres transparentes, que par les fumées métalliques qui teignent l'eau, puisqu'avec les métaux calcinez on teint de même le cristal fondu. * Ce que Boyle prouve aussi. Ce qu'on doit entendre de toutes les autres Pierres colorées dont nous allons parler. Les Diamans jaunes me paroissent avoir un certain feu plus vif que tous les autres.

Les Pierres colorées d'Orient sont les plus estimées, à cause de la dureté qui fait la splendeur, & elles acquierent cette dureté par la raison que nous avons dite du Diamant comparé au simple cristal, & aux faux Diamans d'Occident. Boyle dit avoir sçu d'un Marchand qui avoit été au Pegu, qu'il avoit vû un Rubis blanc, & un autre moitié teint de rouge, & l'autre moitié encore blanc.

Je citerai le même Tavernier, qui a été sur les lieux, & qui s'en est bien informé. Il dit donc que presque toutes les Pierres colorées viennent du Royaume de Pegu, & du Royaume de Ceilan.

» Il y a, dit-il, à douze lieuës de Su-
» riam, qui est la Ville où le Roy de
» Pegu fait sa résidence ordinaire, en ti-
» rant vers le Nord, une montagne qu'on

* Ubi suprà.

» appelle *Capelan*, où est la mine de la-
» quelle on tire la plûpart des Rubis, &
» des *Espinelles*, autrement *mere des Rubis*.
» On en tire aussi des Saphirs bleus & blancs,
» des Ametistes, & autres Pierres colo-
» rées.

* J'ajoûterai encore pour l'instruction
du Lecteur, que d'Ava, en remontant la
riviere, jusqu'à Suriam il y a 300 lieuës,
& que Bakam, qui est sur la même riviere d'Ava, est éloigné de la Ville qui
donne le nom à la riviére d'environ 50
lieuës, & que dans cet espace cette riviere pétrifie le bois. Le Pere du Chat dit
y avoir vû des gros arbres pétrifiez jusqu'à fleur d'eau, dont le reste étoit encore de bois verd, & il assure que ce
qui étoit pétrifié étoit aussi dur que la
pierre-à-fusil. Peut-être que ces eaux pétrifiantes se repandant dans les terres elles
les pétrifient par leur substance, & par leurs
vapeurs elles congelent l'eau en Pierres
transparentes, supposé qu'elles aillent par
des canaux soûterrains jusqu'aux Montagnes où les Pierres se forment. Mais quoiqu'il en soit, il y a toûjours dans ces lieux
des dispositions pétrifiantes.

» Parmi ces Pierres qui sont dures, ajoû-

* Observations Phisiques & Mathematiques de
M. Cassini.

» te Tavernier, il s'en trouve d'autres de
» diverses couleurs, qui sont plus tendres,
» qu'ils appellent *Bacan* dans la langue du
» pays. Ce que je crois qui provient, com-
» me je l'ai dit ci-dessus, de ce que le
» sel qui coagule ces Pierres, n'est pas
» assez subtil & intimement mêlé, ni en
» si grande abondance qu'il le faut pour
» la dureté parfaite de la Pierre.

 Tavernier dit encore, qu'on remonte le
fleuve à Ava, qui est le Port principal de
ce Royaume, n'étant pas sûr d'aller par
terre, à cause des bois remplis de Lions,
de Tigres, d'Elephans, & autres bêtes
farouches. » Ce païs, continuë-t-il, est
» le plus pauvre du monde, & il n'en
» vient que des rubis en petite quantité,
» & à peine pour cent mille écus par an.
» Dans le nombre de ces pierres, il est dif-
» ficile d'en trouver une de trois ou qua-
» tre carats, à cause que le Roy sous des
» peines très-séveres a deffendu d'en faire
» sortir du Royaume, qu'il ne les ait vûës,
» & il retient les plus belles pour lui ;
» de-là vient, que j'ai fait un profit con-
» siderable, de porter des Rubis d'Euro-
» pe en Asie ; & la relation de Vincent-
» le-Blanc, m'est fort suspecte, lorsqu'il
» dit avoir vû dans le Palais du Roy,
» des Rubis gros comme des œufs. Mais
          quant

quant à moi, cela me paroît possible, puisque le Roy retient les plus beaux : n'étant pas impossible non plus qu'il y ait de gros Rubis, comme il y a de gros Diamans.

Je raporterai ici la valeur des Rubis de belle couleur, suivant Tavernier.

Un Rubis de belle couleur, du poids d'un Ratis, qui est le poids du pays, vaut vingt Pagodes.

De 2 Ratis.... 85
De 3 Ratis.... 185
De 4 Ratis.... 450 } Pagodes.
De 5 Ratis.... 525
De 6 Ratis.... 910

Quand le Rubis passe six Ratis, on le vend ce qu'on veut, s'il est parfait.

Dans le pays on appelle Rubis toutes les Pierres colorées, de quelque couleur qu'elles soient.

L'endroit d'Orient d'où l'on tire quelques Rubis & autres Pierres de couleur, est l'Isle de Ceilan, elles viennent des hautes montagnes qui sont au milieu de l'Isle. La riviere qui en descend, & qui est fort grosse en Esté, à cause des pluyes abondantes qui tombent dans ce tems ; les entraîne avec elle ; & quand les eaux sont basses, les pauvres gens cherchent dans le sable les pierres, & on y trouve les

Rubis, les Saphirs, & les Topafes. Les pierres de cette riviere sont ordinairement plus belles que celles du Pegu.

Mais, si j'ai bonne mémoire, j'ai lû dans une relation, que l'Isle de Borneo fournit aussi quelques pierres colorées assez belles. Il est vrai que Tavernier parle seulement des Diamans, mais il y peut venir aussi des pierres colorées.

Ce même voyageur dit encore, que dans les montagnes qui courent depuis le Pegu jusqu'au Royaume de Cambalu, (je crois la Chine) il se trouve plusieurs endroits de ces montagnes, où il y a des Rubis, mais plus de Rubis balais que d'autres, force Espinelles, Saphirs & Topafes. Il y a aussi dans ces montagnes des mines d'Or, dont les exhalaisons pures teignent (à mon avis) l'eau de couleur de Rubis; car il n'y a que le soulphre d'or qui puisse le faire, l'experience montrant que les autres métaux ne peuvent pas imiter la couleur du Rubis Oriental. Il y vient aussi de la Rhubarbe, qui ne se gâte pas facilement comme l'autre, & pour cela elle est fort estimée.

Il y a aussi des lieux dans l'Europe, où l'on tire des Rubis & autres pierres colorées, & entr'autres la Boheme, la Silesie, & la Hongrie ont des mines fort abondantes en pierres transparentes colorées, mais plus tendres que celles d'Orient, & de couleur moins belle. Cependant dans la Boheme il y a des cailloux, dont quelques-uns sont gros comme un œuf, dans lesquels on trouve des Rubis, qui sont aussi durs & aussi beaux que les Orientaux.

» Lorsque j'étois en Hongrie (dit Ta-
» vernier) avec le Vice-Roy auquel j'ap-
» partenois, le Duc Walstein (en lavant
» ses mains) avoit au doigt un Rubis,
» que le Vice-Roy admira ; mais il fut
» encore plus étonné quand il lui dit que
» ce Rubis venoit des mines de Boheme.
» Et de fait, au depart du Vice Roy,
» Walstein lui fit présent d'une centaine
» de ces cailloux dans une corbeille, &
» à notre retour ayant fait rompre ces
» cailloux, il n'y en eut que deux dans les-
» quels on trouva des Rubis, dont l'un
» étoit assez grand & du poids d'envi-
» ron cinq carats.

Moi qui écris, j'ai vû un de ces cailloux de Boheme, qui étoit creux en dedans, & dans ce creux il y avoit environ dix ou douze Rubis communs, comme des goutes de sang qui seroient tombées dans cette pierre.

Quant à la Hongrie, il y a une mine

où l'on tire des Opales, & suivant Tavernier, on n'en trouve en aucun autre endroit du monde.

» Pour ce qui est des Emeraudes, dit
» ce même Voyageur, c'est une erreur de
» bien des gens, de croire qu'elles viennent
» d'Orient, car elles ne viennent
» que des Indes Occidentales, & particulierement
» au Perou. Et cette erreur
» est fondée sur ce qu'avant qu'on eût
» connoissance de ce nouveau monde, on
» tiroit les Emeraudes d'Orient. Et même
» la plûpart des Joyalliers, quand ils
» voyent une Emeraude qui est de haute
» couleur, ils disent qu'elle est Orientale;
» mais ils se trompent, d'autant que jamais
» l'Orient n'a produit d'Emeraudes.
» Il se peut que dans les anciens tems
» elles venoient d'Orient en Europe, car
» les Ameriquains du Perou & du Mexique
» trafiquoient par mer aux Isles Philippines,
» comme on fait encore aujourd'hui.
» On portoit dans ces Isles de l'or
» & de l'argent sur lequel il y a plus de
» profit que sur l'or, à cause que les mines
» d'or sont fréquentes en Orient. On
» y portoit aussi des Emeraudes brutes.
» (C'est le commerce qu'on y fait encore
» actuellement.) Et de ces Isles Philippines
» elles passoient en divers lieux de

» l'Orient, d'où les Marchands du Pegu,
» de Goa, & autres lieux, les faisoient pas-
» ser en Europe. L'an 1660. je les ai vû
» donner à vingt pour cent de meilleur
» marché qu'elles ne valoient en France.
» Les Ameriquains étant arrivez aux Phi-
» lippines, ceux de Bengala, d'Arracan,
» de Pegu, & autres, y portent toutes sor-
» tes de toiles, quantité de pierres en
» œuvre, comme Diamans, Rubis, avec
» plusieurs ouvrages d'étoffes d'or & de
» soye, & c'est de-là que les Indiens ti-
» rent les Emeraudes, qui par cette lon-
» gue voye & grand tour passoient en Eu-
» rope. Tavernier paroît avoir raison,
d'autant que les Diamans, les Rubis, &
autres pierreries venoient en Europe par
la même voye. Il ne reste qu'à sçavoir,
si effectivement les Emeraudes ne viennent point aux Indes Orientales.

Lorsque M. de Pointis prit & saccagea
Cartagene en Amerique, il apporta en
France une très-grande quantité d'Emeraudes, & j'en eus entre les mains pour
environ un million, d'une grosseur & d'une
beauté surprenante; En un mot il y en
avoit tant, que les Marchands qui s'en
chargerent les envoyerent presque toutes en Turquie & en Perse, afin que la
trop grande quantité n'en abaissât pas le
prix.

Quant aux Turquoises, j'ai déja dit, qu'elles viennent de Perse. Dans la Boheme il y a des mines de toutes sortes de pierres colorées, & particulierement des Grenades qui paroissent être teintes des exhalaisons des mines de fer, comme les Rubis des exhalaisons des mines d'or; car il n'y a que l'or qui puisse donner la belle couleur du Rubis Oriental, comme l'argent celui du beau Saphir.

Mais quoique nous sçachions calciner & vitrifier l'argent, nous ignorons à présent la maniére de vitrifier l'or. Et quoiqu'on ait prétendu dire, qu'avec un certain miroir ardent de feu M. le Duc d'Orleans on vitrifioit l'or, cela est très-faux, l'imposture ayant été averée & découverte par d'habiles gens, que je ne veux pas nommer.

J'ajoûterai encore une chose qui paroît incroyable, quoique le sçavant Boëtius le dise. Il dit donc qu'on fit présent à l'Empereur Rodolphe II. d'une Topase, d'une grandeur énorme. » J'ai vû, dit-il, cette Topase
» Bohemique, de la longueur de deux au-
» nes, & presque une demie de large. Et
» Jube assure qu'on fit une Statuë de
» quatre coudées, en l'honneur de la
» Reine Arsinoé, femme de Ptolomé-Phi-
» ladelphe, dont la matiére étoit de To-

pale. Sçavoir, si c'étoit d'une seule pierre, ou de plusieurs; c'est ce qu'on ne dit pas. Je rapporte seulement ce que Boëtius (*a*) dit avoir vû lui-même.

Quant aux vertus que l'on attribuë aux pierres transparentes, je conviens avec Boyle (*b*) qu'elles peuvent en avoir, & ces vertus leur sont données, sans doute, des exhalaisons des miniéres dont elles tirent leur couleur. Dans le laboratoire du Grand Duc de Toscane, on réduit diverses pierres en liqueur par l'Art Chimique, & c'est ce qu'on appelle *Juleppe-Gemmato*, que l'on croit excellent pour conforter le cœur & les esprits animaux, & dont on peut voir les vertus qu'on leur attribuë, & qui sont en partie approuvées par le sçavant Medecin Boëtius.

Quant aux merveilles dont Pline parle, comme la vertu d'arrêter le cours des rivieres, & autres semblables, il n'est pas impossible que quelques Magiciens ne les employassent dans leurs enchantemens; quoique plusieurs esprits forts n'admettent point la Magie, de laquelle nous parlerons plus à propos ailleurs.

Je dirai aussi que le Diamant, aussi-bien

(*a*) Boëtius, pag. 267.
(*b*) *De gemm. orig. &c.*

que les autres pierres transparentes étant un peu frottées, tirent la paille & les autres corps legers, comme fait l'Ambre ou Succin.

J'ajoûterai de plus, à la justification de Pline, qu'il est vrai que les Diamans reluisent dans les ténébres, quoiqu'il ait obmis une circonstance importante; c'est-à-dire, qu'il faut les frotter un peu auparavant; peut-être qu'il l'a obmise, comme une chose qui étoit apparemment très-connuë de son tems.

Lorsqu'il me vint dans les mains le traité de Boyle, intitulé *Noctulica Aëria*, où il parle d'un Diamant, qu'il regardoit comme une rareté, qui étant frotté reluisoit en lieu obscur. Je me mis en tête que tous les autres Diamans étant frottez devoient faire le même effet, & en ayant fait l'experience sur plusieurs, même fort petits, tous rendirent quelque lumiére. Il est vrai que les uns ont besoin d'être frottez plus fortement que les autres, & qu'il faut se servir d'un morceau de bois pour les frotter. D'autres rendent plus aisément la lumiére. Et ce qui est extraordinaire, c'est que cet effet n'arrive pas si facilement aux Diamans qui sont d'une eau bien claire, mais à ceux qui ont une eau bleuâtre ou verdâtre. J'en ai eu long-tems un, de médiocre grandeur, lequel en le frottant legerement contre mon just-au-corps, non-feulement rendoit la lumiére, mais la confervoit cinq ou fix minutes, paroiffant dans les ténébres comme un ver-luifant. Cette lumiere diminuoit peu-à-peu, jufqu'à ce qu'elle s'éteignît tout-à-fait; mais toutes les fois qu'on le frottoit, il reprenoit fa lumiére. Je le donnai à une Dame curieufe, qui paroiffoit en avoir envie; car dans ce tems-là, les Dames aimoient autant la Philofophie qu'elles font à préfent le jeu de Quadrille & autres amufemens plus vifs.

Cet effet paroît provenir de ce que par ce frottement il fort du Diamant quelque vapeur, qui fait la lumiére; comme l'Ambre, qui, lorfqu'on le frotte, tire la paille, & autres chofes legeres, par un tourbillon de matiére glutineufe qui s'exhale de fon corps. Et je le crois d'autant plus, que par un pareil frottement, le Diamant même éleve la paille & autres matiéres legeres, comme fait le Succin. De manière que cette exhalaifon du Diamant produit auffi la lumiere, fortant de cette pierre avec plus de vivacité & de force qu'elle ne fait de l'Ambre, qui ne reluit pas, comme fait le Diamant.

Il faut remarquer auffi, que fi l'on met

le Diamant dans le tems qu'il reluit au fond de l'eau très-froide, il ne laisse pas de reluire, & ne perd pas son évaporation lumineuse, comme le Succin perd la proprieté attractive par le seul approche de la glace, qui empêche par son froid l'évaporation des corpuscules. Quant à ce que je crois que la lumiére du Diamant frotté vient de l'émission vaporeuse des esprits salins, on peut appuyer cette croyance, en ce que deux morceaux de sel ou de sucre, étant frottez ensemble, on voit dans les ténebres qu'ils forment des étincelles : de même que si l'on fait dissoudre ces sels dans l'eau, & qu'en même tems on la batte fortement, alors cette eau forme des étincelles de feu, comme on voit qu'un Vaisseau qui fend les ondes avec vîtesse en un tems fort sec, laisse après lui une lumiere visible dans les endroits par où il passe ; & que deux vagues qui se frappent, forment une lumiere assez forte, que j'ai vûë même de jour. Ce que font aussi la plûpart des poissons, pendant qu'ils fermentent en pourissant.

Comme on peut croire que ces esprits salins ne peuvent pas s'exhaler si facilement des autres pierres, particulierement de celles qui sont teintes de quelque couleur minerale qui les en empêche ; on peut se persuader par cette raison, ou autre, que les autres pierres Orientales n'éclairent pas comme le Diamant, ou bien parce qu'elles n'ont pas la même dureté que lui.

Il est vrai néanmoins qu'il y a des gens qui disent, qu'on voit d'autres pierres qui reluisent, & particulierement le Rubis. Mais je n'en ai point d'experience, & peut-être qu'on a pris pour rubis quelque diamant teint en rouge, d'une couleur plus forte que celle de Roses qu'on voit souvent. D'autres parlent de l'Escarboucle, cependant de notre tems personne n'a vû cette pierre qui reluit, dit-on, d'elle-même. Et quoique Cellino dise que le Pape Clement VII. en avoit une, si elle existoit, il faut dire qu'elle est perduë. Car je n'ai jamais entendu parler, à Rome, d'une pierre si rare & si précieuse.

Quelqu'autres disent qu'il y a des Dragons, lesquels en volant font voir une grande lumiere, qui provient d'une pierre, qu'ils appellent *Escarboucle*, placée dans leur front. Ce qui ne seroit pas hors des forces de la nature, puisqu'il y a des verts & des mouches que nous sçavons qui reluisent la nuit. L'on parle d'un nommé Jacques Cila, qui trouva, dans une vigne, une de ces pierres luisantes, soit du Dragon ou autre, que l'Ambassadeur de Venise acheta à vil prix de ce paysan, & qu'il vendit fort cher au

Grand Seigneur. Le fçavant & curieux Boile rapporte que le Gouverneur de Batavia lui avoit dit, qu'il avoit vû une de ces pierres lumineufes appellée Efcarboucle. Mais, pour moi, je crois que fi ces fortes de pierres exiftoient, on fçauroit où elles font. Je ne crois pourtant pas impoffible qu'il n'y ait de ces diamans, qui étant échauffés par la chaleur du corps ne donnent quelque lumiere, particulierement dans les pays fort chauds, comme les Indes, qui font entre les deux Tropiques. Cependant tout cela eft fort incertain, & des Auteurs dignes de foi en auroient parlé.

Volfangus dit, que le rubis par fon changement de couleur, prédit auffi les difgraces, comme la Turquoife, & qu'à lui-même cette pierre lui annonça la mort de fa femme, fa couleur ayant changé plufieurs fois. Et il ajoûte qu'il avoit oui dire par d'autres cette opinion, dont il a fait l'experience à fes dépens.

J'ai eu entre les mains une petite pierre, que feu M. Bignon, Confeiller d'Etat, me prêta, laquelle étoit fort opaque, mais ayant trempé dans l'eau une nuit, le matin elle étoit fort tranfparente & de couleur d'or. Apparemment qu'elle étoit molle & fibreufe, & que l'eau pénétrant & redreffant fes fibres, la rendoit tranfparente. On l'appelloit *Oculus Solis*, Oeil du Soleil. Elle étoit grosse comme un pois, & platte à peu près comme une lentille un peu épaisse.

Voici les pierres les plus précieuses de notre tems, suivant leurs degrés.

1. Le Diamant.
2. Le Rubis.
3. Le Saphir. } presque égaux.

Il est difficile de distinguer les Saphirs blancs des diamans.

4. La Topase Orientale.
5. Le Grenat d'Orient.
6. L'Opale, dont Boëtius fait grand cas.
7. L'Emeraude, qui, quoique fort tendre, est estimée par sa couleur.

Boyle dit qu'il n'est pas vrai que le Diamant soit la plus pesante des pierres, comme l'or l'est des Métaux; & que le Cristal, qui paroît la pierre la plus simple, pese, comparé à l'eau, comme deux & demi a un.

Il dit aussi que les Grenats d'Amerique, qui sont chargés de beaucoup de teinture, sont quatre fois plus pesans que l'eau; car ce Philosophe prétend, avec raison, que le plus ou moins de teinture contribuë à rendre la pierre plus ou moins pesante. Ainsi ces Grenats sont un tiers plus pesans que le Cristal, quoique ces Grenats ne soient gueres plus durs que le Cristal, & qu'on puisse les appeller un Cristal teint par les fumées du fer. Mais il ne paroît pas cependant du sentiment de croire que ce soit toûjours une conséquence necessaire, que les pierres teintes soient plus pesantes que les blanches ; ayant, dit-il, expérimenté qu'une eau minerale, qui paroissoit avoir les qualités, couleur & saveur du fer, ne pesoit pas plus que l'eau claire ; parce que, dit-il, ce sont des fumées minerales qui donnent la qualité & la teinture.

Et pour prouver comme nous, que les pierres sont colorées par des substances & par des fumées minerales ; il dit que par la seule fusion, il en a tiré quelque substance métallique. Et que des Grenats, les ayant calcinés & réduits en poudre avec l'esprit de sel bien rectifié, il en a tiré toute la teinture, en la digerant, & il en a eu une liqueur fort colorée, & sans les calciner il en avoit eu une solution de couleur d'Or, dont en ayant mis un peu dans l'eau où on avoit dissout la noix de Galles, (comme je l'ai dit,) la liqueur devenoit en un instant d'une couleur semblable à l'encre.

Cet Auteur est aussi de mon opinion, que la force que les pierres précieuses ont pour faire certains effets, vient des teintures métalliques dont elles sont teintes. Cela prouve aussi, que leurs couleurs viennent des métaux.

DES PERLES.

QUOIQUE les Perles ne soient pas des pierres transparentes, néanmoins parce qu'elles sont estimées aussi précieuses que les pierres colorées, je crois les devoir mettre dans ce rang. On sçait que les Perles naissent dans les Huitres. Et c'est une fable des Poëtes de dire qu'elles sont produites par la rosée, que l'aurore fait tomber le matin. Car les Huitres par leur pesanteur sont au fond de la mer, & elles ne s'ouvrent d'ordinaire que lorsque le reflux de la mer vient les arroser, ou qu'elles ont besoin de cette eau. Quant à moi je serois porté à croire que la perle est plûtôt une maladie de l'Huitre qui la forme dans sa substance, comme la pierre est une maladie de l'homme & des autres animaux. La même Huitre produit plusieurs Perles. Ce qui fait soupçonner que la perle est formée de la même matiére que l'écaille, c'est de voir que la Perle n'est pas differente en couleur, ni en beauté, de la coquille où est l'Huitre; laquelle coquille est formée, comme on le sçait, de l'humeur visqueuse que l'Huitre même expulse au dehors, & à laquelle elle est attachée. De maniére que je croirois facilement que quand l'Huitre ne peut pas expulser toute cette humeur gluante, la portion qui reste dans ses fibres forme la Perle. Et sans doute si l'on sçavoit l'art de ramollir la coquille des Huitres d'Orient, l'on formeroit des perles de telle grosseur & figure que l'on voudroit, & aussi belles que les naturelles, n'y ayant point de différence (quant à la vûë) de la coquille à la Perle naturelle. J'ai vû & eû entre les mains deux coquilles Orientales, dans chacune desquelles il y avoit trois ou quatre grosses Perles attachées à la coquille ; de sorte qu'il n'étoit pas possible de les arracher sans les gâter, & il n'y avoit aucune différence entre la substance & la couleur des Perles & de la coquille : mais soit que la Perle soit une maladie de l'Huitre, ou qu'elle ne le soit pas, il est visible que la Perle est formée du même excrément gluant dont se forme la coquille. Et il n'y a qu'à les voir ensemble & les considerer, pour en être convaincu.

Quant à la clarté & belle couleur de la Perle, elle vient sans doute de la qualité de l'eau & du sel dont elle se nourrit ; car si l'eau est bourbeuse, la couleur de la Perle est sombre & obscure, ou tirant sur le jaune ; mais si l'eau est claire,
subtile

subtile & pure, la couleur est semblable en beauté.

Les deux plus fameuses pêcheries de Perles Orientales, sont dans le golphe Persique, & sur les côtes de l'Arabie, dans un lieu vis-à-vis de l'Isle de Baherem, près de la ville de Catifa, qui appartient à un Prince Arabe. C'est un de ces petits Princes Arabes, qui possede (suivant l'avis de Tavernier qui s'y connoissoit) la plus belle Perle qui soit au monde, pas tant par sa grosseur, car elle ne pese que douze carats, ni par sa parfaite rondeur, mais parce qu'elle est si claire, qu'on y voit presque le jour à travers.

» J'ai vû cette Perle, dit Tavernier,
» dans un festin que le Kam d'Ormus don-
» na au Prince de Mascate qui la possede.
» Le Kam voulut l'acheter pour en faire
» présent au Roy de Perse son maître,
» mais le Prince Arabe ne voulut pas s'en
» défaire.

L'autre endroit d'Orient où il y a une pêcherie de Perles, est dans la mer qui baigne la côte d'un Fauxbourg appellé *Maner*, dans l'Isle de Ceilan. Ce sont les plus belles Perles, pour l'eau & pour la rondeur. Je ne puis pas m'empêcher de dire, que la figure de l'Isle de Ceilan, est celle même d'une Perle, qui a la for-

Tome II.   I i

me de poire. Il y a enfin sur la côte du Japon des Perles d'une fort belle eau, & assez grosses, mais elles sont baroques. Il vient aussi à Ceilan, outre les Perles, du Cristal, des Saphirs, & l'œil-de-chat. Dans le lac de Junnam, à la Chine, il vient aussi des Perles. Entre Soffale & Mozambique, aux Isles Uziques, on pêche de grosses & de belles Perles.

Quant aux pêcheries d'Occident, elles sont presque toutes dans le golphe de Mexique, & le long de la côte de la nouvelle Espagne, où il y en a cinq ou six, qui se suivent d'Orient en Occident. La première est le long de l'Isle de Cubague, qui n'a qu'environ trois lieuës de circuit. Et j'ai lû dans l'Histoire de la découverte de l'Amerique, que cette pêcherie fut trouvée en premier lieu par un Capitaine Espagnol, appellé Valvova, à qui les Indiens la firent voir.

La seconde pêcherie est dans l'Isle de la *Marguerita*, qui vautautant que dire l'Isle de la Perle ; elle est à une lieuë de Cubague. Cette pêcherie n'est pas la plus abondante, mais elle est la plus estimée, parce que les Perles qu'on y trouve surpassent les autres en perfection, tant par l'eau que par la grosseur. » Une de ces Perles que j'ai eu en main, (dit Tavernier) de belle eau, & bien formée en poire, pesoit cinquante carats, & je la vendis à Cha-est-Kam, oncle du grand Mogol.

L'on s'étonnera que l'on porte des Perles d'Occident en Orient, où il en vient beaucoup, mais c'est qu'en Orient on n'en trouve pas de bien grosses.

La troisiéme pêcherie est à *Comogote*, proche la Terre ferme.

La quatriéme, à *Rio-de-la-Hacha*, le long de la même côte.

La cinquiéme, à Sainte Marthe, à soixante lieuës de la précédente.

L'on en pêche encore un peu près des Isles Bermudes.

Toutes ces pêcheries d'Amerique produisent des Perles d'assez bon poids, mais elles sont mal formées, & d'une eau plombeuse.

La raison de cela est apparemment, que quoique la plûpart de ces lieux soient sous la Zône-Torride, ou bien près, le fond de ces mers, où les Huitres demeurent, est plus bourbeux que les mers d'Orient.

Je crois devoir ajoûter que quoiqu'on ne pêche des Huitres qui contiennent des Perles que dans ces côtes, il est probable qu'on en trouveroit encore dans la haute mer. Mais cela n'est pas commode pour les pêcheurs qui doivent plonger sous l'eau avec des paniers, dans lesquels ils mettent les Huitres qu'ils trouvent, se faisant retirer en haut quand ils ne peuvent plus demeurer sous la mer. On peut voir dans (*a*) Tavernier la maniere de les pêcher.

J'ai lû aussi que lorsque Ferdinand de Sosa parcourut la Floride (*b*), qu'il avoit découverte, il trouva dans la Province d'Apalache en un Temple, grande quantité de perles, qu'on ne sçait pas de quel endroit elles venoient, peut-être qu'il y en a dans les mers voisines, ou bien on les tiroit du Golphe de Mexique.

L'on pêche aussi des perles sur quelques côtes d'Ecosse, mais elles sont peu estimées.

On en trouve d'assés bonnes eau dans une riviere des Etats de l'Electeur de Baviere, qui n'est pas loin de Munic.

On en pêche encore dans la riviere d'Yamour, dans la Tartarie Orientale. Et comme cette riviere est aux confins de l'Empire de la Chine, & des Etats du Czar de Moscovie, ce fut une occasion de guerre entre ces deux Princes, qui étant venus à faire un accommodement, les Chinois envoyerent au lieu du Con-

(*a*) Tavernier T. 2.
(*b*) Relation de la découverte de la Floride, traduite par Richelet.

grès (*a*) le Pere Verbiester Jesuite, Allemand de nation, pour être Plenipotentiaire de cet accommodement. Et c'est par cette occasion que nous avons sçû que les Etats de l'Empereur de Moscovie s'étendent, depuis la mer Baltique jusqu'à la mer Orientale de la Chine, l'espace de plus de deux mille lieuës. L'on dit qu'en Turquie il y avoit une pêcherie de perles assés bonne, mais la tyrannie des Princes l'a fait abandonner.

Je dirai que deux fois en mangeant de nos Huitres communes de France, j'ai senti sous mes dents quelque chose de dur, que j'ai vû être une perle de la même couleur, peu agréable, & telle (notez bien) qu'étoit la coquille. On dit qu'on pêche aussi des perles dans le détroit de Californie, mais nous n'avons pas grande connoissance de ce lieu. On rapporte aussi (*b*) que les moules de Dannemark sont pleines de semences de Perles imparfaites, particulierement dans la riviere de Bek-ling.

Quant à la vertu des Perles on croit qu'elles absorbent les acides de l'estomac, lequel effet font aussi leurs coquilles. Mais

(*a*) Lettre en forme de Relation du P. Verbiester.
(*b*) Relation de Groenland. pag. 182.

on croit de plus que les perles, comme étant de substance plus subtile & plus digerée, réjoüissent le cœur & confortent les esprits animaux. Cependant je ne sçai pas si la valeur de la drogue ne rend estimable le remede, plûtôt que sa propre vertu. « La plus grosse & la plus belle perle dont on « ait connoissance est possedée, dit Tavernier, « par le Roi de Perse, étant juste que ce Prin- « ce chez qui viennent les perles, ait la plus « grosse.

« La seconde plus grosse, est au grand « Mogol. Elle pend au col d'un Paon fait « de pierreries & lui vient à l'estomac, & « ce Paon est dans le haut du grand Trône « de l'Empereur des Mogols, qu'il a fait « construire d'une infinité de ses plus bel- « les pierreries.

« La troisiéme, est la Perle, que j'ai dit « que je vendis à Cha-est-Kam.

« La quatriéme, est une Perle parfaite, « tant par son eau, que par sa figure qui « est comme une Olive. Elle est au milieu « d'une chaîne de rubis que le grand Mogol « met quelquefois à son col.

« La cinquiéme Perle parfaitement ron- « de, & la plus grosse dont j'ai connoissan- « ce, appartient aussi au Grand Mogol, on « n'a jamais pû en trouver une de figure « & de grosseur semblable, pour l'appa-

DE L'UNIVERS. 383

» reiller & en faire deux pendans d'oreilles,
» dont le Mogol se seroit servi selon la
» mode du pays, où chacun suivant ses facul-
» tés & moyens, porte à chaque oreille
» une perle entre deux pierres colorées.

Apparemment que celle que le Roy
d'Espagne porte à son chapeau les jours
de grandes cérémonies n'est pas si grosse,
puisque Tavernier ne la met pas en comparaison, non plus que celle que possede
le Roy de Sardaigne, ou Duc de Savoye,
qu'on appelle la *Peregrine*; c'est-à-dire la
rare & merveilleuse. Je crois qu'en voilà
assés pour ce qui regarde les perles, & les
lieux d'où on les tire à présent

Boëtius prétend qu'il vient aussi des Perles vers Sumatra, & Borneo, & que plus
les Huitres sont loin de terre, plus les
Perles sont petites. Il dit aussi, que l'on
en trouve dans quelques rivieres de Silesie &
de Boheme, & il ajoûte que celles qu'on
pêche proche de la Citadelle de Rab,
dans la riviere de ce nom, sont aussi belles
que les Orientales. Et comme Boëtius étoit
Medecin de l'Empereur Rodolphe II. je
crois qu'on peut ajoûter quelque croyance
en lui, quoique les autres n'en parlent
pas. Mais apparemment qu'on y en trouve
peu, comme dans la riviere de Baviere,

Il veut aussi qu'elles viennent dans le mont Fancille de Lorraine, (apparemment dans quelque lac ou riviere,) & en Votilandia.

Mathiole dit aussi, que dans la mer de Venise on en trouve quelquefois, mais rarement. Et qu'en un certain lieu d'Armenie, on en a trouvé quelquefois une centaine ; mais apparemment petites.

J'en ai trouvé, comme je l'ai déja dit, dans les Huitres communes de nôtre mer, mais fort laides, & plûtôt semblables aux yeux de poissons cuits qu'à des Perles. Ce qui m'a fait croire, que c'est une maladie des Huitres, comme la pierre l'est aux hommes.

DU CORAIL.

LA pêche des Perles m'excite à parler ici des endroits où l'on pêche le Corail, qui, comme on le sçait, est une plante marine, (quoique quelques-uns en doutent,) qui croît au fond de la mer. Il y a trois pêcheries de Corail sur les côtes de Sardaigne. Celle d'Arguerel est la meilleure. La seconde, s'appelle Boza; & la troisiéme est proche de l'Isle de S. Pierre. Il y en a encore une autre sur les côtes de Corse, où le corail est menu, mais de belle couleur. Il y en a deux autres sur les côtes d'Affrique, l'une auprès du Bastion de France; & l'autre proche de Talarque, dont le Corail est assez gros, mais de couleur pâle. La septiéme, est sur les côtes de la Sicile, auprès de l'Isle de Trapani; le Corail y est menu, mais d'une belle couleur. La huitiéme, est sur les côtes de Catalogne, vers le Cap de Quiers, où il est d'excellente couleur, & gros, mais les branches courtes. Et enfin la neuviéme, est sur les côtes de Mayorque, où il est semblable à celui de Corse, & c'est les seuls lieux où le Corail se trouve; car dans l'Ocean, dit Tavernier, on n'en trouve point.

Le Corail naît sous des roches creuses, & dans des endroits où la mer est profonde. Voici de quelle maniére on le pêche à présent.

Les Pêcheurs lient deux chevrons en croix, avec un morceau de plomb pour les faire aller à fond. Ils y attachent du chanvre tout-au-tour, tortillé négligemment, de la grosseur d'un pouce, & ces chevrons sont attachez à deux cordes, qui tiennent l'une à la prouë, & l'autre à la poupe de la barque. Ensuite ils laissent aller la barque au courant de l'eau. Ce chanvre s'entortille au Corail, & il faut quelquefois quatre ou cinq barques pour aider à l'arracher, & si une corde se rompt les Bateliers sont en danger. Il s'en perd de cette maniére plus qu'ils n'en tirent.

» J'ai vû, dit Tavernier, quelque chose
» d'admirable à Marseille, dans une bou-
» tique où l'on travaille le Corail. C'é-
» toit un morceau gros comme le pouce,
» lequel étant coupé en deux, il s'y trouva
» dedans un ver que j'ai vû groüiller, &
» qui a vécu quelques mois en le remet-
» tant dans sa niche. Car il faut remar-
» quer que parmi les branches de Corail,
» il s'engendre comme une petite éponge
» semblable aux ruches, où il se niche de

» petits vers, comme des Abeilles ; tant
» la nature se plaît à diversifier ses ouvra-
» ges.

» Quelques-uns ont cru que le Corail
» est mou dans la mer, quoiqu'effective-
» ment il soit dur ; mais il est bien vrai,
» qu'en certains mois de l'année, on tire
» du bout de la branche, en la pressant,
» une espéce de lait, comme de la ma-
» melle d'une femme, & cela pourroit
» bien être comme de la semence, laquelle
» tombant sur quelque chose que ce puisse
» être dans la mer, y produit une autre
» branche de Corail ; ainsi qu'il s'en est
» trouvé en effet sur une tête de mort,
» sur une lame d'épée, sur une grenade
» qui étoit tombée dans la mer, où il s'étoit
» entrelacé des branches de Corail de la
» hauteur d'un demi-pied, & j'ai eu cette
» grenade entre mes mains.

» La pêche du Corail se fait depuis le
» commencement d'Avril, jusqu'à la fin
» de Juillet. On ne fait cette pêche, que
» depuis vingt-cinq milles jusqu'à quaran-
» te, loin de la terre, où ils croient qu'il
» y a des rochers, & ils ne s'avancent pas
» davantage en mer, crainte des Corsai-
» res, qu'ils évitent à force de voiles, qui
» sont fort grandes dans ces bâtimens.

J'ajoûterai au récit de Tavernier,

K k ij

que je crois qu'il a raison de ce qu'il dit de la semence du Corail ; car un ami m'envoya du Bastion de France une coquille, sur laquelle étoit une jolie branche de Corail, de la hauteur d'un demi-pied, & il étoit à remarquer, qu'autour du pied de cette branche, la coquille étoit teinte d'une liqueur rouge comme le même Corail ; & j'ai lieu de soupçonner, avec raison, que cette rougeur venoit de la semence du Corail, qui étoit tombée sur la coquille, & qui avoit vegeté en une branche très-belle, prenant sa nourriture de l'eau, & du sel de la mer, qui durcit cette plante. On m'a volé cette coquille avec le Corail, à mon grand regret. Le curieux Bocconi, Italien, qui a fait plusieurs sçavantes remarques sur ce sujet, est du sentiment de Tavernier sur la semence du Corail, qu'il dit être une liqueur épaisse comme du lait. Tant la nature se plaît dans la diversité de ses ouvrages, quoiqu'on ne puisse pas bien dire pourquoi le Corail est rouge, non plus que, par quelle raison les feuilles des arbres sont vertes, si ce n'est que la superficie refléchit la lumiere de telle ou telle maniére. Ce qu'il y a de constant, c'est que cette plante rougit peu-à-peu, & à mesure qu'elle se pétrifie ou qu'elle meûrit.

Il faut remarquer aussi, qu'il y a du Corail de diverses couleurs; c'est-à-dire, noir, jaune, & blanc, si on doit nommer ainsi des plantes maritimes, qui ne sont interieurement que du bois revêtu d'une croûte Coraline; mais d'autant qu'elles ressemblent en tout, excepté dans la couleur, au vrai Corail, on peut leur donner ce nom. Il y a à Rome dans le cabinet d'un Grand Seigneur, de la Maison des Barberins, une branche fort grande de Corail, dont une partie vers la racine est noire & l'autre blanche, & vers la pointe est rouge, ou enfin elle finit en herbe. Boëtius dit en avoir vû de toutes couleurs.

Il y a plusieurs plantes maritimes, qui ressemblent tout-à-fait au Corail, à l'exception de la couleur, & qui sont ordinairement blanches & pleines de trous. La mer Rouge est toute bordée de ces Coralloïdes blanches. J'en ai vû quelques-unes; & non-seulement Kirker l'a dit sur la foi d'un Marchand Arabe, & plusieurs Voyageurs dignes de foy l'assûrent; mais de plus, si je ne me trompe, le Philosophe Bernier qui a été dans cette mer, m'en a assûré de vive voix. Comme je parlerai au long du Corail, à la fin de la quatrième Partie de cet Ouvrage, j'en dirai ici peu de chose.

Le Corail a la vertu de conforter le cœur, & sa teinture est bonne contre les fiévres malignes, & le flux de ventre. Ces vertus viennent au Corail, par les esprits salins & sulphureux dont il est plein.

Il change de couleur suivant la maladie, ou la santé des gens. Les femmes qui ont leurs maladies menstruelles, font pâlir ordinairement sa couleur. Les Japonois en font grand cas ; & une boule ronde de Corail leur sert d'un grand ornement.

Boëtius doute que le Corail soit autre chose qu'un vrai bois ; & voici ce qu'il dit en partie sur ce sujet : *Tout autant, que j'ai vû de plantes, qui n'étoient pas encore exactement changées en pierres, elles étoient toutes ou de couleur sombre, ou verte, ou autre couleur dont les rameaux des arbres & des plantes sont teints, & l'on apercevoit obscurément le bois qui commençoit à rougir.* Mais de ceci, je parlerai plus au long au Chapitre des Plantes qui se pétrifient, où je dirai mon sentiment. En voilà assez pour les lieux où se pêche le Corail, & la maniere de le tirer du fond de la mer.

Ceux qui ont dit, que le Corail est tendre, quand on le tire de l'eau, peuvent avoir raison en deux manieres. La premiere est, que le Corail se durcit à l'air, par la confumation de quelque humidité qui lui refte encore ; quoiqu'en général il foit d'ailleurs affez dur. La feconde maniére, qui peut rendre leur raifon probable, eft fi on le tire quand cet arbriffeau n'eft pas tout-à-fait mûr; car il eft comme les autres plantes qui vegétent, lefquelles ne font dures, que quand elles font dans la derniere maturité & tout-à-fait pétrifiées. Comme nous en parlerons dans la quatriéme Partie, en voilà fuffifamment fur cette matiére de Corail, comme pierre en partie précieufe.

Quoique l'on fçache, & qu'on ne puiffe pas douter, que le Corail ne foit une plante qui croît dans le fond de la mer, comme les autres arbriffeaux ; cependant parce qu'il y a des gens qui s'obftinent à dire, que les pierres ne peuvent pas vegéter. Je veux rapporter ici l'exemple d'une pierre qui vegéte, ou, fi vous voulez, d'une plante qui fe durcit en forme de pierre après avoir vegété ; ou qui eft dure dans le tems même qu'elle vegéte. Voici ce qu'en dit Erafte, Précepteur de l'illuftre Medecin Boëtius de Boot.

» J'ai examiné cette pierre vegétable,
» qui vient communément dans les champs,
» aux environs de Spire. Ces Campagnes

» sont couvertes d'un sable très-fin, de couleur
» de cendres qui tendent au bleu, & dans
» ce sable il n'y a point de mêlange d'au-
» tre terre, qui soit capable de produire
» des herbes, si ce n'est quelque Titi-
» male. Sur le chemin de Spire, à un
» quart de lieuë loin de cette Ville, on
» trouve quantité de cette plante, qu'on
» appelle Sabloneuse, & qui est très-bonne
» pour consolider les os rompus. Cette
» plante sort hors de la terre en plusieurs
» branches, s'élevant fort peu au-dessus ;
» mais sous terre, elle va à la profondeur
» de quatre ou cinq pieds. Ce qui est hors
» de la terre est de la grosseur d'environ
» un doigt, & au-dedans de la terre elle
» est grosse comme un arbre, quoiqu'elle
» n'ait pas un seul tronc, mais plusieurs
» joints ensemble, entre lesquels le sable
» remplissant les vuides, semble former
» un seul corps. Mais on détache facile-
» ment ce sable, quand on l'a déterrée,
» & on voit alors la difference qu'il y a
» de la plante au sable qui étoit entre ses
» branches. Ces branches sont de couleur
» tirant sur le blanc, & ce qui est sur la
» terre est plus dur que ce qui est enterré,
» (à cause de l'humidité de la terre,) car
» les branches qui sont dessus la terre sont
» cuites & desséchées par le Soleil. La par-

» tie qui est dedans la terre est plus cendrée
» & plus cassante, mais l'une & l'autre se
» réduit facilement en poudre. Et l'on voit
» dans les branches qui sont dans la terre,
» plusieurs veines roussâtres & de couleur de
» fer, ce qui marque une vapeur sulphu-
» reuse. Cette plante croît fort directement,
» mais vers la superficie de la terre, ses
» branches declinent un peu. Ces bran-
» ches qui sortent hors de la terre sont
» presque toutes rompuës, ou par les hom-
» mes ou par les cerfs, qui y sont en
» abondance, les uns & les autres mar-
» chant dessus, & d'ailleurs étant assez
» tendres.

» L'on voit bien que ce sable subtil,
» semblable à la cendre, est durci & poussé
» à la vegétation par des exhalaisons sul-
» phureuses & nitreuses ; jointes à quel-
» que peu d'humidité, que les sels du soul-
» phre & du nitre rendent glutineuse &
» pétrifiante. Quant à sçavoir pourquoi
» toute la terre qui est autour de la tige
» n'est pas pétrifiée, on ne peut dire
» autre chose, sinon, que ces exhalaisons
» ne sortent que par les endroits où cette
» plante vegéte & se forme.

Cette plante ne vient que dans les lieux où le sable est comme celui de Spire, cependant l'Auteur dit en avoir vû lui-même en plusieurs autres endroits au-delà du Rhin.

Cette pierre mise en poudre, & appliquée avec un emplâtre propre, guérit en peu de jours ou heures, la fracture des os, particulierement si l'on boit de cette poudre avec quelque liqueur convenable. Elle est astringente, comme le bol : mais je crois, avec l'Auteur, que cette substance sulphureuse qui forme cette pierre & qui est fort gluante, a la principale force pour produire cet effet, produisant dans le sang des humeurs convenables à former des os.

Mais je ne veux pas obmettre de parler d'une pierre que nous avons proche de Rome, & qui merite l'attention des curieux. Si l'on arrose cette pierre avec de l'eau chaude, & mieux encore si on la couvre avec un doigt ou deux de terre, en un jour ou deux cette pierre produit d'excellens champignons, d'autant meilleurs, qu'il n'y a point à craindre de poison. Le curieux M. du Fay, de l'Académie des Sciences, en avoit apporté deux de Rome, que M. le Cardinal de Rohan a présentées à notre jeune Monarque Louis XV.

J'ai dit que cette pierre merite fort l'attention des Curieux, parce qu'il est difficile de rendre raifon de cette production fans femence, à moins de dire que cette pierre s'eft imbuë, ou formée en grande partie de l'humidité qui forme l'effence feminale de champignons, puifqu'elle ne fe laffe point d'en produire.

Je ne parlerai point ici de cette effence feminale, en ayant affés parlé dans l'abrégé des Archidoxes de Paracelfe, & j'aurai encore occafion d'en parler au long dans peu, quand je traiterai de la nature des Vegétaux & des femences, dans lequel lieu on pourra connoître la caufe de la vertu de cette pierre, dont parle auffi le Pere Kirker.*

Je ne veux point parler ici de la pierre qui s'engendre dans le corps humain, car il eft trop trifte pour l'homme de fe voir fujet à un fi cruel mal, qui a caufé la mort à plufieurs de mes amis. Je dirai feulement, que les animaux font fujets à ce même malheur, & qu'à Limmington, en Angleterre, on trouva un monftre dans une vache, qui étoit fur une pierre grife qui pefoit 20 liv. & demie. La fuperficie de cette pierre étoit inégale, & pleine de petites cavités. On la rompit, & on y trouva dedans plufieurs petites pierres ovales, mêlées de noir & de jaune, lef-

* In mundo fubterraneo.

quelles apparemment avoient été produites, avant que la grande pierre qui les contenoit fût formée d'une matiere gluante, qui s'étoit dans la suite cuite & desséchée en cette grande pierre.

Nous nous contenterons de parler de quelques pierres animales, qui peuvent être bonnes pour remedier à une partie des maux qui nous accablent.

DU BEZOARD.

Boëtius dit que le nom Persan du Bezoard, est *Pa-zaar*. *Pa*, signifie contre; & *Za-ar* venin, comme qui diroit contrevenin.

* Texeira est aussi de la même opinion. Ils croyent l'un & l'autre qu'il se forme dans le ventre de certaines chevres, qui mangent une herbe semblable à celle de l'Hermodacte, & au safran, qui sont des herbes bonnes contre les poisons.

Cette pierre vient dans les boyaux & dans l'estomac de quelques chevres du Royaume de Golgonde, tirant au Nord; c'est pourquoi ces pierres sont de figures differentes. Tavernier dit qu'ayant fait plaisir à certains marchands, & leur ayant

* Texeira, Histoire des Rois de Perse.

témoigné qu'on l'obligeroit en lui faisant voir les animaux qui donnent le Bezoard, ils lui amenerent un jour six de ces chevres. » Il faut avoüer, dit-il, que ces » chevres sont fort-belles & fort-hautes, » & qu'elles ont un poil fin comme de » la soye. Ces six chevres avoient dix-» sept Bezoards, & un demi comme la » moitié d'une noisette. Le dedans de cette » demi-pierre étoit mou, comme la crotte » de la chevre; car, comme j'ai dit, le » Bezoard croît parmi la fiente qui est dans » le ventre de la chevre. Quelques-uns » me disoient que les Bezoards se prenoient » contre le foye, d'autres soûtenoient que » c'étoit contre le cœur, & jamais je ne pûs » m'éclaircir de la verité. Mais si ces pierres » viennent dans les boyaux & de l'herbe » qu'elles mangent, je ne vois pas que le » foye ni le cœur ayent rien à faire en » cela.

» Il y en a dans l'Orient & dans l'Occi-» dent qui se produisent dans le ventre des » vaches, qui pesent dix-sept ou dix-huit » onces, comme j'en ai donné une au Grand » Duc de Toscane : & moi qui écris, j'en ai une assés grande d'Occident, que la Reine d'Espagne donna à M. de Chavigni, Secretaire d'Etat, enchassée dans une chaîne d'or garnie de rubis, que j'achetai à son inventaire. Mais on ne fait pas d'état de ce Bezoard, comme de celui qui vient dans les chevres d'Orient. Cependant la pierre que j'ai a toutes les marques de celles d'Orient, à l'exception de la groſſeur, qui eſt comme celle d'un œuf.

Le Bezoard des ſinges eſt fort rare, & on dit qu'on en trouve dans l'Iſle de Macaſſar. Et deux grains de celui-ci, dit-on, fait plus d'effet que 6. de celui de Chevre. Il eſt tout-à-fait rond, & fort cher.

Le Bezoard du Porc-Epi, naît dans la tête ou dans le ventre du Porc-Epi des Indes, & on l'eſtime encore plus que le Bezoard des Chevres. Quand cette pierre a demeuré dans l'eau un quart-d'heure, l'eau devient amere.

« J'en ai acheté trois en ma vie, dit Ta-
« vernier, & une me coûta 500. écus.

Il y a encore la pierre de ſerpent, qui eſt de la grandeur d'un double, tirant ſur l'ovale. Ceux du païs croïent qu'elle naît dans la tête d'un ſerpent, que les Portugais apellent *Cobra de Cabellos*, dont Tavernier donne la figure, aïant une eſpece de chapperon ſur la tête. « Mais je crois,
« dit ce voyageur, que les Bracmins la
« compoſent avec des drogues convenables,
« car il n'y a qu'eux qui la vendent. Quand
« on eſt mordu de quelque ſerpent veni-

» meux, il faut faire une incision & faire
» sortir un peu de sang, après quoi on
» l'applique sur la playe, & on dit que
» cette pierre attire tout le poison.

(a) Mais Rhedi, illustre Philosophe du Grand Duc de Toscane, dit avoir fait plusieurs experiences de cette pierre, sans avoir eû aucun succès. Un autre Auteur dit à peu près la même chose. Cependant l'Archevêque de Goa dit à Tavernier, qu'il y avoit trois jours qu'il en avoit fait l'experience, avec tout le succès qu'on en attendoit. Boëtius confirme la chose par sa propre experience. Peut-être qu'il y en a de fausses, qui ôtent la croyance aux vrayes.

On dit que pour experimenter si elles sont bonnes, il faut les mettre dans la bouche ; car elles s'attachent fort au palais ; & qu'en les mettant dans l'eau, elles font élever dessus de petites bubes comme quand elle boüit. (b) Mais en voilà assés sur ces sortes de pierres, qui sont plûtôt vegétables & animales, que des productions de la terre.

Il faut parler aussi sur la foi des Auteurs de quelques pierres, qui ont, à leur avis, du merveilleux. Telle est, par exemple, une

(a) Voyez les experiences de Rhedi.
(b) L'Editeur a vû une pierre qui avoit toutes ces qualités, entre les mains du Chevalier Fontaine, à Londres.

grosse pierre qui est en Cornoüaille, (*a*) que plusieurs hommes ensemble ne sauroient faire mouvoir, & cependant on la meut facilement quand un seul la pousse avec un doigt. Peut-être qu'il y a quelque artifice que l'on ne connoît pas, comme est le Pilier de l'Eglise de Reims que plusieurs hommes ne peuvent pas remuer, & cependant le son d'une cloche de cette Eglise le fait branler çà & là sans tomber. La raison qu'on en peut donner, est que je m'imagine que ce pilier est bâti sur quelque pierre de figure approchante de la ronde, & en telle distance à proportion de la cloche, que la seule agitation de l'air le fait balancer & se mouvoir.

(*b*) A la Chine sur la Montagne de Pic qui est très-haute, il y a sur un de ses sommets une très-grosse pierre, laquelle remuë pour peu qu'on la touche.

Il y a en Ecosse une pierre de 33. coudées d'épaisseur, & haute seulement de vingt-deux pieds. Si on en est proche, on n'entend pas le bruit d'un coup de Canon; cependant si on s'en éloigne on l'entend bien. L'épaisseur de la pierre peut bien faire quelque chose, mais la hauteur n'est pas

(*a*) Boussigaut, Theâtre du monde, Tome. 2. page 499.
(*b*) Martini Atl. Sinic, page 40.

assez

assez grande pour empêcher d'entendre le retentissement de l'air. Il faut donc dire que les dispositions des Collines voisines sont telles, qu'elles font écouler le retentissement de l'air loin de cette pierre, qui aide à le reflechir ailleurs, comme feroit un écho qui se forme par la reflexion de la voix, laquelle au lieu de passer outre revient à celui qui a crié.

Il y a encore en Ecosse une autre espece de pierre admirable, laquelle brûle dans l'huile. Peut-être que cette pierre est fort sulphureuse ; car le soulphre commun convient fort avec l'huile, de maniere qu'en les mettant boüillir au feu ils se mêlent ensemble.

(*a*) Il y a une autre espece de pierre qui vient dans le Comté d'Argille, laquelle si on la couvre avec de la paille ou de la filasse, elle y met le feu en peu de tems.

(*b*) Le Pere Boussigaut rapporte qu'il y a un lac auprès de Treves, où l'on trouve des pierres vertes, rouges, jaunes, qui approchent de la beauté des Rubis, des Topases, & des Emeraudes. Si cela est vrai, il y a apparence que ce lac est proche de quelque miniere métallique, puisqu'il y vient

---

(*a*) P. Boussig. Tom. 2. pag. 500.
(*b*) Théat. du monde, Tom. 2. p. 279.

des pierres colorées, qui prennent leurs couleurs de differens foulphres de la miniére, qui peuvent auffi au même tems coaguler quelque portion de l'eau avec la terre plus fubtile, à peu-près comme nous avons vû que fe forme le fel & le fable, par le mêlange de la terre fubtile avec l'eau.

* L'Ardoife de Cornwall eft de couleurs differentes, il y en a de jaune, d'autre d'une couleur de verd pâle, & d'autre d'un bleu plus vif que celle de France. Il ne faut pas obmettre que dans la même province où les mines d'Etain abondent, on trouve dans les Rochers de ces mines de faux Diamans, qui cedent très-peu à la beauté des fins. Il y a auffi fur les bords de la Mer voifine du Corail blanc, que je crois n'être autre chofe que des Coralloïdes, & on trouve dans les Huitres de cette mer des perles de vilaine couleur & de nulle eftime.

[On tire d'un rocher de Briftol, des Diamans femblables à ceux de Cornwall, en très-grande quantité. Il eft remarquable que du Rocher d'où l'on tire ces Diamans, il fort auffi une fontaine d'eau chaude. Le rocher eft fameux en ce qu'il femble détaché de la montagne, & qu'il panche beau-

---

* Ibid. pag. 406.

DE L'UNIVERS. 403

coup fur la riviere, comme s'il étoit prêt à tomber.

L'on prétend auffi que l'Ecoffe a des mines de faux Diamans, Rubis, Turquoifes, & de *Lapis Lazuli*; mais apparemment que ces pierres ne valent pas grand'chofe, & ne font que reffembler aux bonnes, puifqu'elles ne font pas en grand crédit dans le monde.

Il femble que j'aurois dû faire un détail dans ce chapitre & dans le précedent, de toutes les pierres tranfparentes, auffi-bien que de tous les marbres differens & autres pierres opaques, qu'on trouve dans la terre. Mais comme Boëtius de Boot a fait cet ouvrage après Pline, & que mon livre en croîtroit à un point exceffif; outre que cette répetition pourroit ennuyer le Lecteur, je crois que c'eft affés de citer Boëtius, * où les Curieux de ce détail trouveront de quoi fe fatisfaire entierement.

*Du Parfait Joyallier.

CHAPITRE V.

DE L'AIMAN.

LA Pierre la plus merveilleuse, & qui a le plus exercé l'esprit des Philosophes pour rendre raison de ses effets, est sans doute l'Aiman.

Descartes qui a imité Epicure presque en tout, a donné un beau jour à ce que ce Philosophe avoit dit, que les effets de l'Aiman provenoient d'une quantité d'Atômes qui parcouroient, & qui s'exhaloient de cette pierre. Mais j'avouë que je n'ai jamais goûté la figure de vis qu'il donne à ses Atômes, & celle d'écrous qu'il donne aux fibres de l'Aiman, par où la matiere magnetique parcourt; non plus que la figure d'Epi, ou d'une pointe de Dard, que d'autres Auteurs ont donné à cette matiere magnetique; parce que la grossiereté & la simplicité de mon esprit m'ont persuadé que la nature opere simplement, & sans tant de Machines.

Je me suis donc imaginé que sans ces suppositions artificieuses, l'on pouvoit rendre raison de tous les effets merveilleux de l'Aiman, en difant ce que j'ai démontré évidemment dans mon Traité du Mouvement : *Que la même matiére Eterée qui jointe avec les Atômes de l'Air font tourner la terre*, & qui fe meuvent avec une rapidité extrême, fortent par un côté des fibres de l'Aiman, & rentrent par le côté oppofé, formant ainfi un petit tourbillon qui fait faire à l'Aiman tous les mouvemens qu'on y remarque. Je crois que le feul mouvement rapide de cette matiére, qu'avec les autres Auteurs j'appellerai, fi l'on veut, *Magnetique*, fuffit pour rendre raifon de tous les effets de cette merveilleufe pierre, lefquels peuvent fe réduire à cinq principaux, fuivant mon fentiment; parce qu'ils font comme la fource des autres dont je parlerai.

Le premier de ces effets confifte en ce que certains points de la pierre d'Aiman, qu'on appelle *Peles*, fe tournent, quand la pierre eft en liberté de fe mouvoir, vers ces points du Ciel, à qui on a donné le nom de *Peles*, & qu'elle affecte la même fituation de la terre à l'égard des Poles du Monde. Ainfi, fi on fufpend un Aiman avec un fil, de maniere qu'il puiffe avoir la liberté de fe mouvoir, ou bien qu'on le mette dans une Nacelle, qui qui foit placée fur un grand vafe d'eau, on voit alors que l'Aiman se tourne vers les Poles que nous avons dit ; & comme la pierre n'a point de mouvement propre, cela a fait soupçonner que quelque matiere externe la poussoit à faire ce mouvement, & à se placer de la maniére qu'elle fait.

La seconde proprieté, est que l'Aiman attire à soi le fer : & que si le fer ne peut pas aller à la pierre, parce qu'il est fiché, ou lié en quelque lieu, l'Aiman va le trouver, affectant de part & d'autre un amour mutuel. Or comme l'une & l'autre de ces choses sont immobiles d'elles-mêmes, on suppose qu'il y a quelque force externe qui les meut.

3º. Non seulement l'Aiman attire à lui le fer & s'y joint avec une espece d'amitié très-étroitement, mais il lui donne la vertu & les proprietés qu'il a, de se tourner vers les poles, d'attirer d'autre fer, & enfin de le transformer en un autre Aiman.

4º. Que le fer de son côté n'est pas ingrat. Car si l'on arme (comme on dit) une pierre d'Aiman avec deux plaques de fer, de la maniere qu'on fait (& dont la description est inutile,) la force & la vertu de l'Aiman s'en augmente souvent au centuple. De maniere qu'une pierre qui sans cette armure leveroit à peine une aiguille, étant armée elle éleve & soûtient plusieurs livres de fer, & tous ses autres effets paroissent évidemment.

Enfin la cinquiéme proprieté singuliére, c'est que si l'on approche un de ces points de l'Aiman qu'on appelle Pole à un autre Pole de l'Aiman, il se joint par un de ces Poles à l'autre avec beaucoup d'amitié ; mais si vous tournez l'autre Pole opposé, les deux pierres loin de s'approcher comme auparavant, elles s'éloignent & se repoussent comme ennemies & contraires.

Comme toutes les autres actions de l'Aiman dérivent de ces cinq, nous n'en dirons les raisons qu'à leur occasion.

Pour entendre encore mieux la raison de tout cela, je dis, que la même matiére celeste qui fait tourner la terre autour du Soleil, & sur son Axe, est celle-là même qui donne à l'Aiman tous les mouvemens dont nous venons de parler. Par cette raison, il faut lire mon Traité du Mouvement, où je fais voir que le petit tourbillon de la matiére étérée dans le centre duquel est le Globe terrestre, pénétre tous ses pores, & toutes ses fibres, de maniére que cette matiére s'étant fait un chemin stable & constant, par lequel elle fluë sans cesse, elle tient toûjours la terre dans la même situation, & la fait tourner inceſſamment ſur ſon Axe, faiſant par ce moyen que deux pointes de ce Globe ſoient toûjours tournées vers les mêmes endroits du Ciel, qu'on appelle Poles.

Cette pénétration, & ce courant de la matiére celeſte dans les fibres, & les tuyaux de la terre eſt d'autant moins imaginaire, qu'il eſt vrai que le Pere Kirker aſſure avoir examiné avec autant de curioſité, que de ſoin, que les fibres de la terre ſont diſpoſez directement d'un Pole à l'autre. Quoiqu'il ſoit vrai, qu'en beaucoup de lieux cette direction eſt interrompuë, d'autant que la ſubſtance de la terre n'eſt pas ſemblable par-tout, y ayant en pluſieurs endroits des matiéres éterogénes, de coquillages, de bâtimens enſevelis, & autres, qui empêchent que ces fibres ſe ſuivent ſans interruption d'un Pole à l'autre, comme il arriveroit ſans cet empêchement. Ce qu'on voit auſſi en quelques pierres d'Aiman.

Or il faut comprendre la même choſe dans la pierre d'Aiman, où on remarque quelquefois de ſemblables diverſitez, comme je le montrerai après. Pour le préſent nous remarquerons que lorſque la terre produit cette pierre dans ſon ſein, le même torrent de matiére étérée ſe fait

des

chemins semblables dans cette pierre ; je veux dire de petits tuyaux, par lesquels elle coule incessamment, de la même maniére qu'elle fait dans les fibres de la terre. Et comme le cours rapide de la matiére celeste tient toûjours le Globe terrestre dans la même situation à l'égard de ses Pôles, c'est ce même torrent de matiére, que j'appellerai avec les autres Auteurs, *Matiére magnetique*, qui fait que l'Aiman affecte la même situation que la terre à l'égard des Pôles, & qu'étant en liberté de se tourner, il se place comme la terre à l'égard du Ciel. C'est ce qui a donné occasion à Gilbert, d'appeler l'Aiman du nom de *Terrella*, ou petite terre, parce qu'on voit dans cette pierre d'Aiman (particulierement étant arrondie) les mêmes choses qu'on voit dans la terre ; c'est-à-dire, des Pôles, des Meridiens, &c.

Mais il y a une chose très-importante à remarquer. C'est que quoique l'on considere dans la pierre d'Aiman deux Pôles ou points, dans lesquels sa vertu active paroît plus grande, néanmoins il faut considérer que tout le corps de la pierre d'Aiman, n'est formé que d'un grand nombre de Pôles, qui tous font le même effet plus ou moins fortement. Car enfin ces Pôles, comme on les appelle, ne sont (à mon avis) que

Tome II. M m

de petits canaux très-fins dans lesquels la matière celeste qui les a formez, comme on l'a dit, s'écoule incessamment, & qui est plus forte dans ces points qu'on appelle Pôles, parce que le tuyau étant plus long, il y a une plus grande quantité de matière magnetique qui s'y écoule, & par conséquent elle agit plus vivement. Mais afin qu'on entende mieux ce que je veux dire de ces tuyaux qu'on appelle Pôles de l'Aiman, & qui sont plus ou moins longs, ou plus courts, je crois à propos, pour soulager l'esprit du Lecteur, d'en donner une figure.

* On peut voir par cette Figure la difference qu'il y a des petits canaux A. de ceux marquez B. qui sont comme l'axe de la pierre arrondie, & dont les extrêmitez forment les Pôles, qui sont plus forts que les autres désignez par A. parce que ceux-ci sont plus courts, & qu'il y circule une plus petite quantité de matiere. De manière que des côtez qu'on appelle Pôles, les tuyaux étant plus longs, la plus grande force doit être de ce côté-là. Et c'est ce qu'on appelle les Pôles de l'Aiman, qui à proprement parler ne sont que les points où l'Aiman exerce sa plus grande force par les raisons susdites. Il faut donc concevoir dans l'Aiman un très-grand

* Voyez la cinquiéme Figure, pl. 2.

nombre de Pôles, qui sont des fibres ou des tuyaux par où la matière celeste s'écoule.

A cette occasion, il faut remarquer que la limaille nous fait connoître, que la matière magnetique de l'Aiman ne se répand qu'à une certaine distance, c'est pourquoi son action sensible ne peut arriver que dans la Sphere de son activité ; c'est-à-dire, pas plus loin que l'endroit où cette matière magnetique se répand : quoiqu'il ne soit pas impossible, & même on peut croire qu'une mine de Fer ou d'Aiman peut operer à une distance considerable par l'exhalaison desdites particules, qui n'agiront pas fortement, mais qui ne laisseront pas de produire quelque effet sensible.

Il faut aussi considerer que la matière magnetique se meut en cercle, formant une espéce de tourbillon, qui sort par un endroit des tuyaux de l'Aiman, & rentre à l'opposite des mêmes tuyaux ; & ce petit tourbillon circule incessamment du dehors, dans l'interieur de l'Aiman. Lesquelles choses ne doivent pas être oubliées, pour bien concevoir les actions de cette matière, qui circule dans les fibres de cette admirable pierre.

Il faut remarquer encore, que la matière

magnétique ne peut pas entrer par l'endroit où elle sort, ni sortir par où elle entre, & cela suffit au système.

De décider si cette matière vient directement du Ciel dans l'Aiman, ou si elle vient immediatement de la terre, c'est ce que je n'ose pas faire; cependant je dirois qu'il me paroît probable qu'elle vient plûtôt immediatement de la terre, à cause que nous verrons qu'en differens endroits de ce Globe, l'Aiman, ou l'aiguille Aimantée, décline plus ou moins, suivant la diversité des lieux. Mais soit qu'elle vienne du Ciel ou de la terre, cela importe peu, puisque c'est toûjours la même matière qui fait tourner & meut la terre, & la tient dans la situation qu'on voit, qui fait faire le même effet à l'Aiman. Quoiqu'il soit vrai, que si elle vient de la terre, elle peut en sortir avec quelques exhalaisons terrestres, mais qui par les effets fait voir que cette matière n'a pas changé de nature.

Ayant donc rendu raison de la direction de l'Aiman vers les Pôles du monde, il nous faut expliquer en peu de mots comment cette pierre communique au fer toutes ses proprietez. Sur quoi la raison que Descartes & quelques autres en donnent, me paroît bonne, en ce que l'Aiman vient dans les mines de fer ; de maniére qu'il y a une grande ressemblance entre la nature de l'Aiman & celle du Fer. Ceux qui ont dit, que le fer est un Aiman cuit, & l'Aiman un fer crû, ne se sont peut-être pas éloignez beaucoup de la verité ; pourvû que par un Aiman cuit on entende une substance perfectionnée & réduite à la nature métallique du fer ; de sorte qu'entre l'Aiman & le Fer il n'y a point d'autre difference, sinon que l'un est arrivé à une certaine perfection métallique, à laquelle la substance de l'Aiman n'est pas encore parvenuë, ce qui fait que les pores & les tuyaux de l'Aiman sont plus ouverts, & ceux du fer plus compactes & plus interrompus par quelqu'autre substance sulphureuse dont le fer abonde, & qui ne donne pas un libre passage à la matiére magnetique. De fait, les pierres d'Aiman, en général, qui contiennent le plus de fer, ne sont pas si bonnes que celles qui en ont moins, parce qu'alors leur substance n'est pas encore cuite & perfectionnée jusqu'à la consistance de métal.

Or quand un bon Aiman touche le fer dans la partie la plus forte où sont ses Pôles, il est constant qu'il lui donne sa vertu directrice & attractive d'autre fer, comme l'Aiman même la possede, & cela ne se pouvant faire sans quelque nouvel arrangement dans la substance du fer, il faut dire que la matiere magnetique invisible qui sort des tuyaux de l'Aiman avec une rapidité & force surprenante, penetrant (comme étant extrêmement subtile) par les pores du fer, elle redresse ses fibres, & s'y forme des canaux par où elle peut passer directement, (comme les tuyaux du corps transparent par où la lumiere passe sans interruption,) donnant ainsi un passage libre à la matiere magnetique, qui fluë dans ces tuyaux, & y produit tous les mêmes effets que dans les tuyaux du veritable Aiman. Etant certain que sans cette nouvelle disposition de fibres, le fer ne pourroit pas faire ces effets nouveaux qu'il fait. Il faut noter qu'avant que le fer ait été touché par l'Aiman, il n'importe pas par quel Pôle on le fasse, l'un & l'autre Pôle pouvant également lui communiquer ses proprietés, parce que de l'un & de l'autre la matiere magnetique entre ou sort, formant le tourbillon dont nous avons parlé.

Ce qui ne paroît qu'une conjecture, est rendu une verité incontestable, parce qu'on voit que les verges de fer qui ont été long-tems dans la même situation, comme les pincettes & la pele qui sont toûjours appuïées contre le mur de la cheminée, avec un tems convenable elles acquièrent sans approche de l'Aiman ses qualités & vertu, (quoique foiblement). Ce que l'on voit encore mieux dans le fer qui forme les croix qui sont sur les clochers, & autres semblables endroits. L'Histoire que je vais raporter, pour preuve de ce que je dis, est un fait arrivé de mon tems, & dont plusieurs personnes se souviennent encore. Il y a environ 40. ans que le tonnerre étant tombé sur le clocher de l'Eglise de Chartres, il abattit le sommet où est la Croix de fer, laquelle par le tems & les pluies de plusieurs siècles s'étant reduite en roüille fort mince & s'étant mêlée avec la Massonnerie qui la tenoit, cette roüille mêlée avec la chaux & le plâtre avoit formé une espece de pierre, composée de ce mélange, qui avoit toutes les proprietés d'un veritable Aiman, d'une force assés considerable. Plusieurs Curieux, & moi entr'autres, eurent quelques morceaux de cet Aiman, que la nature avoit composé de la pourriture (pour ainsi dire) du fer & de la Massonnerie; mais ce qui me parut plus extraordinaire, c'est que cette espece de pierre faisoit non seulement tous les effets de l'Aiman naturel, mais qu'étant armée, elle multiplioit sa force comme le veritable Aiman. La Philosophie étant alors fort en vogue, beaucoup de personnes addonnées aux curiosités naturelles, firent, comme moi, differentes experiences sur cette pierre, & conclurent tous suivant ma pensée, que la matiere magnetique coulant pendant plusieurs siécles dans les tuyaux de cette pierre ferrugineuse, s'étoit fait des passages & des voyes dans ce composé de fer, comme elle fait dans le sein de la terre en une substance minerale, telle qu'est celle qui produit le fer, & qu'il faut dire être la seule qui soit propre à produire cet effet, puisque nous ne voyons pas qu'aucune autre substance que celle qui tient la nature du fer le fasse. Il est vrai qu'il y a des terres cuites qui font quelques effets de l'Aiman: mais quand on les examine de près, on voit qu'il y a du fer, ou bien quelque substance ferrugineuse. On voit encore des effets de l'Aiman, dans ce sable noir qu'on met à Rome sur les lettres. Cependant cette poudre qui vient de l'Isle d'Elbe, abondante en mines de fer, n'est au fond autre chose qu'un sable mineral, qui tient plus de la nature du fer que de la terre d'où il vient. De maniere qu'on ne peut dire rien de plus, si non que la seule substance du fer, ou autre semblable, est capable de former & conserver ces fibres par où la matiere magnetique puisse s'écouler librement ; & c'est, je crois, toute la raison qu'on peut donner, de ce qu'il n'y ait point d'autre corps qui fasse un tel effet, comme celui de l'Aiman.

Par où il semble qu'on peut conclure, suivant les experiences précedentes, que la matiere celeste magnetique peut facilement diriger les tuyaux du fer comme ceux de l'Aiman, parce que leur substance est semblable, & non pas celle des autres corps, quoique la même matiere celeste passe généralement à travers de tous les corps les plus compactes, & dont les pores sont plus serrés.

Quant-à-ce que le fer dont l'Aiman est armé, multiplie la vertu & la force de la pierre au centuple & plus, cela n'est pas difficile à comprendre après ce que je viens de dire ; car ces plaques de fer qu'on met sur l'Aiman, pourvû qu'elles ne soyent ni trop épaisses ni trop minces, empêchent que la matiere magnetique qui sort de tous les fibres ou tuyaux de la pierre ne se perde point dans l'air, mais elle s'amasse toute dans les plaques de fer qui l'enveloppent, & se réünit dans les deux jambages de l'armure, où tous les rayons magnetiques se ramassent, comme la lumiere du Soleil qui avoit à peine une chaleur sensible quand elle étoit répandue dans l'air, étant réunie par un miroir ardent dans un seul point du foyer, elle devient alors si cuisante, que non seulement elle brûle le bois, & fond les métaux, mais en peu de momens les pierres mêmes : choses que le feu le plus ardent ne peut pas faire si-tôt. De même les rayons magnétiques de l'Aiman étant réunis & ramassés dans les jambages de l'armure qu'on y fait exprès, c'est par cette raison que son action qui étoit très-foible sans armure, devient très-puissante lorsqu'il est armé à propos. Car si les plaques de fer dont on arme la pierre sont trop minces, elles laissent évaporer au travers la plus grande partie de la matiere magnétique, & au contraire si elles sont trop épaisses, la matiere circule dans les plaques de fer sans sortir au dehors, & sans produire l'effet qu'on desiroit d'attirer à soi le fer en grande partie.

Pour ce qui est de la maniere mécanique avec laquelle la matiere magnétique attire & joint le fer à la pierre, je crois à propos pour ne laisser rien d'obscur, de montrer en quelle maniere l'Aiman & les autres corps peuvent faire cette attraction ; d'autant plus qu'il me semble que ceux qui ont écrit de l'attraction, soit de l'Aiman, ou des corps qui font le même effet que l'Ambre, n'ont pas trop bien éclairci ce fait.

Je dis donc que tous les corps qui font quelqu'attraction, soit l'Aiman ou autre, font cette effet par l'émission de quelques vapeurs qui sortent & entrent au même-tems dans les fibres de leurs corps, & que dans ce mouvement de leurs vapeurs ils embraffent le corps qu'ils attirent à eux, comme nous faisons quand nous voulons embarasser quelque corps & l'approcher de nous. De maniere que la vapeur du corps qui tire à lui quelque chose, fait le même effet comme on le voit dans la figure *, soit un grain d'Ambre jaune, ou de pierre d'Aiman. Ainsi le petit brin de paille ou autre corps leger C. étant enveloppé par le petit tourbillon BB. qui remonte vers la source dont il émane, ce tourbillon l'embraffe & le pouffe, en le faisant monter vers le corps A. où il s'attache étroitement, mais seulement autant de tems que l'évaporation continuë, après quoi par sa propre pesanteur il retombe, n'étant plus soûtenu, comme on en voit l'effet dans tous les corps qui ont la même évaporation que l'Ambre, laquelle est très-foible, à moins de l'exciter par

* Fig. 6.

la friction. Ce tourbillon n'eſt pas different de celui qui ſort & entre dans l'Aiman ; ſi ce n'eſt que l'un eſt formé de la propre ſubſtance de l'Ambre, ou du Diamant, ou de quelqu'autre corps ; & celui qui ſort & qui entre dans l'Aiman eſt formé par une autre matiere externe qui vient du Ciel & qui circule dans les fibres de cette pierre. Or ce petit tourbillon, qui ſe meut en cercle pour entrer dans l'endroit d'où il ſort, forme pluſieurs portions de cercles, qui envelopant le corps qu'ils trouvent dans la Sphere de leur étenduë, l'embraſſent & l'élevent avec eux vers le corps duquel ces exhalaiſons ſortent. Je ne puis pas m'empêcher de dire que ces portions de cercles reſſemblent fort à des bras qui embraſſent avec eux tous les corps qu'ils trouvent dans leur chemin, & qui ne font pas une plus grande réſiſtance que leur propre force. La ſeule difference conſiſte en ce que la matiere magnetique enfile le fer par ſes pores & par les canaux qu'elle ſe forme de ſes fibres, & qu'elle l'enleve & l'attire à elle par un ſemblable, mais encore plus ſûr moyen.

Je repete donc, pour mieux me faire entendre, que cet effet n'arrivant point dans l'Aiman par l'émiſſion de ſes propres vapeurs, mais de la matiere celeſte qui fluë & circule fans ceffe dans fes fibres, entrant par un endroit & fortant par l'autre, & circulant toûjours de la même maniere, (ce qu'il faut bien entendre) cette matiere peut bien faire & fait effectivement la même chofe que font les vapeurs qui fortent de l'Ambre, & autres femblables corps, avec d'autant plus de force qu'en paffant à travers les pores ou fibres du fer, elle l'enfile, pour ainfi dire, comme les grains d'un chapelet, & en rentrant dans le corps de l'Aiman d'où elle fort, elle attire & pouffe le fer avec tant de force, qu'il n'y a point d'adreffe ni de force humaine qui puiffent l'empêcher de battre & de claquer contre l'Aiman, lorfqu'il eft prêt de fe joindre à lui. Car il faut comprendre que la matiere magnetique enfile le fer à peu-près comme on le voit dans la figure * A. Le Pole par où la matiere magnetique fort. B. par où elle rentre, & C. eft le fer qui eft pouffé vers l'Aiman, par cette matiere qui enfile fes pores comme ceux de cette pierre. Ainfi quand il eft prêt d'entrer, il eft pouffé avec tant de violence, que, comme j'ai dit, toute la force & l'adreffe de l'homme ne peut empêcher le bruit, qui réfulte

* Fig. 7.

de cette union précipitée, ce qui devroit nous faire comprendre aussi, la vivacité & la rapidité violente avec laquelle cette matiere celeste fluë & circule dans l'Aiman.

Il nous reste à expliquer pourquoi deux pierres se repoussent & se chassent mutuellement, si les deux mêmes Pôles se trouvent opposés; & au contraire qu'elles s'embrassent & se joignent étroitement si les deux Pôles contraires se regardent, ce qui paroît tout-à-fait opposé, mais qui étant néanmoins bien consideré, on voit que cet effet doit arriver, puisque nous avons vû que la matiere magnetique sort par les points qu'on appelle Pôles, pour entrer dans les autres opposés. Quand donc les deux Pôles de même nom, c'est-à-dire ceux par où la matiere magnetique sort, se trouvent vis-à-vis l'un de l'autre, il faut qu'ils se chassent, parce que la matiere sortant également avec impetuosité de l'un & de l'autre Pôle, c'est comme si deux vents contraires souffloient au même tems, qui se repousseroient l'un & l'autre; aussi voit-on, alors que la limaille qui est entre ces deux Aimans, s'arrange de la maniere qu'on le voit dans la figure 8e.*

Ce qui est encore très-important à re-

(*) Voyez la Fig. 8.

marquer, c'est que si vous coupez un même Aiman au milieu des deux Pôles, les deux morceaux qui se joignoient & n'en faisoient qu'un, se repousseront alors mutuellement. Il est vrai aussi qu'il faut considerer ces deux sections, comme étant deux veritables Aimans, car la matiere qui sort par un endroit rentre par l'opposé, formant toûjours le même tourbillon.

Mais quand les pores par où la matiere magnetique sort se rencontrent avec l'endroit par où la matiere magnetique entre, alors les deux Aimans se joignent étroitement, comme s'ils n'étoient qu'un seul & même Aiman, parce que la matiere magnetique qui sort de l'un, rentre facilement dans l'autre sans aucun trouble, & les portions de cercle que cette matiere forme, poussent les deux pierres à s'aprocher l'une de l'autre, comme je l'ai dit ci-dessus. *

Pour ce qui est de connoître au vrai si la matiere magnetique sort du Pôle Septentrional, ou bien si c'est tout le contraire, cela est fort difficile à sçavoir ; d'autant que la limaille formant un tourbillon qui entre & sort, on ne peut pas distinguer l'entrée de la sortie. Mais quant-à-

* Fig. 9.

moi je serois fort porté à croire, par quelques experiences, que c'est du Pôle Meridional qu'elle sort, & qu'elle entre par le Pôle Boreal.

Après avoir montré la raison de ces cinq proprietés principales de l'Aiman, il nous reste à dire quelque chose sur certains Phénomenes qui arrivent à cette occasion.

Pour suivre l'ordre avec lequel nous avons commencé, je dirai d'abord que la premiere proprieté de l'Aiman étant celle de se diriger vers les Pôles, il en arrive néanmoins cette diversité, qu'en plusieurs lieux de la terre, l'Aiman ou l'aiguille aimantée décline vers l'Orient ou vers l'Occident. Car quoique nous ayons dit que la pointe de l'aiguille aimantée regarde les Pôles du monde, cependant cela n'est pas toûjours vrai; d'autant qu'en differens endroits, non-seulement de la terre, mais dans la mer la plus éloignée du rivage, l'aiguille decline de côté ou d'autre, & plus ou moins, sans que jusqu'à présent on en sçache trop-bien la raison. Par exemple, à Paris au mois de Novembre 1700. l'aiguille longue de huit pouces, placée à cet effet à l'Observatoire Royal, déclinoit vers l'Occident de huit degrés treize minutes. En 1701. sa déclinaison étoit augmentée

augmentée dans l'espace d'environ un an entier de douze autres minutes, de maniere que sa déclinaison étoit de huit degrés vingt-cinq minutes. Mais dans l'année suivante 1702. au mois de Novembre, elle fut plus considerable, puisqu'elle augmenta de vingt-trois minutes, qui est presque la moitié plus que l'année précédente. Irrégularité considerable qu'on voit dans la déclinaison de l'aiguille aimantée, & qu'on remarqua aussi dans les années suivantes ; ce qui empêche de dire quelque raison probable, tant de la déclinaison de l'Aiman que de la diversité du mouvement annuel, jusqu'à ce qu'on puisse avoir des connoissances plus certaines, & plus nombreuses, que Messieurs de l'Observatoire ne manqueront pas de donner avec leur exactitude ordinaire. Car ce qui rend la chose encore plus difficile, c'est qu'en quelques endroits de la pleine mer, l'Aiman decline de plus de trente ou quarante degrés, & après que le Navire a parcouru quelque espace un peu considerable, l'aiguille se remet dans l'ordre ordinaire, se dirigeant directement vers les Pôles.

Il faut noter aussi que la déclinaison de l'Aiman s'accommode à la terre, à mesure que l'on s'éloigne, ou qu'on s'aproche des Pôles ; cependant cela n'est pas si exacte-

Tome II. N n

ment qu'il faudroit, car il semble que plus on approche des Pôles, plus la vertu de l'Aiman s'affoiblit, au contraire sous l'équinoctial elle est plus exacte. Ce qui arrive, je crois, parce que dans cette situation la matiere magnetique parcourant d'un Pôle à l'autre enfile l'Aiman.

Il est vrai que pour rendre raison de ce Phenomene, quelques-uns ont imaginé des mines de fer ou d'Aiman près des lieux où la déclinaison arrive, fondés sur ce qu'il est vrai que l'Aiman décline sur une table, s'il y a du fer auprès. Cette pensée peut être vraie quoiqu'on n'en ait pas aucune certitude sur laquelle on puisse faire fond, d'autant plus que l'experience montre que l'Aiman ou l'aiguille aimantée augmente tous les ans sa déclinaison de quelques minutes, ce qui ne devroit pas être si la chose arrivoit par des mines de fer qui sont proches du lieu où l'Aiman décline. C'est pourquoi quelques uns, comme Cardan, Fra-Castor, & autres plus modernes, ont imaginé un autre Pôle, qui suivant les apparences étoit plus dans leur tête, que dans le Ciel, qu'ils appellent le Pôle de l'Aiman. Mais à moins que dans ce Pôle il n'y ait quelque étoile qui cause ce dérangement annuel, & que cette Etoile ne change de place avec les autres dans l'année Pitagorique, dont nous avons parlé dans la seconde partie de cet ouvrage, je ne vois pas qu'il puisse y avoir quelqu'apparence de raison, d'autant moins encore que le mouvement des Etoiles fixes est fort égal, & au surplus on ne connoît pas facilement, sans être visionnaire, qu'il y ait auprès des Pôles du monde une Etoile qui ait une analogie avec cette pierre merveilleuse. C'est pourquoi je crois qu'en attendant un plus grand nombre d'experiences, il est plus à propos que nous nous taisions, afin de ne pas dire des choses, qui, n'aïant aucun fondement solide, puissent dégoûter le Lecteur, qui conviendra facilement qu'en des cas semblables il vaut mieux se taire que de mal parler.

L'on pourra peut-être parler avec plus de hardiesse, sur un autre Phénomene qui regarde la communication de vertu. C'est que si l'on passe une lame de couteau, ou autre fer, sur les Pôles d'une bonne Pierre d'Aiman, elle lui communique sa vertu. Mais si l'on repasse à contre-sens cette lame sur le même endroit de la pierre, elle perd à l'instant toutes les proprietés qu'elle avoit acquises. Par exemple, si j'tire la Lame de fer marquée * C. de A.

* Figure 10.

Nn ij

vers B. elle acquiert la vertu de l'Aiman par la raison que j'ai rapportée, où j'ai fait voir que la matiére magnetique pénétrant avec sa rapidité ordinaire, les Pores du fer, les débouche des parties hétérogenes qui s'opposoient à son passage, & redresse ses pores: Aïant vû que le fer ne pouvoit acquerir les vertus de l'Aiman, sans que l'ordre & la position intérieure de ses corpuscules fût changée en partie. Mais lorsque je pousse le Couteau à contre-sens, c'est-à-dire de B. vers A. alors les molecules du fer reviennent dans la même situation qu'elles étoient auparavant, & par conséquent il reste sans aucune vertu. Quoique cette raison de Descartes soit fort belle & ingénieuse, cependant étant approfondie, elle ne laisse pas d'avoir ses difficultés, comme toutes les choses du monde, mais n'en sçachant pas une meilleure (& peut-être que c'est la bonne) je la donne telle que je l'ai prise.

J'ai dit ci-dessus qu'il falloit concevoir l'Aiman comme une petite terre, & qu'il étoit composé comme elle d'un grand nombre de petits tuyaux directs, par où s'écouloit, avec une grande rapidité, la matiére magnetique; mais comme j'ai dit que les fibres de la terre ne sont pas toûjours directs d'un Pôle à l'autre, & qu'ils souffrent quelque interruption causée par la matiére hétérogene, semblablement il y a des Pierres, & j'en ai vû une entr'autres dont ces fibres ou canaux n'étoient pas directs, mais obliques, à peu-près comme on le voit dans la Figure. * Ce qui se connoissoit fort bien par la limaille de fer, qui étoit arrangée ainsi, par la rapidité de la matiere magnetique qui entroit & sortoit de ces fibres. Ce qui fait voir, que pourvû que cette matiére celeste puisse passer librement, cela suffit, & on peut présumer que cette matiére a formé dans cette pierre, & autres semblables, des tuyaux obliques, pour avoir trouvé dans son chemin une substance hétérogene, & qui ne s'arrangeoit pas au courant direct de cette matiére. Ce qui nous montre aussi, qu'il faut une substance particuliere, & propre à recevoir les impressions que la matiére celeste lui imprime dans sa course, comme est celle qui produit le fer, & non pas aucune autre.

J'ai lû en quelqu'Auteur, qu'il y a des choses qui empêchent l'action de l'Aiman, entr'autres le Diamant, & le jus d'oignon. Mais, autant que j'ai pû l'experimenter, je ne trouve rien qui empêche l'action de cette matiére magnetique, qui, étant d'une subtilité au-delà de tout ce qu'on peut di-

* Figure 11e.

re, passe toûjours à travers des tables & des pierres les plus dures avec la même force & rapidité. J'ai expérimenté qu'un gros Diamant, interposé entre une Aiguille suspenduë à un cheveu, ne l'empêchoit pas de se diriger vers l'Aiman, & de faire effort pour s'y joindre. De même je n'ai pas vû que le jus d'Ognon, ni d'Ail, ait empêché en rien l'action d'une bonne Pierre. J'ai fait de plus une autre expérience, en interposant la flamme entre cette Aiguille & l'Aiman. Cependant elle se dirigeoit & s'élevoit vers cette Pierre à l'ordinaire, comme s'il n'y avoit rien eû entr'eux, de quoi je n'ai pas été trop étonné, puisque la matiére (à mon avis) qui fait toutes les actions de l'Aiman, est la même qui produit la flamme, comme nous l'avons montré dans les principes en parlant du feu. J'ai seulement conclu, que puisque la flamme ne produisoit aucune diversité dans l'action de l'Aiman, les autres corps immobiles ne peuvent pas non plus détourner les mouvemens rapides de cette matiére celeste, qui par son extrême subtilité passe sans résistance à travers les pores les plus compactes & les plus durs, tel qu'est le Diamant.

Les seules choses qui peuvent détruire totalement la vertu de l'Aiman, sont, à mon avis, l'Air humide qui le peut roüiller, & le feu ardent qui peut déranger, comme il dérange en effet la direction des fibres de l'Aiman, aussi-bien que du fer aimanté. Cependant le fameux Boyle rapporte une expérience qu'il a faite, que le feu, à la verité, fait perdre toute la vertu de l'Aiman, si l'on y fait rougir la pierre: mais que si en la tirant du feu, ainsi toute rouge, on la place de maniére que ses anciens Pôles regardent directement les Pôles du Monde, alors en en peu de tems, c'est-à dire étant refroidie, elle recouvre toute la vertu qu'elle avoit perduë, & elle devient presqu'aussi bonne qu'auparavant, pourvû que le feu n'ait point calciné la Pierre en la tenant trop long-tems dans les flammes ardentes.

Le fer rougi par le feu, & exposé directement vers le Pôle, acquiert en peu de tems, & presqu'en un instant, la vertu de l'Aiman comme s'il en avoit été touché; ce qui ne peut provenir que de la même cause que j'ai dit en parlant du fer; c'est-à-dire du cours de la matiére éterée qui arrange les fibres de ce Métal encore mol par le feu, & fait en peu de tems ce que la même matiére fait au fer en un tems plus long.

Je ne laisserai pas de dire qu'une Pierre d'Aiman de beaucoup d'efficace étant réduite en poudre, n'a plus de force pour tirer la moindre petite parcelle de fer, dont la raison est la même que si elle étoit roüillée, ou gâtée par un feu ardent : c'est-à-dire que ses fibres ou ses tuyaux, par lesquels la matière du tourbillon celeste passoit pour produire l'effet ordinaire, ont été gâtés, & que le petit tourbillon qui se formoit autour de la pierre ne se forme plus.

Il y a aussi des choses qui peuvent conserver & même fortifier la vertu de l'Aiman, dont les principales sont de tenir les pôles de la pierre tournés directement vers ceux du monde, d'avoir soin de la couvrir de limaille, & de la tenir enveloppée d'un drap rouge, que le Pere Kirker préfere à toutes choses, parce que l'Arbre qui donne cette teinture vient ordinairement sur les mines de fer.

Je dirai aussi que j'ai vû entre les mains du curieux Monsieur Puget, qui avoit les pierres d'Aiman les plus singuliéres, une petite pierre ronde ; laquelle étant attachée, par sa propre vertu naturelle, au pôle convenable d'un autre Aiman rond, comme on le voit dans la Figure * ; en faisant piroüetter le petit Aiman d'en bas marqué A, qui se tenoit attaché par sa pro-

* Figure douziéme.

pre vertu magnetique au Pole de l'autre Aiman désigné par B, lorsque le mouvement de celui-là cessoit, il s'arrêteroit toûjours dans le même point ou meridien de l'autre pierre supérieure, l'une & l'autre pierre étant marquées avec une ligne rouge, qui indiquoit le meridien de ces Aimans.

Je ne sçais pas, & je ne puis point dire si cette proprieté est dans tous les Aimans; car s'il étoit vrai qu'ils tournassent suivant les divers Méridiens, de même que l'Aiguille s'éleve ou s'abaisse suivant la differente hauteur du Pole, l'on trouveroit facilement le moyen de connoître les longitudes que l'on cherche avec tant de soin.

J'ai fait autrefois des expériences qui m'en donnoient quelque espérance; mais comme il faut qu'elles soient faites sur un Navire qui fasse un long voyage, ma paresse & d'autres affaires m'ont empêché de m'éclaircir sur ce point. J'en fais l'ouverture, pour exciter d'autres personnes à se servir de ce récit, qui donne une connoissance qui peut-être ne sera pas inutile à ceux qui auront l'esprit de l'employer à propos, & je désire de bon cœur qu'on en fasse un meilleur usage, & plus heureusement que je n'ai fait.

J'ajouterai que rarement on trouve de gros Aimans qui élevent un grand poids, parce qu'il est difficile de trouver dans une grande étenduë tous les tuyaux de l'Aiman bien & directement disposés. C'est pourquoi les petits sont souvent plus forts, si on compare leur propre poids à celui qu'ils élevent. J'en ai vû un entre les mains de Monsieur Puget, qui enlevoit deux cens fois sa propre pesanteur. Un de mes Amis en avoit un autre, pesant environ trois quarterons, qui élevoit 25. livres. J'en ai eû long-tems un médiocre, qui pesoit environ quatre onces, qui enlevoit au tour de cinq livres pesant.

Je dirai encore que feu Monsieur Jobelot avoit fabriqué des Aimans artificiels, composés de plusieurs plaques de fer Aimanté, & jointes étroitement ensemble, qui faisoient l'effet d'un grand & fort Aiman. Mais il faut Aimanter le fer, avec une pierre qui ait beaucoup de force. Ce qui est une fort belle invention, pour avoir des Aimans à juste prix, & de grande force.

Quoique Kirker dise que ce qu'on lui avoit écrit de Flandres étoit faux, qu'il puisse y avoir une pierre d'Aiman avec quatre Pôles; cependant je dirai que j'en ai vû une semblable, entre celles qu'avoit

Monsieur Puget. Mais à dire la verité Kirker a raison, parce que cette pierre étoit plûtôt formée par l'union de deux pierres, que par une seule. On le peut même croire d'autant plus facilement, que Rohault parle d'une semblable pierre, que Descartes a placée parmi celles dont il fait la description.

Il est du devoir d'Historien, de dire que la direction de l'Aiman vers les Pôles, a donné occasion à cette belle & utile invention de la Boussole, & par ce moyen de faire des Cartes Marines, sans lesquelles l'Art de la Navigation seroit fort imparfait. Plusieurs Nations se disputent la gloire d'une si noble & si importante invention, mais l'opinion la plus commune & la mieux fondée est qu'on la doit à un Italien de la Ville d'Amalphi, au Royaume de Naples, appellé *Jean Goya*, ou suivant quelqu'uns *Jean Gire*, homme fort entendu dans la Navigation. Ce qui nous est indiqué par ce vers.

Prima dedit nobis, usum Magnetis Amalphis.

C'est-à-dire, cette Ville est la premiére qui nous a donné l'usage de la Boussole par l'Aiman. Il est neanmoins vrai, & beaucoup d'Auteurs en font foi, que les Chinois ont eû, plusieurs siécles avant nous l'usage de la Boussole. Il y a même des personnes qui croyent que Marc-Paul, revenant de la Chine, en Europe, l'an 1260. a donné les premieres lumieres de cette faculté de l'Aiman. Cependant il ne paroît pas que le Pere Kirker convienne de ce fait, quoiqu'il ne soit pas éloigné de croire que les Arabes, & autres Nations ont eû connoissance de la Boussole avant nous.

Quant aux jeux & aux petites apparences trompeuses qu'on peut faire par le moyen de l'Aiman, il y en a une grande quantité. J'ai un petit Livre que ce Monsieur Puget, dont j'ai parlé, avoit fait imprimer à Lyon, où il en décrit un très grand nombre, & les gens d'esprit peuvent en inventer encore d'autres, qui donneront de l'étonnement à ceux qui n'en sçavent pas l'artifice & la cause.

Je crois que cela doit suffire pour ce qui regarde mon sistême de l'Aiman, qui consiste en deux mots, à dire que toutes les actions de l'Aiman sont produites par une matiére celeste invisible, qui forme dans cette admirable pierre des tuyaux, par où elle circule avec une rapidité incroyable sans que rien puisse l'arrêter. Et cette rapidité seule (à mon avis) suffit, sans avoir besoin de recourir aux figures, pour rendre raison de tous les mouvemens & propriétez de cette pierre.

Je ne fçai pas fi l'on fera content de ce fiftême fur l'Aiman ; que s'il manque en quelque partie, je prie les efprits plus pénétrans que le mien de vouloir bien le rectifier & aider à la lettre, fi je n'ai pas expliqué affés nettement ma penfée. Et fi j'ai réuffi probablement, dans le deffein de donner un fiftême plus fimple que celui de Defcartes, on pourra conclure que par differens moyens on peut rendre raifon de la même chofe, & que fouvent les imaginations les plus étranges qui plaifent à quelques perfonnes, font meriter à ceux qui les produifent le nom de fçavant, & même de genie fuperieur.

Il ne nous refte plus qu'à faire quelques réflexions fur cette matiere magnetique. La première confifte à remarquer que les proprietés que l'Aiman fait paroître, ne viennent pas des exhalaifons de fa propre fubftance, qu'on excite en frottant la pierre, comme on l'a vû dans l'Ambre & autres fubftances Electriques, qui attirent indifferemment tous les corps qui ne font pas trop pefans & réfiftans à leur action. Mais que les vertus de l'Aiman proviennent d'une matiere celefte qui parcourt dans fes fibres, que cette même matiere a difpofé comme des petits tuyaux ou canaux, dans lesquels elle fluë avec une rapidité & vitesse immense. Ces Canaux, & le mouvement rapide de cette matiere, sont la seule cause (à mon avis) de tous ses effets. De maniere que l'Aiman ne peut jamais cesser d'agir, parce que la matiere magnetique celeste, ne cesse jamais de couler dans ses fibres. Different en cela des corps Electriques, qui n'agissent sur les autres corps, qu'autant que dure l'exhalaison qu'on a excité par la friction, & dont le tourbillon enveloppe indifferemment & attire tous les corps. Mais l'Aiman n'attire que le fer, parce que cette action se fait diversement. Car l'exhalaison de la matiere magnetique enfile le fer par ses pores & par les canaux qu'elle se forme, & par ce moyen l'attire à la pierre. Ce que les matieres Electriques font, en enveloppant simplement dans les cercles de leur tourbillon les corps qui y sont enfermés, & les élevant à eux.

Comme le sujet m'y conduit, j'ajoûterai ici ce que l'Academie de Florence rapporte, ce que j'ai experimenté dans la plupart des choses qu'elle dit.

Que pour ce qui regarde l'attraction des corps legers, qu'on appelle *vertu Electrique*, en premier lieu c'est le Succin, en latin *Electrum*; parce que c'est la pierre qui attire le plus fortement. 2°. La Gomme Laque. 3°. Le Diamant, le Saphir blanc, l'Emeraude, la Topase blanche, l'Epinelle, & le Rubis balais. 4°. Après ces pierres, les Cristaux, & le Marbre blanc & noir, entre lesquels il n'y a pas grande difference. Les autres pierres opaques n'attirent point, comme le Lapis-Lazuli, la Turquoise, les Perles, Diaspres, & Agates. Les Memoires de Messieurs de l'Académie de Paris, disent que les sels n'ont point de vertu Electrique; mais ils me pardonneront si je dis le contraire, car étant frottés contre la main, ils attirent comme les autres corps Electriques.

Le Succin & les pierres précieuses dont on a parlé, non-seulement étant frottées, mais étant en quelqu'autre maniere échauffées en les approchant du feu, ou liqueurs chaudes, elles attirent.

L'Ambre jaune ou Succin n'attire point la flamme, comme dit Plutarque, mais il attire néanmoins la fumée.

La vapeur de la glace éteint la vapeur attractive du Succin, & il lui faut quelques heures pour reprendre sa force.

Boyle raconte qu'un Diamant, quelque effort qu'on fist pour montrer à une personne sa vertu Electrique, il n'y eut jamais moyen de le faire agir; néanmoins quelques heures après étant frotté legerement, il agiſſoit avec force. Peut-être qu'il avoit souffert quelque vapeur froide.

Il faut remarquer auſſi qu'un petit empêchement, mis entre l'Ambre & le corps qu'elle doit attirer, interrompt l'effet attractif.

Mais pour revenir aux réflexions que nous faiſions ſur l'Aiman, je dirai qu'il me paroît que cette pierre nous découvre une choſe importante. C'eſt que la matiere Etérée & Aërienne du monde ont enſemble un cours reglé, quoiqu'inſenſible, d'un Pôle à l'autre. Je ſerois même porté à croire, comme je l'ai dit, que le cours commence du Pôle Meridional vers le Boréal, & que de celui-ci, il va de nouveau en circulant au même Pôle Auſtral. Ce qui paroît fortifier cette penſée, c'eſt qu'on prétend, comme je le ferai voir dans la ſuite, que l'Ocean a un cours reglé du midi vers le Septentrion, ſans empêcher l'autre mouvement qui eſt celui d'Orient en Occident, ſuivant le mouvement de la terre ſur ſon Axe; car ces mouvemens ne ſe confondent pas, comme je le dirai en parlant du mouvement de la mer, & de ſon flux & reflux; ſans nous arrêter trop ſur ce qu'on dit, qu'il y a ſous les Pôles des gouffres où la mer se précipite pour sortir par le Pôle opposé.

Quoiqu'il en soit, il est au moins probable que la matiere du tourbillon celeste n'étant pas immobile, mais s'écoulant toûjours, elle ait quelque chose du mouvement que l'Aiman nous indique, en tout, ou en partie.

Voilà tout ce que j'ai cru pouvoir dire de plus probable des actions de l'Aiman, comme aussi des Phenomenes que l'on découvre à l'égard de ses proprietés principales, & des connoissances qu'elles peuvent nous donner sur le cours de la matiere magnetique, que je crois être la même qui fait mouvoir la terre, soit au tour du Soleil dans le mouvement annuel, soit sur son propre axe dans le mouvement diurne, ce qu'elle fait avec la rapidité & vitesse démontrée qui est sensiblement dans le quatriéme Chapitre du Traité du Mouvement. C'est cette rapidité qui avec les tuyaux de l'Aiman par où elle s'écoule sont les fondemens de ce sistême, que des personnes plus éclairées que moi pourront rectifier, s'ils trouvent qu'il y ait quelqu'apparence de probabilité à ce que j'en ai dit.

Il ne nous reste à présent qu'à dire quelque chose qui paroît contrarier ce sistême, par certains Phenomenes qui arrivent dans les effets de l'Aiman, lesquels étant expliqués on verra qu'ils n'y font pas grand tort.

Par exemple : si vous avez touché un fer à une bonne pierre d'Aiman, ce fer a acquis la vertu d'attirer d'autre fer. Cependant si vous ployez ce fer plusieurs fois en differentes manieres, il perd ou tout-à-fait ou en partie la vertu qu'il avoit acquise. Mais cela ne fait voir autre chose en substance, sinon que la direction des pores du fer, que le cours de la matiere magnetique avoit dirigés, comme je l'ai dit, pour donner un libre cours à cette matiere, ont été dérangés, & qu'elle ne peut plus s'écouler, comme elle faisoit auparavant, par les mêmes canaux qu'elle s'étoit formés, & qui ayant été dérangés, l'effet ne s'en suit plus : ce qui au lieu d'être contraire au sistême le confirme.

Il y a une experience qui est en quelque maniere semblable, qui confirme la précédente. C'est que si vous remplissez un tuyau de limaille de fer & que vous passiez ce tuyau sur une bonne pierre d'Aiman, ce tuyau acquerera la vertu d'attirer le fer, comme si cette limaille ne formoit qu'un seul morceau de fer.

Cependant si vous vuidez la limaille, &
qu'après l'avoir mêlée vous la remettiez
dans le même tuyau, alors elle n'attire
plus d'autre fer, & elle a perdu toute
la vertu qu'elle avoit acquise. Ce qui
arrive, à cause que les particules de la limaille
qui avoient acquises cette vertu, &
qui étoient appuyées l'une sur l'autre,
comme si elles ne formoient qu'un seul
morceau de fer, étant dérangées ne forment
plus les mêmes canaux, par où la
matiere magnetique s'écouloit auparavant.
C'est à peu-près la même chose, comme
si vous aviez pilé une pierre d'Aiman,
dont les fibres & les canaux sont interrompus
par ce moyen pour faire l'action.

Le foudre qui tomba dans un Vaisseau,
à ce qu'on raporte, changea si fort la direction
de l'aiguille d'une Boussole, qu'on ne
pût jamais la racommoder. Car l'aiguille
tournoit toûjours d'un certain côté. Ce qui
fait voir que ce feu celeste, qui tomba
fort près de la Boussole, produisit le même
effet que si on avoit mis cette aiguille aimantée
dans le feu, & changea la direction
des pores & des canaux par où la matiere
celeste pouvoit s'écouler sans empêchement.

Plus étrange me paroît l'effet d'une pierre

qu'un homme d'Avignon poſſedoit, ſur laquelle en touchant une clé, qui devenoit aimantée à l'ordinaire, cette clé élevoit un poids quatre fois plus conſidérable que la même pierre n'auroit fait. Ce que j'attribuerai plûtôt à ce que la pierre étoit mal montée, & qu'aïant beaucoup plus de force qu'elle n'en faiſoit paroître, la pierre la communiquoit au fer plus qu'elle n'en donnoit elle-même des marques, par la faute de l'ouvrier plûtôt que par la ſienne.

Dans une des Iſles de fer que le Dannemarc poſſede à 62. degrés de latitude, il y a une montagne où la Bouſſole tourne en rond avec grande violence, & enfin elle perd toute ſa vertu. Ce qui vient, à ce que la relation aſſûre, de ce que la plus grande partie des montagnes voiſines ſont pleines de fer & d'Aiman. Il y a apparence que leurs exhalaiſons très-fortes tirent l'aiguille de tous côtés, & enfin changent de maniere la direction de ſes pores de côté & d'autre, que la matiere magnetique ne trouve plus une entrée facile & libre comme auparavant.

Par ces experiences & autres ſemblables, qui paroiſſent en quelque maniere apporter quelque difficulté au ſiſtême & aux effets de l'Aiman, on voit que ſi on examine bien la choſe, loin d'être contraires, ces mêmes Phénomenes peuvent le confirmer. C'est pourquoi j'ai voulu en rapporter quelques exemples, afin que le Philosophe tâche d'examiner ce qu'il voit, avant que de former un jugement contraire.

Mais ayant parlé de l'Aiman commun, je crois devoir dire encore deux mots de ce qu'on appelle *Aiman blanc*, auquel quelques Charlatans, ou prétendus Magiciens qui se disent Naturalistes, attribuent cette vertu, que si on en touche un homme ou une femme, elle lui donne de l'amour, & l'attire à celui ou celle qui fait l'attouchement, comme l'Aiman fait le fer; d'autant plus, disent-ils, que cette pierre s'attache aux levres & à la chair, comme le fer fait à l'Aiman.

Cependant ayant bien consideré cette pierre, qui se tire effectivement des mines de l'Aiman, j'ai vû que ce n'est qu'une espece de craye blanche, dans laquelle j'ai presque toûjours trouvé quelques petites paillettes de fer. Cette craye étant fort séche & poreuse, si on l'approche des levres qui sont presque toûjours humectées, elle s'y attache fortement, mais non pas aux autres parties du corps. Il est vrai aussi que la pierre d'Aiman ordinaire l'attire, mais j'ai remarqué que c'est à cause des particules de fer qu'on y trouve. C'est pourquoi je suis plûtôt porté à croire que ce qu'on en dit, est plus pour vendre cher cette marchandise, que pour la vertu qu'on lui donne & qu'elle n'a pas. Il est vrai encore qu'en bravant une fois une Demoiselle qui faisoit la cruelle, je lui dis que j'avois de quoi rabattre son orgueil, en la touchant, comme je fis, avec cet Aiman blanc que j'avois dans ma poche. Cependant si je la touchai par la suite en ma faveur, j'avouë que je l'aurois attribué à la vertu qu'on donne à cette pierre, si dans ce tems-là je n'eusse eû 22. ans, & que suivant le proverbe ; *le Diable encore étoit beau quand il étoit jeune.* Je laisse pourtant croire tout ce qu'on voudra, je dis seulement ce que j'ai pû connoître en examinant cette pierre, qui au fond n'est que de la craye mêlée avec quelques paillettes de fer, ou d'Aiman, qu'on tire des mines de ces Mineraux.

Pline rapporte sur la foy de Soracus, ancien Auteur, qu'il y a une espece d'Hematite appellée *Androdumas*, qui est d'une couleur noire, fort dure & fort pesante, qu'on trouve en Barbarie. Outre plusieurs vertus qu'on lui attribuë, comme d'arrêter l'Hemorragie du sang & autres, il dit qu'elle attire non seulement le fer, mais l'Argent & le Bronze. Cependant nous ne connoissons pas à présent d'autre pierre qui ait la vertu attractive que l'Aiman, & même que sa vertu est limitée à attirer le fer seulement, ne connoissant aucune pierre qui tire l'argent ou le bronze.

Du Tertre dit que l'Aiman ne sert de rien pour tirer le fer des playes. Mais il vaudroit mieux se taire sur ce qu'on ignore, que d'en mal parler. Il suffiroit de lui montrer l'experience, qui fait voir qu'on l'emploïe utilement. L'Aiman ne tire point par attraction ; mais comme cette pierre contient beaucoup de fer & de soulphre qui la compose, en resserrant les chairs, elle fait sortir le fer qui est dans la playe.

CHAPITRE VI.

Du Magnetisme de plusieurs autres Corps.

ARistote a prouvé, & je le montrerai avec évidence au Traité de l'Homme, que toutes les actions sensibles de la nature sublunaire, (de laquelle nous parlons présentement) se font par l'émission de quelque matiere spiritueuse qui sort d'un corps, & qui entre ou touche les fibres & les esprits d'un autre Corps. Ce que nous avons dit & que nous experimentons dans l'Aiman, nous doit faire comprendre qu'il arrive la même chose dans les autres effets qui nous paroissent merveilleux. Il n'y a rien de plus admirable que de voir une pierre immobile, attirer à elle le fer avec tant de violence, que la main la plus forte ne sauroit le retenir, quand la pierre & le fer sont dans la Sphere de leur activité. Quoiqu'on attribuë communément l'action à l'Aiman, parce que cette pierre rend le fer comme un autre Aiman semblable à elle, & qu'elle lui communique la propriété de se diriger vers les Poles; cependant il est douteux, quand le fer est aimanté, si c'est l'Aiman qui tire le fer, ou bien si c'est le fer qui attire l'Aiman.

Quoique le veritable agent soit la matiere Magnetique qui s'écoule d'un Pôle à l'autre, pour moi je suis disposé à croire que l'action est reciproque: c'est-à-dire, que de même que deux personnes qui s'aiment réciproquement avec la même ardeur, désirent également de se joindre & de s'embrasser ; semblablement je crois que le fer aimanté court au-devant de l'Aiman, comme celui-ci court au fer. Car l'action venant proprement du mouvement de la matiére magnétique, qui passe à travers des pores

pores de l'Aiman ; ainsi quand le fer a pris la nature de l'Aiman, il est poussé également vers la pierre, comme la pierre vers le fer, & de la même maniére que feroient deux Aimans l'un vers l'autre. Cependant ce qui cause le merveilleux, c'est que ces effets arrivent sans le concours d'une matière visible.

Mais cette verité étant connuë, on ne doit pas trouver étrange qu'il y ait des corps, de qui émanent des vapeurs invisibles, qui font certains effets qui nous paroissent surprenans, parce que la cause en est invisible. C'est pourquoi quand nous verrons que la Belette va se jetter elle-même dans la gueule du Crapau, * qu'elle abhorre, il faut dire que cet effet provient des vapeurs venimeuses qui s'exhalent des yeux & de la gueule de cette vilaine bête, qui troublent de maniere les esprits de la Belette, & l'enyvre à un point qu'elle ne sçait plus ce qu'elle fait. Et en quelque maniere elle se sent enveloppée &

---

* En 1723. un Piqueur fit voir au Roi & à toute la Cour, qui chassoit dans la forêt de Fontainebleau, cet effet du Crapau sur la Belette, qui après plusieurs cris & s'être demenée long-tems, alla enfin mettre sa tête à la vûë de tout le monde, dans la gueule de ce vilain animal.

attirée dans le ventre du Crapau, comme le Succin enveloppe la paille & autres corps legers qu'il attire à lui. Il en faut dire de même de la Belette, qui attire le Roffignol.

Quoique cet effet paroiffe furprenant, cependant celui qu'une femme fait tous les jours fur un animal auffi raifonnable que l'homme fe dit être, me paroît beaucoup plus merveilleux. Car fouvent elle l'attire à elle malgré lui, comme le Crapau fait la Belette, & le force, contre les lumieres de fa raifon, à faire tant de fotifes qu'il fait, & fouvent de courir à la mort, foit ou par jaloufie ou par vengeance, ou pour parvenir à cette fatale union, qui fait tant de honte (étant bien confiderée) à la nature humaine. N'étant que trop vrai qu'un homme, fur qui les vapeurs d'une femme ont beaucoup d'action, eft capable de tout faire & de tout entreprendre, à quelque prix que ce foit, & en connoiffant même fouvent que fa perte eft infaillible. On doit entendre la même chofe de la femme, dominée par les vapeurs de l'homme, qui, quoique timide, ofe tout entreprendre en fa faveur.

Je ne parle point ici des autres animaux fenfibles, ni du combat des Taureaux pour une vache, ni de celui des Sangliers pour une Laye, ni des autres bêtes; mais de l'homme seul qui vante si fort sa raison. Que si l'on fait bien réflexion sur les peines & les tourmens qu'il endure, éloigné de ce qu'il aime ardemment, ce qu'il souffre en voulant se détacher en vain de ce fatal & invisible lien qui le tient si fort garotté, on n'aura pas de peine à comprendre que les vapeurs qui sortent de certains animaux, peuvent produire des effets qui nous paroissent merveilleux, parce que nous n'avons pas de sens propres à discerner ces vapeurs & voir de quelle maniere elles agissent sur nous, ou sur d'autres individus. Il faut croire que les vapeurs qui s'exhalent du corps de la Torpille, & qui engourdissent les bras de ceux qui la touchent, même avec un bâton, sont fort abondantes, & d'un subtilité extrême, pour pénétrer le bâton & le bras de celui qui la touche en quelque maniere, & de glacer le sang & les esprits qui sont dans ses veines ou dans ses nerfs.

Si ces choses ne sont pas assés sensibles, peut-on nier au moins que la force des regards amoureux, ou coleres, troublent l'esprit, & qu'ils font aimer, ou bien irritent, ou font craindre ceux qui sont regardés d'une ou d'autre maniere. C'est une opinion des Anciens Romains, que les regards malins des hommes pouvoient faire du mal, comme Virgile le fait dire à ses Bergers : *Oculis mihi fascinat agnos.* Cette opinion regne encore à présent dans Rome, & particulierement parmi les femmes qui croyent que les regards malins & envieux donnent un fort grand mal de tête, qu'on guérit d'une certaine maniere, où il me paroît qu'il y a beaucoup de superstition. Elle regne sur-tout parmi les Arabes.

Ce qu'il y a de sûr, c'est que les regards des yeux malades peuvent communiquer, par l'émission des vapeurs qui en sortent, le même mal : & quoique cela ne soit pas toûjours vrai, parce qu'il faut qu'il y ait quelque disposition de la part du patient à recevoir l'action, cependant il suffit que cela arrive quelquefois, & quand ces dispositions s'y trouvent. Etant constant qu'il y a plusieurs maladies qui se communiquent à ceux qui ont des dispositions, & qui n'agissent point du tout sur d'autres sujets, comme on le voit dans la peste, dans la petite verole, & dans celle d'une autre espece que les femmes donnent aux hommes ; & j'ai conni deux personnes, qui ayant couché une nuit dans le même lit avec une certaine femme, l'un prit tant de mal qu'il en perdit les deux yeux, & l'autre n'eut pas la moindre apparence de maladie, ou d'incommodité. Mais quoique cela soit vrai, je rapporterai une chose bien plus prodigieuse, & qui paroîtra un conte plus étrange que celui du Basilic: Le fait est qu'on brûla de mon tems, * à Naples, un homme qui empoisonnoit & tuoit les personnes avec ses regards coleres, quand il étoit irrité. Il avoüa, dans les tourmens de la question, d'avoir fait mourir entr'autres un Evêque de ce Royaume, qui le menaçoit de quelque châtiment, s'il ne quittoit certaines allures qu'il avoit avec une Religieuse de son Diocèse, qui ne convenoient pas. Je n'ai pas vû l'homme, mais des gens dignes de foi, m'ont dit qu'il étoit de poil roux, & d'une physionomie affreuse. C'est un cas singulier, auquel on peut dire, pourquoi ne faisoit-il pas mourir les Juges & le Boureau? Mais on pourroit répondre qu'un homme entre les mains de la Justice, qui a langui long-tems dans un cachot avec des fers, n'est pas dans un état

---

* En 1660. ou environ.

de colere, & que ses esprits étoient fort abattus & peu propres à faire du mal.

Quoiqu'il en soit, le fait est vrai, & si on ne veut pas le croire, on peut s'en passer comme de plusieurs autres choses que j'ai dites, & que je dirai. Cependant je suis convaincu, par l'experience, que les regards malins peuvent faire quelquefois du mal aux gens, quoique rarement jusqu'à la mort. Ce que je viens de rapporter est un cas très-rare, & très-particulier dont je n'ai point entendu parler, & que je ne croirois pas non-plus, s'il n'étoit arrivé de mon tems, & que des personnes dignes de toute croyance ne m'en eussent informé exactement, & que d'ailleurs je n'eusse vû quelques effets médiocres de cette nature dont je parlerai dans la suite, qui me font croire les plus forts. Car enfin il n'y a de difference que du plus au moins, & les esprits qui viennent immédiatement du cerveau par les yeux, peuvent être d'un feu si malin, qu'ils font l'effet de la vapeur de la petite verole, & d'autres semblables maux. Quoique ce soit une chose rare, cependant elle n'est pas audessus des forces de la nature, non plus que ce qu'on rapporte du Basilic, qui tuë, dit-on, avec ses regards seuls, auſquels je crois qu'il y joint les exhalaiſons de ſa gueule peſtiferée. Ce qui eſt d'autant plus probable, qu'on dit que ces Monſtres qui tuent avec les regards, naiſſent dans les lieux les plus brûlans de l'Affrique.*

Apollonides aſſûre, & Solin après lui, qu'il y avoit dans la Tartarie des femmes qui tuoient avec les regards malins, & qu'il y en avoit de ſemblables en Sardai-

* Ce que l'Auteur avance, mérite qu'on rapporte ce que le Pere Lobo dit d'une eſpece de ſerpent, qui pourroit bien être le Baſilic des Anciens. Il dit donc qu'en traverſant un Déſert pour retourner au Royaume de Tigré, comme il étoit couché à terre, il ſe ſentit fort incommodé, ce qui l'obligea de ſe relever. J'apperçûs, dit-il à quatre pas de moi un de ces Serpens qui lancent leur venin d'aſſés loin. Quoiqu'il ne m'eut pas approché de plus près, j'en ſentois déja les effets, & ſi j'euſſe attendu plus long-tems, je ne pouvois pas en réchaper. J'eûs recours à la Pierre de Bezoard &c. Ces Serpens ne ſont pas fort longs, ils ont le ventre gros & tout tacheté de noir, de brun & de jaune; ils ont la gueule très-grande, & reſpirent beaucoup d'air quils retiennent, & puis le repouſſent avec tant de force & d'abondance, qu'ils empoiſonnent & tuent de quatre pas.

Voyage. Hiſt. d'Abiſſinie, imprimé à Paris chez la Veuve Coutelier, en 1729.

gne. Pline rapporte, après quelques Auteurs, qu'il y avoit une famille de gens qui avec leurs regards faisoient sécher les arbres, & tuoient les enfans. Un Auteur Espagnol, appellé *Covarruvias*, écrit qu'il y avoit en Espagne une certaine race de gens, qui étoient regardés comme infâmes, d'autant qu'ils faisoient mal aux personnes qu'ils regardoient avec colere. Il y avoit, dit-on, des gens semblables, parmi les Triballes & les Esclavons. Plutarque dit, sur la foi d'un Auteur Ancien, qu'il y avoit de pareilles personnes qui habitoient dans les terres du Royaume de Pont, qu'on appelloit *Thibios*. A Rhodes, ceux qu'on appelloit *Telchinos* avoient la même proprieté maligne. Il y a des exemples fréquens à Rome, des femmes qu'on appelle Sorcieres, qui font du mal aux enfans par leurs regards. Le Pere Nieremberg, de qui j'ai pris beaucoup de choses, assûre d'avoir vû tomber mort un fort beau cheval, par les regards malins & envieux d'un homme. Ce Pere ajoûte, que Leonard Varis écrit qu'un homme étant entré chez un Lapidaire, qui avoit entre les mains une pierre de prix, aussi-tôt que cet homme malin l'eut regardée, elle se

*Occult. Philoso. en Espagnol, pag. 26 & 27.

fendit

fendit en deux. Floro, dans les *Simpofios de* Plutarque, affûre avoir connu des perfonnes, qui en regardant les enfans leur caufoient de grands maux.

Mais pourquoi aller chercher des exemples fi loin, & quelle raifon aurions-nous de croire qu'un tel effet des regards peftilens eft incroyable, quand nous connoiffons par l'experience quelle force ont les regards tendres d'une femme amoureufe, pour nous infpirer de l'amour, & nous réveiller à une action lubrique. N'eft-il pas auffi poffible que les regards empoifonnés, & les exhalaifons peftilentes d'un animal venimeux, nuifent à notre temperament jufqu'à donner la mort, puifque les autres troublent fi fort l'efprit animal, que fouvent cela nous conduit à des chofes, qui, bien confiderées, nous devroient faire mourir de honte. Quoiqu'il ne foit pas probable, comme je l'ai dit, que les effets s'enfuivent toûjours, & en toutes fores de perfonnes, il faut néanmoins que le Philofophe comprenne, que l'agent doit trouver des difpofitions dans celui qui reçoit l'impreffion, fuivant l'Axiome reçû : *Quid quid recipitur ad modum recipientis recipitur.*

C'eft une chofe connuë, que l'Antidote le plus efficace contre la morfure de la

Vipere ou de semblable animal venimeux, est de manger au plûtôt la chair de la même Vipere qui a mordu, s'il est possible, ou bien d'une autre. Le Pere Kirker dit avoir vû à Erford un homme, à qui tous les Antidotes ne faisoient rien, qui fut guéri de cette maniere. Dequoi Charras convient dans le Traité qu'il a fait de la Vipere, & en apporte même plusieurs exemples. Le Pere Kirker (*a*) qui a fait un livre très-curieux sur le Magnetisme des corps, & qui m'a fourni une grande partie de ce que je dirai, attribuë cette guérison, à l'attraction que la chair de Vipere fait de son propre venin, qui se joint plus facilement à la Chair d'où il provient, qu'à celle où il s'est répandu. Mais peut-être qu'on dira aussi que la Chair de la Vipere subtilise le sang, que son poison coaguloit. Ce que la chair de la Vipere fait d'autant plus facilement, qu'elle est homogéne au poison. Cependant il y a toûjours lieu de dire, qu'on peut supposer quelque chose de Magnetique & d'attractif dans cette operation; quoique ce Pere ne nie point le contraire, (*b*) il aprouve néanmoins l'action des premieres qualités. C'est par cette raison que les plus habiles Médecins (*c*) ne désaprouvent point,

(*a*) De Magnet. Nat. Reg. Imp. d'Amst. in-12.
(*b*) Sect. fol. 72. circa finem.
(*c*) Mifaldus Sect. 1ᵃ.

que pour se préserver du mauvais air, (même empesté,) de porter sur soi un Crapau desséché au Soleil, afin d'attirer l'air malin dans cet animal, sans quoi il auroit pénétré les pores de la personne. J'ai vû des gens qui m'ont dit, que dans certaines occasions le Crapau étoit devenu tout-à-fait gros & enflé, marque certaine qu'il avoit tiré à lui le mauvais-air. Ils ajoûtent, qu'étant appliqué plusieurs fois sur des bubons & autres playes pestiferées, il en attire le venin par une ressemblance de nature, cet animal vivant parmi les choses pourries & se nourrissant de même. Par une semblable raison le Scorpion écrasé & appliqué sur la piqueure qu'il a faite, est le préservatif le plus sûr, particulierement en scarifiant un peu la piqueure. Le Pere Kirker * & quelques-autres ont été plus heureux que Rhedi, dans les experiences nombreuses qu'il a faites sans succès, sur la pierre du Serpent que les Portugais appellent *Cobra de Cabelos*. Car le Pere Roch qui en avoit apporté du Mogol, l'a employé avec beaucoup de succès, aussi-bien que le curieux Auteur Lamprelli. La proprieté de cette pierre est de s'attacher très-fortement à la blessure vénimeuse, & de ne s'en détacher que

* De Magnet. nat. Reg. fol. 58. & seq.

lorsqu'elle a tiré tout le poison, dont on la nettoye en la trempant dans du lait. La difference des experiences vient apparemment de ce que les pierres, que les Missionnaires Jesuites en ces Provinces ont apportées, étoient bonnes & veritables, & celles dont Rhedi s'est servi étoient fausses & venduës au Grand Duc son Maître pour gâgner de l'argent.

On peut voir quelqu'autres exemples de ces Aimans animez dans le Livre du Pere Kirker, que j'ai cité, & on ne peut pas présumer que cet homme sçavant & Religieux assûre ce qu'il n'a pas vû.

Entre les Plantes, tous les Anciens & les Modernes ont observé que la Fleur du Tourne-Sol, ou la Plante Eliotrope, se tourne toûjours vers le Soleil, comme si la vertu de ses rayons l'attiroit à suivre le cours de ce bel Astre. Il est vrai que quand le tronc sur lequel cette fleur est attachée a trop vieilli & trop durci, elle ne peut plus suivre le mouvement du Soleil, ce qui est la cause que quelques personnes ont revoqué en doute cette attraction, qui se fait, il est vrai, parce que les rayons du Soleil desséchent, ou font boüillonner la Seve qui est dans les fibres de la plante, sur lesquelles le Soleil darde ses rayons. (Car cela ne se fait pas par miracle.) Mais il est toûjours vrai aussi que les autres plantes, sur lesquelles le Soleil darde de même, devroient faire aussi un semblable effet, qu'elles ne font cependant pas. C'est pourquoi il faut dire que l'organisation des fibres de cette Plante est differente des autres, excepté quelques-unes dont le Pere Kirker donne les Noms, & que j'obmets pour abréger, d'autant plus que j'aurai occasion d'en parler plus amplement dans la suite, lorsque je ferai l'histoire des Plantes rares & extraordinaires. J'ajoûterai seulement, ce que Theophraste dit du Lothus d'Egypte, dont la fleur se ferme aussi-tôt que le Soleil se couche, & s'ouvre dès qu'il se leve. On dit que les fleurs de cette Plante qui vient aussi sur les bords de l'Euphrate, se cachent dans les eaux de ce Fleuve jusqu'à minuit, où le Soleil commence à remonter vers nous : ainsi cette fleur s'éleve peu à peu, & le Soleil paroissant sur l'Horison, elle s'éleve & s'ouvre tout-à-fait. On peut voir le reste chez le Pere Kirker. La Lune a aussi ses fleurs satellites, qu'on nomme *Selinstrapij*.

Sans vouloir faire un détail de toutes les pierres merveilleuses, dont le Docteur Mizaldus parle comme de choses qu'il a vûës, je rapporterai simplement ce qu'il dit d'une entr'autres ,, qui a quelque chose de surprenant : ,, La

» pierre *Selenistes* dont je parle, étoit de la
» grosseur d'un oignon, & de couleur sem-
» blable à la poix noire. Cette pierre mon-
» troit l'augmentation ou la diminution de
» la lumiére de la Lune, par une tache fort
» blanche, qui croissoit à mesure que la
» Lune augmentoit, & diminuoit de mê-
» me chaque jour. Je croïois au commen-
» cement que ce n'étoit pas un ouvrage
» de la nature, mais de l'art, qui avoit
» disposé dans cette machine quelques res-
» sorts qui produisoient cet effet. Etant fort
» embarrassé sur ce que j'en devois croire,
» je demandai cette pierre à celui qui en
» étoit possesseur, ce qu'il fit après quel-
» ques difficultés, afin de pouvoir obser-
» ver avec exactitude cette tache pendant
» tout le cours entier de la Lune. Le Cé-
» lébre Mathematicien Orontius Fincus,
» vint heureusement chez moi dans ce
» tems, & nous observâmes ensemble tou-
» tes choses avec une attention singuliere
» & fort exactement. Enfin après avoir
» examiné, avec tout le soin possible,
» nous fûmes obligés de convenir, que
» c'étoit l'ouvrage de la pure nature, sans
» aucun secours de l'art. Voilà comme la
» chose se passoit. Dans le tems de la con-
» jonction du Soleil & de la Lune, la ta-
» che blanche qui représentoit la Lune,

»étoit placée à l'extrémité, & au bord de
» la pierre, & cette tache n'étoit pas plus
» grande qu'un grain de millet un peu obs-
» cur, lequel grain croiſſoit en grandeur à
» meſure comme la Lune augmentoit de
» lumiére, juſqu'à ce que cette tache blan-
» che fût arrivée de la circonference au
» centre, qui marquoit le tems du plein
» de la Lune. Enſuite la tache revenoit peu
» à peu au premier endroit, c'eſt-à-dire à
» l'extrémité, ou bord de la pierre. De
» manière que cette tache blanche conti-
» nuoit ainſi tous les mois à faire les mêmes
» apparences, & réguliérement comme
» celles de la Lune, &c. Ce ſont les paroles de Mizaldus, & on prétend que le
Pape Leon X. avoit une pierre ſemblable,
hors que la couleur de la tache qui repré-
ſentoit la Lune, étoit bleuë, & qu'elle
changeoit ſa couleur en blanc, à meſure
que la Lune avoit plus ou moins de lumiere. Cardan rapporte que le Pape Clement VII. avoit une pierre nommée *He-*
lites, c'eſt-à-dire Solaire, qui avoit une
tache de couleur d'or, qui marquoit le
lever & le coucher du Soleil. C'eſt grand
dommage que ces pierres ſoient perduës,
car elles méritoient bien de faire connoître à la poſtérité, & à ceux qui nient que
la Lune ait quelque puiſſance ſur la terre,

qu'elle ne laisse pas d'avoir quelque pouvoir. Mais comme ces choses paroissent incroyables, je les obmets, aussi-bien que ce qu'on dit de l'herbe appellée *Lunaria*, qui chaque jour de la Lune croissante, paroît pousser une nouvelle feüille, & de-même tous les jours qu'elle decroît, ces feüilles tombent l'une après l'autre. Si ces choses ne sont pas telles, du moins il est certain que les feüilles de cette Lunaria ont la figure de la Lune. L'herbe qu'on appelle *Aglaophotis* ne se peut, dit-on, trouver parmi les autres herbes qui la couvrent, si ce n'est dans la nuit obscure, parce qu'alors elle est lumineuse & étein-cellante comme la Lune. Proprieté que Democrite dit que l'herbe *Nictgreto* acquiert, en la faisant sécher trente nuits aux rayons de la Lune : Ce qu'un si grand homme n'auroit pas avancé sans un fondement solide. Le sieur Pigafette parle d'une herbe dans son Itineraire, que les Turcs nomment *Gul*, & d'autres Peuples *Perizaca*, dont les fleurs sont doüées d'une odeur surprenante, lesquelles fleurs joüissent la nuit de tous leurs privileges. Dans le jour ces fleurs, non-seulement tombent à terre, mais les feüilles de cette plante paroissent absolument fannées. Cette herbe reprend vigueur la nuit ; ou pour mieux dire peu après le Midi, & aussi-tôt que le Soleil commence à descendre vers l'Occident. L'Ethiopie est l'endroit où l'on trouve plus communément cette plante, que ceux du Païs appellent *Goyaulem*, c'est-à-dire la fleur de la Lune, parce qu'il semble qu'elle aime cet Astre. J'ai parlé de la plante appellée Triste, dont les fleurs s'ouvrent & sentent très-bon la nuit, & qui se referment & perdent leur odeur pendant le jour.

Je sçais bien qu'on dira, qu'il n'est pas étonnant qu'il y ait des plantes délicates & d'une humidité si fine, qu'elles souffrent pendant le jour de la plus petite chaleur de l'air, & que l'humidité de la nuit leur convient beaucoup mieux; mais que cela ne prouve pas qu'elles ayent rien de particulier avec la Lune. Cependant il est constant que la proprieté de la chaleur du Soleil, généralement parlant, est de faire ouvrir & dilater les fleurs, & si vous voulez, de les sécher : mais au contraire des herbes lunaires, lesquelles resserrent leurs fleurs à l'apparition du Soleil, & les ouvrent la nuit.

C'est une chose connuë de tous les Jardiniers, & il n'y a que quelques Sçavans qui le nient, qu'au croissant de la Lune les herbes croissent plus volontiers, que dans son décours. J'ai vû comme Kirker, que dans le même jardin où il y a des Acacias & des Jasmins, les uns ouvrent leurs feüilles au Soleil Levant, & les autres les ferment. On peut voir dans le Livre de Kirker que j'ai cité, la vertu de certaines herbes pour guérir en peu d'heures les blessures les plus difficiles, comme aussi la proprieté de l'herbe qui fait éternuer ceux qui sont empoisonnez, autant de tems qu'il faut pour leur entiere guérison. Je parlerai en traitant des Plantes curieuses, du magnetisme du Palmier mâle & femelle, dont la derniére ne porte point de fruit que les fleurs du mâle ne soient mises dans sa matrice. Mais je crois que ceci doit suffire pour donner occasion au Lecteur de considerer, qu'il y a un magnetisme & un certain rapport entre toutes les choses, qui provient de l'émission des vapeurs convenables ou disconvenables entre deux sujets, & qui produisent des effets qui paroissent merveilleux à ceux qui n'en connoissent pas la cause, laquelle n'est autre, comme je le dis, que la convenance ou disconvenance des vapeurs que ces choses exhalent: n'y ayant point de corps assez dur de qui il n'émane quelque vapeur, soit par son action propre, ou par celle de l'Air & de l'Eter qui l'environnent & qui le meuvent, & qui en détachent quelques particules infenfibles.

Il n'eſt pas moins merveilleux de confiderer qu'il y a certaines choſes, qui ont une ſimpatie ou antipatie avec certaines parties de notre corps. C'eſt une choſe connuë, par exemple, que les Cantarides non-ſeulement avalées font piſſer le ſang, mais ſimplement en les maniant avec la main un tems un peu conſiderable, elles produiſent le même effet; & au reſte, elles s'attachent plûtôt à la veſſie, qu'à aucune autre partie du corps. La mouſſe qui vient ſur le crâne des pendus eſt très-bonne, non-ſeulement pour les Epileptiques, mais auſſi pour arrêter le ſang qui ſort du nez par efferveſcence du cerveau, comme le ſçavant Boyle en fait foi par des experiences réïterées, & qu'on ne peut pas mettre en doute ſur le rapport d'un Auteur auſſi curieux & auſſi ami de la verité. Si l'on dit que ces effets, & autres ſemblables, proviennent de l'émiſſion des corpuſcules ou vapeurs de ces choſes, qui conviennent à certaines maladies, ou qui ſont propres à les donner : c'eſt ce que je dis auſſi. Mais il y a toûjours une attraction & une action des vapeurs inviſibles, ſemblable en quelque maniére à celle de l'Aiman. On peut voir chez le Pere Kirker l'action merveilleuſe de quelqu'autre bois pour la guérison de différentes maladies, dont je n'ai pas voulu parler ici, parce qu'il ne me semble pas que cela se fasse par une attraction semblable à celle de l'Aiman, & de la pierre *Cobra-de-Cabelos*, qui s'attache à la blessure, & qui attire à soi tout le poison, & même celui d'un chien enragé; d'autant plus qu'on peut voir tout cela dans le Livre de ce Pere.

Je ne veux pas obmettre la proprieté magnetique de l'Hirondelle marine. C'est un poisson volant, qui a une queuë épanchée, assez semblable à celle d'une Hirondelle, la tête fort osseuse, le dedans de la gueule rouge comme du *Sandrac*, & qui pendant la nuit brille comme la lumiere d'une lampe. Cet oiseau étant suspendu avec un fil au plancher, tourne toûjours le bec vers l'endroit d'où le vent souffle. Kirker rapporte qu'il en avoit un depuis vingt ans dans son cabinet de curiositez, que tout le monde voyoit à Rome, qui ne manquoit point de se tourner au vent qui souffloit actuellement, comme on l'a dit, & que les Mariniers le suspendoient au milieu de la Boussole des vents avec une paille dans le bec, pour marquer précisément avec cette paille le vent qui souffloit. Cet effet a quelque chose de semblable à l'Aiman, qui se dirige vers le Pôle. Il est difficile de connoître la raison de ce magnetisme, à moins qu'on ne veüille dire que la même proprieté que ce poisson a vivant, de se tourner dans l'eau vers le vent qui souffle, il la conserve encore après sa mort. Ainsi de la même maniére que le courant de la matiére magnetique dirige vers l'Aiman les Poles, semblablement la matiére du vent dirige les fibres de ce poisson mort, comme il les dirigeoit pendant qu'il étoit en vie. La difference consiste, en ce que l'Aiman paroît se diriger toûjours vers un point fixe, & que ce poisson volant tourne toûjours plus facilement & plus sûrement qu'une girouette, à toutes sortes de differents vents. Tout ce que je puis dire après Kirker, c'est qu'il est probable, que le vent est absolument l'Agent de cette merveille, comme le courant de la matiére magnetique est l'Agent qui fait tourner l'Aiman, qui de sa part ne donne que la direction de ses fibres, ce que nous ne pouvons pas dire avec sûreté de ce poisson.

Ce même Auteur digne de beaucoup d'estime, quoique quelques personnes qui veulent faire les beaux esprits s'en moquent, rapporte que le sieur Alexandre

Fabian, à qui il a dedié son Livre du Magnetisme de la Nature, lui avoit envoyé deux coquilles d'un poisson de l'Amerique, qu'il dit être toutàfaitsemblable à l'*Echinau*, ou chataignes de mer, ausquelles on auroit ôté les épines. Ce poisson a la vertu de laTorpille, & même encore plus forte. Il fait remarquer que ces coquillages se trouvent dans leventre d'unpoisson.Maiscomme le sieur Fabian n'avoit pas pû lui dire quel étoit ce poisson, le Pere Kirker croit que c'est la Torpille même, & il pense que ces coquilles étant dans son ventre, elles acqueroient la vertu de rendre la main qui les touchoit engourdie, & comme glacée; car il prétend que cela vient de la Torpille qui avale ce poisson à coquille, & qui prend dans son ventre cette proprieté. Mais je demande; qui donnera à la Torpille la vertu qu'elle a ? car dans nos mers, l'on ne trouve point d'autre poisson qui ait cette qualité. Il me semble, sauf le respect que je dois à ce grand homme, qu'il est mieux de dire, que la proprieté de la Torpille, aussi bien que celle de ce poisson lui vient du mêlange imperscrutable des premieres qualitez, & qui font cette transpiration venimeuse. Car de la même manière qu'une femme, par la vapeur odoriferante de l'Ambre, ou autre semblable odeur, peut souffrir de grands maux, quoiqu'il n'y ait pas un grain pesant d'odeur répandu dans l'air; semblablement il n'est pas impossible que les vapeurs que ces corps transpirent, quoiqu'insensibles & en très-petite quantité, ne soient assez malignes & assez fortes pour produire l'effet précedent. Mais comme je parlerai ailleurs de la force que certaines vapeurs ont pour produire certains effets, où la chose paroîtra plus évidente, je remets à en dire davantage dans ce lieu, croyant que ce que je viens de dire doit suffire à un Lecteur un peu Philosophe.

Je redis encore que ces effets ne se font point miraculeusement, mais, comme je l'ai dit, par l'émission des corpuscules invisibles, semblables à ceux qui font l'attraction, ou le repoussement du fer & de l'aiman. Je crois qu'on n'en peut pas dire plus, puisque cela est suffisant pour conjecturer des autres choses qui paroissent merveilleuses & extraordinaires.

CHAPITRE VII.

DE LA GENERATION DES *Mineraux & des Métaux.*

Les Mineraux & les Métaux sont du Royaume de Pluton. Ce sont des corps qui semblent tout-à-fait morts, mais leurs ames sont immortelles dans le centre de leur terre & de leur eau. La Province Minerale est une des plus amples Provinces de Pluton, & l'on ne finiroit pas sitôt si l'on vouloit décrire tous les Mineraux qui se produisent dans le sein de la terre ; car ce seroit de même que si l'on vouloit parler de toutes les herbes qui naissent sur sa superficie ; c'est pourquoi je me restraindrai à décrire la production des Métaux & des Mineraux principaux, par lesquels on pourra conjecturer des autres.

Il n'y a que six Métaux, suivant la description du vrai Philosophe Geber, lequel en a parlé mieux que personne, & auquel déferent tous les autres. Voici comme il définit le Métal : *Que c'est un corps fusible, & extensible de tous sens sous les coups de marteau.*

De maniére que le vif-argent n'est pas un

un Métal, puisqu'il n'entre pas dans la définition; cependant on le place communément parmi les Métaux, augmentant le nombre jusqu'à sept; parce que le vif-argent est la substance immédiate & comme la matière dont le Métal est formé, aussi bien que les demi-métaux, tels que le Zing, la Marcasite, l'Antimoine, le Bismut, & autres semblables, qui se fondent au feu comme les Métaux, mais qui n'ont pas la seconde perfection d'être extensibles sous le marteau.

On peut voir encore que l'argent-vif est la substance & la matière prochaine des Métaux, en ce qu'ils se peuvent réduire en argent-vif, comme l'experience me l'a fait voir; pouvant même réduire tous les Métaux en Mercure coulant, par divers moyens.

Mais parce que la connoissance de la génération des Métaux est non-seulement necessaire aux Chimistes, mais aussi aux Medecins qui en veulent tirer des medecines efficaces, quoique j'en aie parlé suffisamment dans le traité des Archidoxes de Paracelse, j'en parlerai encore ici, en y ajoûtant ce que j'ai obmis dans ce Traité.

Pour bien comprendre la génération des Métaux, il faut auparavant connoître, que les substances immédiates dont ils se forment, sont deux ; que les Philosophes Chimistes comparent à la semence masculine & feminine. Ces semences immédiates, sont le soulphre & le vif-argent, qu'on appelle aussi Mercure. Le soulphre est comparé à la semence masculine, & le vif-argent à la feminine, à cause de son humidité.

Il faut donc imaginer, que la nature produit ces deux semences, quelquefois séparément en divers lieux, & quelquefois ensemble au même lieu ; & quand elles sont jointes ensemble, dans l'espace de quelques années il en provient le Métal, ou le Demi-métal, suivant le plus ou moins de soulphre, & suivant la qualité du soulphre qui entre dans la composition. Voyons donc auparavant comment se forment ces deux semences. Avertissant que sous le nom de soulphre, j'entends le soulphre dont on se sert pour faire des Allumettes ; & sous le nom de vif-argent, qu'on nomme aussi improprement Mercure, j'entends le vif-argent commun.

Le *soulphre* est défini, par Geber, *une graisse de la terre* formée dans ses entrailles, laquelle par une coction temperée, est épaissie & desséchée, & alors on l'appelle soulphre. Mais notez en passant une chose très-importante, que ce soulphre des Allumettes contient dans son interieur un autre soulphre essentiel, qui est son ame. Car le soulphre commun a bien en soi l'ame pure, mais elle est accompagnée d'une grande quantité de substance des Elemens terrestres & aqueux, que les Chimistes appellent *Terre morte & Flegme*, qui contient l'ame du soulphre. Et c'est de cette ame du soulphre dont Geber entend parler, quand il appelle Dieu à témoin de la verité qu'il avance en disant du soulphre, que c'est lui qui illumine & qui rectifie tous les corps métalliques, car c'est leur lumiere & leur teinture. * *Et per Deum*, dit-il, *id ipsum rectificat & illuminat omne corporis, quoniam ipse est lumen & tinctura.*

Il y a diverses sortes de soulphres. Le premier est celui que nous apellons *commun*, qui s'enflâme facilement & de la vapeur duquel on tire l'esprit de soulphre, qui à proprement parler n'est que son flegme chargé d'un sel piquant, l'ame ignée s'évaporant lorsqu'il brûle. Ce qui est visible en ce que l'esprit de soulphre non-seulement ne

* Chap. *de Sulph. Summa perfectionis.*

R r ij

s'enflamme pas, mais si on en moüille la poudre à canon il l'empêche de s'enflammer. Et l'autre experience visible est, que quelques goutes de cet esprit mêlées dans un verre d'eau, rafraîchissent les ardeurs de la soif, & même de la fiévre.

Le second soulphre est celui qu'on appelle *Arsenic*, qui est une nature de soulphre differente, en ce que le premier est interieurement rouge, comme une infinité d'experiences le montrent, entr'autres, quand on le fait liquefier avec l'huile d'Olive, ou autre huile, il s'en forme une masse semblable au foye; & que pour cela on l'appelle *Foye de soulphre*. Et que mêlé avec le vif-argent, il s'en forme le Cinabre. De plus en le fondant tout seul, on voit une huile si rouge qu'elle approche du noir; ce qui provient de la terrestreité tenebreuse qui l'accompagne

Au contraire l'Arsenic projetté sur le cuivre rouge, le blanchit plus blanc que l'étain, & presque semblable à l'argent; mais à cause de sa terrestreité, sa couleur est ordinairement d'un blanc livide. Par où l'on conclud que le soulphre jaune donne la couleur rouge aux Métaux, & l'Arsenic donne la teinture blanche.

L'Orpiment est encore mis au rang des souphres, & on peut dire qu'il est un mélange des deux foulphres précedens, mais qu'il tient plus de l'Arfenic dont il imite la nature, tant en blanchiffant le cuivre, comme auffi en ce qu'il eft un poifon comme lui ; d'autant que l'Arfenic a un fel très-corrofif, qui ronge abfolument les boyaux. C'eft pourquoi les hommes diaboliques tirent de lui les poifons les plus violens. Ce qui n'eft pas commun au foulphre ordinaire, qui au contraire fe peut avaler fans crainte, & eft bon contre plufieurs maladies.

Le Realgal eft un mélange d'Arfenic & d'Orpiment. C'eft pourquoi il ne le faut confiderer que comme un mélange.

Cependant pour expliquer la définition que Geber donne du foulphre, en difant que c'eft une graiffe de la terre deffechée par une chaleur temperée & lente, il faut voir comment cette graiffe fe forme. Pour cela il faut confiderer que l'eau & la terre mêlées enfemble forment toûjours une fubftance graffe & vifqueufe, mais que cette graiffe du foulphre eft formée de dofes très-précifes, & d'une matiére très-fubtile propre à former cette graiffe minerale. Et outre cela, que dans les endroits où le foulphre fe doit former, il y a une chaleur qui le deffeche peu-à-peu.

Il y a encore une autre circonftance nécessaire pour la formation du soulphre ; c'est qu'il faut que cette substance visqueuse qui doit former le soulphre ne soit pas une terre & une eau commune, mais l'Element de ces deux Elemens, &, pour ainsi dire, plus subtile que la vapeur de ces deux Elemens corporels : il faut de plus que le feu soûterrain, où le celeste abonde avec l'air dans cette composition gluante, dans laquelle le feu & l'air doivent abonder, soit en se mêlant avec elle lorsque la même chaleur la desseche, ou autrement. Mais comme tout cela se passe dans une terre humide, de-là vient que la substance essentielle du soulphre se mêle avec beaucoup de terre grossiére & de flegme, qui forment son corps. Lesquelles substances étrangeres à l'essence, quoiqu'elles soient fort grossiéres à l'égard de l'ame essentielle du soulphre que ce corps contient, elles sont cependant fort subtiles, comparées aux particules qui forment les essences des autres corps, & le tout est si bien mêlé ensemble, que l'un ne quitte pas facilement l'autre, sans la destruction totale de l'individu. Ce qui fait dire avec raison à Geber, que le *soulphre est d'une forte union*, car une partie n'abandonne pas facilement l'autre. Et les Chimistes sçavent qu'on a beau le sublimer, il n'est pas possible de le dépoüiller tout-à-fait par ce moyen de sa terrestreité & aqueusité impure, qui étant très subtile est fortement adhérente à l'essence.

Il faut dire à peu près la même chose de l'Arsenic & de l'Orpiment, quoiqu'il soit vrai que l'Arsenic est mêlé en partie d'une terre plus grossiére, laquelle est séparable en partie, sinon en tout.

Je ne sçais pas si je me trompe, mais je sçais bien qu'une fois en sublimant de l'Arsenic avec du Tartre, j'en ai séparé un peu de vif-argent, ce qui me fait soupçonner que la teinture blanche que l'Arsenic donne au cuivre, vient en partie de l'argent-vif; & que cette espéce de soulphre seroit une graisse de la terre moins brûlante, mêlée avec un peu d'argent-vif. Et ce qui pourroit me le persuader encore, c'est que cette espéce de soulphre ne s'enflâme pas comme l'autre.

L'Arsenic a sa miniére particuliére, & on le sépare de la terre en le sublimant dans des fours faits exprès, & la terre qui reste est bleuë, & on s'en sert pour peindre les murs & autres choses.

Je dis la même chose de l'Orpiment, qui donne une teinture blanche au cuivre; mais comme l'experience d'avoir tiré un peu d'argent-vif en sublimant l'Arsenic n'a été faite qu'une fois par hazard, je n'ose pas l'affirmer. Ceux qui ont plus de loisir & de commoditez pour cela, pourront tenter l'experience. Voilà ce que je puis dire de la nature & de la composition de ces deux soulphres, l'un desquels, c'est-à-dire le commun jaune, donne la teinture rouge; l'autre, c'est-à-dire, l'Arsenic, donne la teinture blanche, & c'est ce qu'on appelle semence masculine, & un des principes prochains des métaux; l'Arsenic étant particulierement ce qui fait l'argent & l'étain.

L'autre principe prochain des Métaux est l'Argent-vif, lequel est un Mineral, & un corps auquel aucun autre ne ressemble; car il coule comme l'eau, & cependant il ne moüille, & ne s'attache à autre chose qu'aux métaux.

Geber definit l'Argent-vif une eau claire mêlée avec une terre sulphureuse, dans une telle proportion, & si égale, que l'eau ne surpasse pas la terre, ni la terre ne surmonte pas l'eau, c'est pourquoi il est coulant comme l'eau, & cependant il ne moüille point les mains, à cause de la terre sulphureuse qui tempere son humidité. Et notez que la terre qui tempere l'humidité du Mercure, est comme je dis, sulphureuse; de maniére que ce Minéral

a dans

a dans son interieur son propre soulphre métallique, quoiqu'il n'ait pas la coagulation du Métal, jusqu'à ce qu'il lui arrive de s'unir avec un peu plus de terre soulphreuse, qui l'empêche de fluer. Il est visible que le Vif-argent contient une terre soulphreuse, qui donne la teinture rouge; car si l'on précipite le Mercure par lui-même, il se réduit en une poudre rouge comme de l'Ecarlate, & semblable au Cinabre, qui se fait de soulphre & d'Argent-vif.

Les Métaux sont donc composez de ces deux principes prochains, que la nature produit souvent séparément, chacun dans sa propre miniére. Et la difference des Métaux qui proviennent de l'union de ces deux semences, vient plûtôt de la qualité du soulphre, que du Vif-argent, quoique de sa part il y contribuë aussi. Car si un soulphre impur, c'est-à-dire, tel qu'il est dans la nature de soulphre ordinaire, vient se mêler avec de l'Argent-vif impur, c'est-à-dire, tel qu'il est dans sa nature, & que le soulphre soit en petite quantité, alors il s'en forme le plomb. Mais notez que ce mêlange qui doit produire un Métal, ne se doit faire, que lorsque ces deux principes se trouvent dans la même miniére, & que par la chaleur du centre, ou par la fermentation des mêmes matiéres, ces deux substances s'élevent en forme de vapeurs, & que retombant par leur propre poids elles se cuisent ensemble, & se coagulent en forme de Métal.

Que si le même soulphre impur se mêle de la maniére qu'on l'a dit à un Mercure impur, de sorte que le soulphre surpasse un peu plus qu'il ne faut la quantité de Mercure, & qu'il soit un peu plus terrestre que celui qui forme le plomb, alors il s'en forme le Cuivre. Que si un soulphre encore plus terrestre & en plus grande quantité se mêle avec le Vif-argent, alors il s'en forme le Fer. Mais si un soulphre rouge très-pur, dépouillé de toute sa terrestreité, (c'est-à-dire, l'ame du soulphre,) se mêle avec l'ame du Vif-argent, qui par conséquent est très-pure, alors ces deux ames pures & claires forment l'Or. Que si un soulphre blanc, tel qu'est l'Arsenic, pur & net de toutes ses ordures accidentelles, se mêle avec un Vif-argent presque pur, alors se forme l'Argent. Que si un soulphre un peu moins pur se mêle avec du Vif-argent, qui le soit médiocrement, il s'en forme l'Etain.

Voilà la formation des Métaux. Les Mineraux métalliques sont formés des mêmes principes, d'Argent-vif & de soulphre. Et il n'y a point d'autre difference, sinon que le soulphre qui les coagule est plus grossier & fereux, plus adustible, & qu'il n'est pas si intimément uni à l'argent-vif ; d'ailleurs l'argent-vif qui compose ces corps est, de sa part un argent-vif impur, c'est-à-dire avec tout son corps impur. Il seroit à souhaiter que les Chimistes entendent une fois, que le mot *d'impur*, ne signifie autre chose que le corps terrestre & flegmatique qui accompagne l'essence seminale, & que le mot de *pur* ne veut signifier que l'essence seminale du sujet, dépouillée de toutes les impuretés du corps qui l'accompagnent. C'est pourquoi, quand Geber dit que l'or est formé d'un argent-vif & d'un soulphre très-pur, il faut entendre qu'il est composé de l'essence seminale du soulphre, mêlée intimément avec l'ame essentielle du Mercure.

Que l'on consulte cet Auteur si sçavant, & que peu de gens lisent, pour avoir les preuves certaines de ce que j'ai dit sur la nature des métaux & mineraux, & l'on verra qu'ouvertement & sans énigme, ce grand Philosophe a montré le chemin de la plus sublime Chimie, à ceux qui sont veritablement Philosophes. Mais il faut qu'ils entendent ce que c'est que pur & impur, dequoi ayant suffisamment parlé dans mon Traité des Archidoxes, il eſt inutile de le repeter ici, ayant fait aſſés connoître que la veritable Chimie ne conſiſte que dans la ſeparation du pur d'avec l'impur, & fait voir auſſi que le pur eſt l'eſſence & l'ame ſeminale, & l'impur le corps groſſier qui la contient, c'eſt-à-dire le flegme & la terre morte.

Mais revenant aux Métaux & aux Mineraux; je dis que les uns & les autres, de quelque eſpece qu'ils ſoient, gardent dans le centre de leur ſubſtance viſible l'eſſence ſeminale, qui eſt d'autant plus parfaite qu'elle n'a pû s'évaporer comme dans les vegetaux & les animaux, & c'eſt cette eſſence que le vrai Chimiſte doit chercher, parce qu'étant une veritable ſemence elle eſt multiplicative comme toutes les autres ſemences, pourvû qu'elle ſoit ſemée dans une terre humide convenable, & de nature métallique.

Que ſi les Chimiſtes qui cherchent le grand œuvre n'entendent pas cela, ils n'entendront jamais rien qui puiſſe leur être profitable.

Par ce que l'on vient de dire, & par les démonſtrations d'experiences que Geber en donne & qui ſeroient trop longues à tranſcrire, on peut comprendre que la plus grande partie de la ſubſtance des métaux

& des Mineraux metalliques est formée de vif-argent, qui est coagulé de plus ou de moins de soulphre, lequel est plus ou moins pur ou impur, ce qui se peut non-seulement connoître par les démonstrations de Geber; mais aussi par ce qu'en disent presque tous les Philosophes Chimistes, qui conviennent generalement que tous les métaux peuvent être réduits en vif-argent; & si je peux mériter quelque croyance, je puis assurer, comme je l'ai dit, par ma propre experience qu'ils disent vrai, d'autant que j'ai expérimenté, & je sçais plus d'une maniere de faire cette réduction des métaux & Mineraux métalliques en vif-argent courant, semblable en tout au vif-argent commun.

Je ne sçai pas si cet argent-vif tiré des métaux, a des vertus plus particulieres que le Mercure commun; peut-être en-a t'il; mais je dis seulement que je les ignore, n'ayant pas fait là-dessus les expériences qui peut-être sont necessaires pour éclaircir ce point important. Ce que je sçais, c'est qu'aucun de ces Mercures de corps métalliques, ni de l'Antimoine, ne dissolvent point l'Or & l'Argent autrement que l'argent-vif commun, & qu'il est inutile de les chercher à cet effet, comme quelques-uns se l'imaginent; car il n'y a que l'essence pure du vif-argent, que les Philosophes appellent *argent-vif de l'argent vif*, qui ait cette force.

Après avoir déterminé que les principes prochains des Métaux & Minéraux métalliques sont l'argent-vif & le soulphre, il nous reste quelque chose à dire des Mines d'où ces Métaux sont tirés. Mais il faut auparavant rendre quelque raison de leur malléabilité. Il est difficile d'en connoître la raison, cependant autant que je l'ai pû voir, c'est que les particules Métalliques sont des lignes longuettes & plus subtiles que les cheveux *, entrelacées de manière ensemble, que de quelque côté qu'on frappe, ces petits filets glissent l'un sur l'autre sans se quitter ; & c'est ce que j'ai crû observer dans la dissolution des Métaux dans l'eau forte, lesquels se précipitent en cette figure, laquelle me paroît convenir à la propriété de s'étendre sous le marteau. Pouvant examiner encore que de tems à autre on les échauffe au feu, afin que les particules soient mieux mêlées.

Le vif-argent & le soulphre ont leurs minières particulieres, & viennent quelquefois séparément, & quelquefois en-

* Figure 13.

semble. Les minieres les plus abondantes d'où on tire aujourd'hui le Mercure en Europe, sont dans le Tirol, & celui qu'on estime le meilleur vient d'Espagne.

Quant au soulphre, il est si commun, particulierement dans les endroits où il y a des volcans, qu'il faudroit remplir plusieurs pages pour désigner les lieux où il vient. Je dirai seulement qu'il y a des endroits où le soulphre se sublime hors de la terre, & qu'il paroît transparent comme le Succin ou l'Ambre jaune, & j'en ai encore chez moi qu'on m'a assûré qui venoit de Suisse, ce qui fait voir que cette graisse de la terre étant pleine de feu, pour peu qu'il y ait de la chaleur dessous, elle s'éleve fort facilement. Il en vient aussi des Indes Orientales de pareil; mais ce soulphre n'est pas meilleur que l'autre dans les ouvrages de Chimie. Il suffit de sublimer le soulphre commun, le mêlant avec les Scories de fer, pour en separer la terre plus grossiere. Et je me souviens qu'ayant sublimé plusieurs fois du soulphre, comme je viens de le dire, il y en avoit une partie que je trouvai attachée au côté du vaisseau sublimatoire, qui étoit d'une agréable couleur de roses incarnates ; ce qui ne fait connoître autre chose, sinon que le soulphre jaune donne une teinture rouge pour faire les Métaux rouges, quand le soulphre domine sur l'argent-vif, comme est le Fer, le Cuivre, & l'Or qui est rouge interieurement, mais qui est composé de l'ame pur du soulphre.

Quand le soulphre & le vif-argent viennent ensemble, & qu'ils ne sont pas mêlés intimement, il s'en forme le Cinabre, duquel par l'addition des Scories de fer ou du sel de Tartre qui retient le soulphre, on en separe facilement le Mercure. Mais quand le soulphre est mêlé subtilement & intimement avec une petite quantité convenable de vif-argent, alors il s'en produit le métal, ou les mineraux métalliques, suivant la difference du mélange. De maniere qu'il faut considerer les métaux & les matieres métalliques comme une espece de Cinabre, dans lesquels les deux principes sont mêlés plus intimement que dans le Cinabre commun, & c'est ce qui fait qu'on ne les separe pas si facilement. Mais pourtant cela se fait avec un art plus subtil, que l'experience m'a montré. Je dirai pour satisfaire la curiosité de ceux qui travaillent inutilement à l'extraction du vif-argent des corps métalliques, qu'il est vrai que par le moyen du Sel Armoniac, ou du sel de Tartre mêlez ensemble avec les Métaux, on peut séparer leur Mercure du soulphre qui le retient, mais la maniere est plus penible qu'on ne croit; car j'ajouterai encore ceci que l'experience m'a montré, que si l'on s'imagine qu'en mêlant un corps pilé ou calciné avec les sels précédens on en viendra à son honneur, on se trompe fort, & je repete que la maniere est longue & penible. J'en sçais une autre plus facile, mais aussi peu utile que l'autre, du moins quant à ma science. J'ai vû resoudre l'or & l'argent, par le moyen d'un argent-vif préparé d'une façon que j'ignore; je l'ai vû, dis-je, résoudre ces Métaux en argent-vif courant, & se distiler entierement par la Cornuë comme l'argent-vif commun, & cela en huit jours de tems; dequoi, & d'autres curiosités semblables, j'ai parlé dans un livre que Monsieur de la Haumerie a fait imprimer sous son nom, c'est pourquoi je n'en dis pas ici davantage, & c'est dans le même ouvrage qu'on pourra voir aussi plusieurs choses que je néglige de mettre dans cette Histoire.

Je dirai seulement que les Anciens Romains tiroient la plus grande partie de leur Or des Mines d'Espagne, que l'on a négligées après la découverte de l'Amerique, où l'Or & l'Argent sont fort abondans. Ils en tiroient encore de l'Asie Mineure; & le Pactole étoit renommé par ses sables dorés, ce qui n'est plus de nos jours, aussi-bien que le Tage; car plusieurs choses qui étoient du tems de Pline ne sont plus aujourd'hui. Salomon en tiroit, par le commerce de la Mer Rouge, des terres que son Histoire appelle *Ophir*. Et il est probable que ces terres sont les mêmes que celles que les Portugais possedent à présent en partie sur les Côtes Orientales d'Affrique, où ils ont Quiloa, Melinde, Sofala, & Mozambique, d'où ils tirent à présent beaucoup d'or, que les Cafres de ces Côtes apportent du dedans de l'Affrique, & qu'ils troquent avec d'autres marchandises qui leur sont nécessaires. Mais les Mines les plus abondantes d'Or & d'Argent sont à présent dans le Perou, dans le Mexique, & en d'autres lieux de l'Amerique.

Depuis peu de tems les Portugais tirent beaucoup d'Or des peuples qui sont un peu au-delà du Brezil, qui leur en apportent abondamment en troque de marchandises, à condition qu'ils ne s'enquêteront point d'où ils le tirent, & qu'ils n'entreront pas dans leur pays. On tire encore de l'Or d'Hongrie, & de quelques autres endroits de l'Allemagne; & encore un peu de la Côte d'Affrique, vers le fleuve Senegal. Il y en a auſſi beaucoup au dedans de l'Affrique & dans l'Ethiopie, dont le Roi, au rapport d'Herodote, répondit aux Ambaſſadeurs de Cambiſe, qui lui envoyoit quelques préſents de vaſes & de chaînes d'or, que les chaînes de leurs Eſclaves étoient de ce Metal, qu'il mépriſa; & ne fit cas que du vin de Schiras, demandant ſi ceux qui beuvoient cette liqueur étoient mortels comme les autres hommes?

Les Hollandois, qui ſont les Pheniciens de notre tems, tirent encore quantité d'Or du Japon. Il y en a beaucoup de mines à la Chine, mais les Chinois n'en tirent point, & ne prennent que celui qne les rivieres qui paſſent à travers de ces mines emportent avec elles; & cette Nation fait plus de cas de l'argent, qui apparemment eſt plus rare chez eux que l'Or. En un mot, ce Métal après lequel l'avidité humaine aſpire ſi fort, & pour obtenir lequel on eſſuye tant de peines & de dangers, la nature le produit preſque par tout; & cependant elle ne peut pas raſſaſier l'avidité inſatiable des hommes. Ce qui doit paroître merveilleux, c'eſt que depuis tant de ſiécles qu'on arrache des entrailles de la terre une ſi grande quantité de ce Métal, on ne voit pas qu'il soit beaucoup plus abondant en Europe, & s'il l'est un peu plus qu'il ne l'étoit il y a trois ou quatre siecles, ce n'est pas à proportion de ce qu'il devroit être. Ce que j'en crois être la cause, (du moins en partie,) c'est qu'on en employe beaucoup dans le luxe des habits, & des maisons dorées des Grands. Il est vrai que le commerce qu'on fait, en disperse beaucoup dans les Provinces qui n'en ont guere; & que Bernier a prétendu que le Port de Surate, dans le Mogol, étoit l'abîme de l'Or de l'Europe & des Indes. Mais enfin on ne voit pas que le Mogol soit si riche en Or, & je suis toûjours dans la même opinion, qu'on en consume beaucoup en ornemens inutiles, qui est la cause de la perte de ces Métaux précieux, qui étant venus de la terre, s'en retournent à elle en poussiere menuë, où elle se corrompt & revient à ses premiers principes, comme les autres choses que la Nature produit.

Quant aux autres Métaux, les Mines de Cuivre les plus abondantes & les plus fameuses, sont dans la Suede. Celles d'Etain sont en Angleterre dans le pays de Cornoüailles; de cet Etain, depuis quelques années, on a trouvé le moyen de séparer avec utilité une portion d'Argent très-pur; ce qui montre la verité de ce que Geber dit, que l'Etain est composé en partie de vif-argent & de soulphre fixe, & en partie non fixe. Mais parce que la partie non fixe est superieure à la fixe, cela fait que la violence du feu qui éleve la partie non fixe, fait aussi que la partie non-fixe enleve la partie fixe qui est intimement unie avec l'autre, suivant la regle de nature, (que le même Geber fait observer,) que quand la partie volatile surpasse de beaucoup la fixe, celle-là emporte toûjours quelque chose (sinon tout) de ce qui est fixe. Dans les Mines de Cornoüaille, on y trouve avec l'Etain de l'Or mêlé & de l'Argent, comme nous le venons de dire, qu'on sépare de l'Etain. On y trouve encore de faux Diamans attachés à la Roche. Les Mineurs tirent aussi du fond de la Mine, de grands arbres tous entiers. Le travail de ces hommes est très-rude, & à peine peuvent-ils travailler quatre heures du jour. La terre est inégale, car *ils en trouvent de si dure* qu'un ouvrier a peine d'en percer un pied en huit jours, d'autre fort molasse, pierreuse, tremblante, avec de l'eau courante & des vapeurs puantes.

Quant au fer, la Mine de ce Métal est

fort commune. Il en vient abondamment en Italie, & particulierement dans l'Isle d'Elbe. Dans la Biscaye, en Espagne, en divers endroits de l'Allemagne, & en France beaucoup en Normandie. Et j'ai vû une mine de ce fer de Normandie, lequel étoit aussi doux & pliant que l'Etain & presque comme du plomb. L'on m'a dit que lorsqu'on faisoit fondre cette Miniere de fer, on y jettoit des choses propres pour le durcir, afin qu'il pût servir aux ouvrages où on employe le fer, ce que je crois être la cause en partie que tout le fer dont on se sert à Paris est fort aigre, & qu'il se casse facilement, ce qui n'arrive pas si aisément au fer d'Italie & d'Espagne, qui se laisse plier plusieurs fois (quoique fort dur) avant que de se rompre. Car la parfaite union des deux principes fait l'union des parties Métalliques, entre lesquelles si quelque chose d'étranger s'introduit, la désunion du contigu se fait avec facilité.

Je ferai encore remarquer que dans toutes les Minieres il y a quelque mêlange de Métaux differens, car les Métaux viennent dans la même Miniere, comme les diverses herbes dans un pré : mais on donne le nom de mine d'Or, ou d'Argent, ou de Cuivre, ou d'Etain, à celle qui contient le

Métal dont on peut tirer plus de profit. J'ai déja dit ci-dessus, que les ouvriers séparent l'Argent de l'Etain ; mais parce qu'ils ne perdent pas l'Etain qui est en plus grande abondance, cette Mine s'appelle d'Etain. De même les Relations d'Amerique disent que dans le Mexique où les Mines d'Argent sont plus abondantes, on y trouve toûjours un peu d'Or, mais que l'on ne se met point en peine de l'en séparer, à moins qu'un marc d'Argent ne donne cinquante grains, (si je me souviens bien du nombre des grains d'Or,) car la dépense passeroit le profit, c'est pourquoi ils laissent le peu d'Or qu'il y a. La même chose se doit entendre des autres Métaux.

Mais ce qui montre encore plus clairement ce mélange de divers corps Metalliques, qui viennent dans la même Miniere ; c'est la peine que les ouvriers prennent pour séparer les Métaux parfaits des imparfaits, soit par le vif-argent, soit par les coupelles & autres moyens qu'ils employent ; car les eaux, les moulins, & autres semblables inventions ne sont bonnes que pour triturer les pierres qui contiennent les bons Métaux, & pour les nettoyer de la terre & des soulphres, qui sont toûjours abondans dans toutes les Minieres ; mais pour séparer l'Argent des autres Métaux, outre la fusion, il faut encore la coupelle, ou la cendrée; & pour séparer l'or de l'argent, il faut des eaux fortes, dont on retire ensuite facilement l'Argent. Je ne rapporterai pas ces manieres, qui sont très-connuës aux ouvriers & aux Chimistes.

Il ne faut pas croire aussi que tout l'Or, l'Argent, & les autres Métaux, soient tous précisément les mêmes, quoiqu'ils le paroissent. Car ils sont comme les hommes & les animaux, qui quoiqu'ils soient d'une même espece, cependant l'essence du temperamment d'un individu est un peu differente de celui d'un autre. Aussi voit-on que la couleur d'une espece d'Or est plus haute que celle d'un autre, & que la blancheur de l'argent qui vient d'une Mine est plus claire & plus brillante que l'Argent qui vient d'une autre Mine. J'ai lû dans une Histoire d'Amerique*, qu'il y a de l'Argent d'une Mine, dont j'ai oublié le nom, qui ne se peut fondre à la violence du feu, à moins que les fourneaux propres à cet effet ne soient exposés dans les champs au grand air, car c'est apparemment l'air humide imbû des particules nitreuses qui contribuë à la fu-

* Par *Ab-Horto*. En françois du Jardin.

sion de ce métal, qui d'ordinaire se fond facilement & a un feu médiocrement fort.

Il y a aussi à Siam une espece de Métal qui vient naturellement dans la Mine, semblable au Cuivre, qu'on appelle *Tambac*, & qu'on imite fort mal en Europe en mêlant le Cuivre avec du Zing, qui le rend néanmoins d'un plus beau jaune que ne feroit la Calamine. Mais ce Tambac de Siam, outre la difference de la couleur, a cela de particulier, qu'il est plus dur que le fer & presque semblable en dureté à l'Acier. Et ce Tambac étant mêlé avec l'Or, en releve beaucoup la couleur ; mais ce mélange devient si dur, que les ouvriers ont de la peine à le travailler. De maniere qu'il semble que cette espece de ce Métal soit plûtôt du fer jaune, que du Cuivre. J'ai oublié le nom d'une autre espece de Métal, que j'ai lû qui vient dans l'Orient. Et je ne doute point qu'il n'y en ait encore de plusieurs especes que je ne connois pas, & que d'autres mieux instruits ajouteront à ceux-ci.

Il y a aussi des Mines d'Acier naturel, qui est un fer plus dur que le commun, parce que ses pores sont plus serrés ; & c'est à l'imitation de la nature, que l'on a inventé plusieurs moyens de changer le fer en Acier : & comme le fer de quelques

Mines d'Allemagne est meilleur que le nôtre, delà vient (à ce que je crois) que l'Acier que l'on fait dans ce pays-là, est meilleur & plus dur que celui que l'on fait en France. Il y avoit des Mines d'Acier en Biscaye, mais en petite quantité, & on les a négligées aussi-bien que la plus grande partie des autres endroits où il se produit, par la facilité qu'on a d'en faire d'aussi bon avec le fer ordinaire.

J'oubliois de dire en parlant de la nature du fer, que quoiqu'il soit toûjours difficile à fondre, à cause du soulphre terrestre qui entre dans sa composition ; cependant on croit communément, qu'il ne peut pas se fondre une seconde fois après la premiere. Mais je puis assûrer que cela est faux, ayant vû un ouvrier au Faubourg S. Antoine qui le faisoit fondre, quoiqu'avec difficulté, & avec un feu très-violent. Cependant il est constant qu'il est fusible en tous tems. Mais le fer qui vient de la fonte, ne cede point à la lime non plus que le Diamant. Dans le tems même que j'écris cet ouvrage, Monsieur de Reaumur, de l'Académie des Sciences, a donné au Public * le secret de fondre aisément le fer & de le pouvoir limer avec facilité,

* En 1725.

en récompense de quoi le Roi lui a fait 12000. livres de pension. Quoique cet habile homme ait réduit ce secret à sa perfection, j'ai cependant vû il y a plus de 30. ans quelques ouvrages faits par desgens qui offroient de donner ce secret au public, moyennant une rétribution proportionnée à leurs désirs, ou un Privilége exclusif de fabriquer des ouvrages de fer fondu. Mais ou leur trop d'interêt, ou leur malheur, les a empêché de réussir, ou d'être écoutés. Je puis même assûrer que j'ai vû deux de ces ouvriers, & des ouvrages qu'ils faisoient voir pour preuve de la verité qu'ils avançoient.

Quoiqu'il en soit, la posterité devra toûjours à M. de Reaumur la facilité de faire des ouvrages de fer fondu, qu'on pourra rendre parfaits & polis par le moyen de la lime, ce qui est un très-grand avantage pour le public, si l'on sçait se servir à propos de cette invention.

Je ne laisserai pas d'ajouter ici, pour la commodité de ceux qui n'ont pas mes autres ouvrages, ce que j'ai déja dit dans celui que M. de la Haumerie a intitulé, les *secrets des Anciens*, &c. Je veux dire que ma pensée est que les Métaux vegetent : je ne dis pas qu'ils croissent par addition de particules, précisement comme font les plantes, & les animaux, mais qu'ils vegetent d'une façon particuliere, & à leur maniere; c'est-à-dire, que tant que l'esprit éterée se meut dans leur humide radical, qui est le vif-argent, ils augmentent & forment des branches, jusqu'à ce que la séchereffe saline prédomine sur l'humidité, & que l'esprit de feu qui est en eux ne puisse plus se mouvoir ni faire aucune action. Je dirai encore plus, c'est que lorsque la masse des deux principes est abondante, ils vegetent comme les plantes. J'ai donné plusieurs exemples de cette verité, dans le livre que je viens de citer.

Il est constant que dans les lieux abondans en Or, l'on voit sortir des branches de ce Métal comme le Corail, ce qui arrive particulierement en Affrique. » Dans les terres » de Monomotapa (dit Tavernier*) où vient » l'Or le plus pur & le plus fin de toute » l'Affrique, on le tire sans peine, en foüil- » lant dans la terre seulement deux ou trois » pieds. En quelques endroits de ces pays- » là qui ne sont pas habités, à cause qu'il » n'y a point d'eau, il se trouve sur la sur- » face de la terre de l'Or par morceaux, de » toute sorte de forme & de poids, & il y en.

* Page 354.

» a qui viennent jufqu'à une once ou deux,
» & j'en ai apporté par rareté quelques mor-
» ceaux.

Je ne me fouviens pas fi c'eft Tavernier, ou Bernier qui conte qu'un Ambaffadeur d'Ethiopie étant venu à la Cour du Mogol, il apporta entr'autres préfens un petit arbre d'Or qui avoit vegeté naturellement dans les terres d'Ethiopie. L'Hiftorien *Ab-Horto* rapporte qu'une des Mines d'Argent du Perou fut découverte par un chaffeur, qui pourfuivant une bête fur une montagne vit un grand éclat fur fon fommet, d'où s'étant approché il reconnut que c'étoit de l'Argent qui avoit vegeté & qui étoit forti de la terre, fur lequel le Soleil dardoit fes rayons. Il eft rapporté auffi qu'une Mine d'Or fut trouvée par un voyageur, qui voulant arracher un arbriffeau pour en faire un bâton, propre à s'appuïer en marchant, il trouva les racines toutes entortillées de filets d'Or, qui avoient vegeté comme l'arbre : & c'eft chofe affés commune de voir dans les Mines de Métal, des filets d'Or entortillés autour des pierres, ou qui vegetent hors d'icelles. Le Pere * Kirker parle d'une pierre, dans laquelle on voyoit plufieurs filets d'argent, qui avoient

* Mundo fubter. pars. 2.

vegeté comme de la mousse, *

Nos Modernes ont reconnu veritable, ce que Pline a dit avec Strabon de la petite Isle d'Elbe, sur les Côtes de Toscane. Ils disent l'un & l'autre que la terre minerale dont on a tiré le fer, étant remise dans la Mine, ou exposée en monceaux à l'air reproduit de nouveau fer, aussi bon que le premier & en aussi grande abondance ;

* Le Cabinet du Chevalier Hansloane, Président de la Societé Royale de Londres, renferme quantité de pierres Minerales couvertes de mousse ou d'herbe d'argent qui a vegeté sur ces Pierres ; entr'autres, il y en a deux qui m'ont paru dignes de la curiosité du Lecteur. La premiere, outre la mousse d'argent, a plusieurs petits arbrisseaux. A. A. qui s'élevent parmi cette herbe ou mousse B. à la hauteur d'un pouce & demi & qui étendent leurs branches à droite & à gauche, comme on le voit dans la figure 14. C. est le nud de la pierre où il n'y a point de vegetation. Cette pierre a environ cinq pouces de long sur trois de large. La seconde représentée par la figure 15. est plus considerable par sa grandeur. Il s'éleve d'entre la mousse plusieurs arbrisseaux D D D. d'environ trois pouces de haut, qui par l'entrelassement de leurs branches forment differents buissons très-semblables aux naturels. On remarque dans le corps nud de la pierre E. divers arbrisseaux FF. ou espéces de racines qui en sortent. Cette pierre a huit pouces de long sur cinq à six de large. Le tout a été dessiné très-exactement sur le naturel.

& Cifalpinus confirme cette verité connuë de toute l'Italie. » L'Isle d'Elbe, dit-
» il, est illustre, par la quantité incroyable
» de fer qu'on tire encore de notre tems.
» La cause d'une si grande abondance,
» ajoûte-t-il, vient de ce que la terre que
» l'on tire de la Mine après en avoir tiré
» le fer qu'elle a produit, en la remettant
» dans le trou d'où on l'a tiré & même la
» laissant à l'air, reproduit de nouveau fer.»
Et cela n'est pas extraordinaire, car Agricola confirme tout cela par un exemple de son pays. » Près du Château de Jaga, dit-il,
» on tire le fer, dans certaines prairies,
» creusant la terre à la profondeur de six
» pieds, & en ayant tiré le fer, on remplit
» les fosses de la même terre, & dix ans
» après on y trouve de nouveau fer, de
» la même maniere, qu'on fait dans
» l'Isle d'Elbe. On pratique la même chose en Normandie près d'Evreux, de la Val, & autres lieux où l'on m'a dit qu'on faisoit des fosses pour en tirer le fer, & qu'ensuite on les remplissoit avec la même terre.

* Le Sieur Federic Leopol Medecin, dans son voyage en Suede, parle d'une montagne qui est toute de fer, & dont

* Journ. des Sçav. de Fév.

la hauteur, dit-il, furpaſſe toutes les montagnes du pays. Il ajoûte que quand mille hommes ſe mettroient chacun à enlever toutes les années pluſieurs tombereaux de ce fer, ils ne pourroient d'ici à la fin du monde venir à bout de la faire tarir. Ce fer ne ſe tire point du creux de la montagne, mais ſur la fin d'Automne, lorſque le froid commence à ſe faire ſentir, il ſe détache du haut du mont des maſſes de fer que leur poids entraîne en bas. Mais comme ces maſſes ſont très-groſſes, on les deviſe auparavant en pluſieurs morceaux, ſans quoi il ſeroit impoſſible de les charger ſur des charettes.

Pour les diviſer ainſi, on allume de grands feux par-deſſus, & elles ſe rompent alors par le ſecours de certaines pierres qu'on y mêle, & qui ſont abſolument néceſſaires pour fondre ce fer, qui eſt d'une dureté extraordinaire.

Ces pierres ſont blanches, & leurs parties ſont fines & aiguës.

Ce récit pourroit prouver ce que j'ai avancé, que les Métaux végétent, & peut-être les montagnes auſſi.

Je dirai pour faire voir la diverſité des Métaux, que l'on m'a envoyé du fer d'une mine de Normandie, lequel étant fondu, étoit preſque auſſi tendre & auſſi pliant
que

que le plomb, & on me difoit qu'on faifoit durcir ce fer avec des matiéres dures & acres qu'on y mêloit dans la fonte, & c'eft, je crois, pourquoi le fer de Normandie eft fi aigre & fi caffant, bien different de celui d'Italie ou d'Efpagne, lequel, quoique fort dur, fe laiffe plier vingt fois avant de fe caffer. Le curieux Boyle, non-feulement rapporte ce que je viens de dire fur la reproduction du fer, mais il veut que cela arrive auffi aux autres Métaux, quoique tous ne fe reproduifent pas en même abondance. L'on peut voir dans mon Livre de la Philofophie des Anciens(a) ou dans Boyle même, (b) cette regeneration des Métaux, & la caufe confirmée par des experiences très-fûres, qui font voir que tous les métaux vegetent à leur maniére, & croiffent dans les terres de leurs miniéres, même après qu'on en a tiré tout le Métal. Ce curieux Philofophe affûre de plus, qu'il avoit une pierre ornée d'une végetation d'argent, laquelle encore hors de la miniére & dans fes mains avoit augmenté, & s'étoit accruë

(a) pag. 130.
(b) Boyle, de la regeneration des Métaux dans leur propre terre.

considerablement. Ces experiences, que ce grand Philosophe rapporte, sont pour prouver que l'air influë sur les choses, & leur donne accroissement, à quoi je souscris sans peine. Kirker donne la figure d'une pierre semblable à celle de Boyle, pour la végetation, mais il ne dit pas que l'argent ait végeté & augmenté entre ses mains.

J'ai dit, & je le repéte encore, que leur essence est une veritable semence multiplicative, & qu'elle peut transmuer facilement en sa propre nature une matiére prochaine, comme la semence des Plantes transmuë en leur nature l'humidité de la terre, de laquelle elles tirent leur origine. C'est pourquoi la semence de l'or ou de l'argent, peut changer en sa nature l'argent-vif, dont nous avons dit que tous les métaux sont composez. Ce que je ne dis pas par simple speculation, mais par une experience certaine que j'ai fait de ma main, & vû faire plus de cinquante fois, dans lesquelles j'ai transmué ou vû transmuer environ cinq ou six mille parties de vif-argent, avec un seul grain de cette poudre. Ce que l'on peut faire sur tous les Métaux imparfaits, dont tout le vif-argent qu'ils contiennent peut être transmué en or ou en argent, le soulphre étant brûlé par le feu, & réduit en scories. J'oserois même assûrer que si par le même moyen qu'on sépare de l'or son essence seminale, on séparoit celle du cuivre, cette semence changeroit l'argent & l'or en vrai cuivre. Conjecture que je n'ose pas affirmer, quoiqu'elle soit fondée en raisonnement, & sur l'autorité d'un Philosophe Chimiste dont j'ai oublié le nom, lequel ayant eu la curiosité de faire une telle experience sur l'or & l'argent, les voyant changez en un Métal plus vil, il s'écrie dans son Livre avec étonnement: *Quoi! la nature est-elle rétrogradée?* Quoiqu'il en soit, les semences sont dans les Métaux comme dans tous les autres corps, puisque leur semence n'est autre chose que leur essence, qui consiste dans un certain mêlange déterminé des principes Elementaires, dont les dozes précises font qu'une chose est telle qu'elle est, & non une autre. Et cette essence est multiplicative, non-seulement à cause de sa nature extrêmement subtile & pénetrante, mais par la vertu du feu interne, qui, comme je l'ai dit, est ce que les Anciens ont appellé *Semen*, ou la vertu du sperme. Et c'est pour cela que le Philosophe Chimiste qui se donne le nom de *Cosmopolite*, dispute avec raison, que les Métaux ne

sont pas destituez de semences; & quoiqu'il soit vrai, comme dit Augurellus,
que dans l'or est la semence de l'or, cependant elle est cachée dans le profond
de son corps, & très-difficile à obtenir.

*In auro semina sunt auri, quamvis
abstrusa recedant longius.*

Ce que je dis pour l'instruction des curieux. J'ai donné, ce me semble, suffisamment d'exemples de la vertu multiplicative des essences seminales, quoique je
n'en puisse pas donner un si visible, comme celui que j'ai dit de la projection de
la semence de l'or ou de l'argent sur le
Mercure. Il est vrai qu'on n'est pas obligé de me croire sur ma parole; mais comme on est libre dans sa pensée sur les
choses qui ne regardent pas la Religion,
je laisse à chacun la liberté de penser comme il voudra, étant content de ma part
de ce que j'ai vû de mes yeux & fait de
mes propres mains, & dont je ne puis
pas douter.

Mais ce que j'oubliois & qui regarde la
végétation des Métaux, c'est qu'à considerer toutes les mines metalliques, on
peut dire que ce sont des arbres qui vegétent, non pas au-dessus de la terre mais
dans son sein; car il y a un tronc avec
des racines, lequel tronc répand des bran-

ches en divers lieux de la même terre, & ce sont ces branches qu'on appelle les *sillons de la mine*, que les Mineralistes suivent, parce que c'est seulement dans ces branches qu'ils trouvent la substance de la mine. Ce que j'ai taché de marquer dans la Figure, * où A. est supposé le tronc, B B. les branches ou sillons, & C C. la terre.

Il est probable que ces arbres métalliques se produisent dans un lieu qui est propre à former une masse de Mercure impregné de beaucoup de soulphre, (car nous avons dit, que le Mercure est formé d'eau claire, mêlée intimément avec une substance sulphureuse,) & que cette masse de Mercure & de soulphre fermentant par la chaleur non-seulement du centre, mais par sa propre chaleur interne, s'éleve peu-à-peu du bas de la terre & se dilate à droite & à gauche, & par tous les endroits où la terre qui l'environne lui donne le passage le plus facile, jusqu'à ce que cette matiére se soit durcie en Métal, après quoi la chaleur ne pouvant plus l'étendre, elle reste elle même concentrée dans le Métal de quelque nature qu'il puisse être; car la nature du Métal dépend en partie, comme je

* Figure 16.

j'ai dit, de celle du soulphre, plus ou moins pur, qui se mêle avec le mercure pur, ou impur.

Car il faut remarquer que le mercure lui-même retient la nature de mercure pur ou impur, suivant la nature du soulphre avec lequel sa masse est mêlée. Et afin qu'on entende mieux la manière dont le Métal se forme, je croirois volontiers que le soulphre & le mercure dont nous parlons, qui, de leur nature, sont volatils, s'élevent en forme de vapeurs au travers de la terre, où ils laissent une partie du soulphre grossier, & que ces deux substances s'élevant ainsi en forme de vapeurs, se mêlent si subtilement ensemble, que leur séparation est très-difficile ; cependant quand on en peut séparer le soulphre, les métaux se réduisent en argent-vif, qui est celui qui fait la plus grande partie du fond essentiel des métaux, le soulphre ne faisant qu'achever la coagulation du mercure à qui il manque peu de chose, & il est déja plus qu'à demi disposé à devenir métal, comme on le voit quand on ne le remuë point, où on le prendroit pour de l'argent, ou du moins pour de l'étain très-beau. De manière que le vif-argent est métal en puissance prochaine, & si on peut le purger de ses uperfluitez terrestres & humides qui sont communes à tous les corps compofez, l'on peut dire fans menfonge qu'il eft un or volatil, ce qui paroît encore par l'union facile de ces deux fubftances, car le mercure ne s'attache qu'aux chofes qui font de fa propre nature, & non à d'autres, comme Geber le dit, & que l'experience en fait foi.

Il ne m'appartient pas de dire fi les métaux d'une nature, font tranfmuables en une autre nature plus parfaite. Mais, comme je l'ai déja dit, fi je merite quelque croyance, je puis affurer que cela eft certain, & même que cela fe peut faire en plufieurs maniéres. Ce que je crois neanmoins pouvoir dire avec fûreté, c'eft que fans l'argent-vif purifié, toutes les operations des Chimiftes pour la tranfmutation des métaux font vaines, car c'eft lui qui doit tout faire, en prenant ou communiquant aux autres la nature plus parfaite, d'autant que lui-même dans fon interieur eft très-parfait, comme je l'ai dit.

Chacun peut en croire ce qu'il voudra, mais la fcience de la tranfmutation des Métaux, n'en fera pas moins veritable, quoique plufieurs ayent écrit contre, & entre autres (il n'y a pas long-tems) un homme fort fçavant d'ailleurs, fondé fur ce qu'Ariftote dit que les efpeces ne peuvent pas se transmuer. A quoi on répond, en deux mots, que les métaux sont de la même espéce, puisque non-seulement ils tombent sous la même définition, mais ils sont tous composez des mêmes substances; c'est-à-dire, de mercure & de soulphre, quoiqu'il soit vrai que leurs couleurs soient differentes. Mais qu'un homme soit blanc ou noir, ou jaune, cela ne fait rien à l'espéce; car les Ethiopiens noirs, & les Flamands blancs & blonds, aussi-bien que les Tartares ou les Lapons, les Pigmées & les Geans, tous sont de la même espéce. C'est pourquoi dans la transmutation des métaux, on ne fait que rendre meilleurs les imparfaits, & les purger de leur infection, qui n'est qu'accidentelle, & par conséquent séparable; ce qui se fait par l'essence seminale des corps plus parfaits, qui se joignant au mercure des autres corps les transmuë, comme la semence des laituës transmuë l'eau de la pluye & le sel de la terre, leur faisant prendre la forme de laituës.

Ce peu doit suffire pour les curieux de la Chimie, & qui tendent à la transmutation des métaux; & s'ils n'entendent pas le peu que je viens de dire, il seroit superflu d'en parler davantage, car ils ne l'entendroient pas mieux, puisque cette pierre si celebre est la pierre des Philosophes & non des ignorans.

J'ajoûterai historiquement, quoique je l'aïe déja dit, qu'outre les six métaux communs, il y a encore d'autres corps qu'on appelle demi-métaux, comme sont l'Antimoine, le Bismut, la Marcassite, le Zing, & quelques-autres qui sont des corps qui contiennent encore plus de soulphre grossier que les métaux, & qu'outre cela leur soulphre n'est pas si bien mêlé avec leur mercure.

Je dirai aussi qu'avec le Plomb & le Soulphre on peut contrefaire le Zing, comme avec le Plomb & l'Arsenic on peut contrefaire la Marcassite.

La Calamine est une espéce de terre minerale métallique, qui non-seulement donne la couleur d'or au cuivre, mais elle l'augmente en poids, en se mêlant avec lui. Ce qui fait voir que la Calamine est un demi-métal mercuriel, puisqu'elle se mêle avec le Métal. Et d'autant que la couleur jaune, comme dit Geber, résulte d'une proportion déterminée & juste du blanc & du rouge; puisque le cuivre est naturellement rouge, il faut dire que dans la Calamine il y a du mercure qui blanchit, & en blanchissant un peu donne ce jaune au cuivre.

Je dirai encore que dans la Saxe il y a des mines d'argent assez bonnes. On fait voir même dans le tréfor des curiosités de l'Electeur, une table d'argent d'un seul morceau, qui avoit été trouvé dans une de ces mines. Ce qui n'est pas difficile à croire, en faisant reflexion que la matiére du Métal étant du vif argent congelé par une quantité de soulphre, il n'est pas impossible (quoique rarement) qu'il ne se trouve une certaine quantité de vif-argent en un seul lieu, qui se soit coagulé, comme on l'a dit, en argent & en or. On a porté depuis peu de tems à la Monnoye de Paris,* un grain d'or qui pesoit plusieurs livres, dont on a conservé la figure en plomb, quoiqu'on eût dû conserver ce grain comme une chose rare. Lorsque les Espagnols entrerent dans l'Amerique, ils trouverent souvent des grains d'or dans les mines, qui pesoient plusieurs onces.

La nouvelle France ne manque pas de mines de divers Métaux. Un de mes amis y a vû un morceau de cuivre de dix-neuf livres, & un autre de huit, que les eaux avoient lavez de la terre qui les environnoient. Il me dit qu'on en trouvoit de gros morceaux au-delà de Mont-Royal. Qu'il y a une mine d'argent entre Quebec

* En 1724.

& la Gaspesie, & des mines de plomb, dont lui-même en a apporté quelques morceaux en France. Qu'il y a des mines de mercure, aussi-bien que plusieurs de soulphre, & autres semblables mineraux. Mais il n'est question que de sçavoir si ces mines sont assés abondantes, pour compenser les frais qu'il faut faire pour tirer le métal.

Il ajoûtoit qu'au nouveau Mexique, qui n'est qu'à soixante lieuës de l'embouchure de la riviere de Mississipi, les Espagnols ont deux grands établissemens, l'un à Sainte Barbe, & l'autre à Saint Augustin pour les mines d'argent qui sont fort abondantes, & desquelles on auroit pû s'emparer facilement, ce qu'un Espagnol mécontent, & qui étoit venu en France pour le proposer à Loüis XIV. confirmoit de la même maniére. En un mot, il y a peu de lieux dans le monde, où les minéraux de diverses espéces ne viennent; mais ce n'est pas toûjours avec une abondance suffisante pour appaiser l'avidité humaine.

Il y a une mine d'argent dans les montagnes d'Alsace, qui étoit à M. le Duc de Mazarin, mais on l'a abandonnée, parce que la dépense étoit superieure au profit. Il y a en France dans les montagnes du Dauphiné plusieurs mines de divers mé=

taux, & une d'or, que l'on cache. Mais quoique les métaux de ces mines soient bons, il y a apparence qu'il n'y en a pas une abondance suffisante, pour compenser la dépense.

J'ajoûterai encore, que l'abondance de soulphre ou d'orpiment, que l'on trouve en ouvrant une mine, est un signe assuré de l'abondance du métal, & quelquefois quand le soulphre est ainsi abondant, on le voit couler des rochers, comme on le remarque assez souvent dans le Potosi. Et notez qu'on n'ose pas approcher la chandelle de ces murailles sulphureuses, crainte d'un incendie universel de toute la mine, où d'ordinaire il fait fort chaud, sur-tout quand l'on a creusé fort avant sous terre, parce qu'il s'élève toûjours plus ou moins de vapeurs du centre & de ces mineraux qui causent cette chaleur, & quelquefois ces vapeurs sont si abondantes & viennent si subitement, que les Travailleurs sont obligez de se jetter par terre crainte d'en être suffoquez, & elles font fondre le soulphre, comme nous avons dit. Il y a eu de ces vapeurs minerales, qui ont fait quelquefois l'effet d'une mine, cassant bras & jambes, & tuant même quelques Ouvriers.

Quand on trouve de l'orpiment, c'est

une marque sûre d'or. Quand on voit des grains de métal attachez à la pierre, c'est signe que la mine est riche.

Quoique j'aye dit ci-devant, que les mines soient comme un Pré, dans lequel croissent plusieurs sortes d'herbes, & que de même les mines d'un métal contiennent souvent toutes sortes de soulphres & d'autres mineraux, qu'on sépare par divers artifices; cependant on trouve rarement le plomb dans une mine d'or, ce n'est pas à dire qu'on n'en trouve jamais, mais je dis seulement que cela n'est pas frequent, & on trouve le plomb plus ordinairement avec l'argent.

Outre les mines d'Amerique, d'Hongrie, d'Allemagne, & autres dont nous avons parlé, Wheler dit qu'auprès d'Athenes il y a une mine d'argent & de cuivre, & que les gens du pays en tirent en cachette, crainte que les Turcs ne les obligent d'en tirer pour eux.

Dans les mines de cuivre de Hongrie, il s'écoule en des lieux creux faits exprès une eau chargée de vitriol, dans laquelle si l'on jette de la vieille feraille elle se convertit en cuivre. Cependant ce n'est point une veritable conversion. Mais comme cette eau alumineuse en passant par les mines de cuivre, s'est chargée des particules les plus subtiles de ce métal, lorsque l'eau ronge le fer, elle laisse tomber les parties de cuivre qui s'attachent & se mêlent avec quelques restes de cette feraille, & la font paroître toute de cuivre. Ce qui fait voir la fausseté de cette prétenduë transmutation, que les Chimistes ignorans veulent rapporter comme une preuve visible de la transmutation des métaux, qui est fondée sur des preuves & des experiences plus sensibles, & plus Philosophiques.

* Dans les montagnes près de la ville de Touskay en Siberie, située sur la riviere de Tons, il y a des mines de fer, de plomb & de cuivre. Si on en croit aux monumens anciens, qu'on a trouvé de nos tems, de plusieurs figures d'oiseaux, de serpens, & autres, d'or & d'argent, on peut soupçonner qu'il y a des mines de ces métaux, & que ce pays a été habité autrefois par des peuples plus polis que ceux d'à-present. Ce que je dis pour désabuser ceux qui croyent que les mines des métaux ne viennent que dans des pays chauds, quoique ceux-là y soient plus propres : Les mines de cuivre de Suéde, & celles d'é-

---

* Histoire de l'état présent de Moscovie, & Journal des Sçavans de Mars & May 1725.

tain de Cornoüaille prouveroient ce que je dis.

Il est à remarquer qu'il y a, comme nous l'avons dit, de l'acier naturel, & de la litarge naturelle, qui vient dans les mines de même que l'acier. Il y a pareillement du Zing, & de l'Etain de glace; mais parce qu'on en peut faire facilement par artifice, on neglige les naturels, d'autant plus qu'on peut s'en servir avec le même succès. Par exemple on se sert du plomb calciné qui reste dans les coupelles où l'on a rafiné l'or ou l'argent, & qu'on appelle litarge d'or, ou litarge d'argent. Cette litarge dissoute dans le vinaigre distilé, si l'on écrit avec ce vinaigre, en approchant le papier du feu, ou passant dessus quelque liqueur forte, on voit les lettres, qui étoient auparavant invisibles, de la couleur d'encre un peu roussâtre.

Le sieur Pomet, sçavant & curieux Droguiste dans la ruë des Lombards, qui a composé un Livre non moins utile que curieux des drogues qu'il vend, m'a dit que le Zing, & l'Etain de glace, qu'on appelle aussi Bismuth, sont des mineraux fatiches. Le premier est formé du plomb, & l'autre de l'étain, dont on fait un Regule avec le salpêtre, l'arsenic & le tartre. Dans le Zing, au lieu d'arsenic on met le soulphre commun. Il m'en fit voir qu'il avoit fait ainsi. M'offrant d'ailleurs, fort honnêtement, de m'en faire voir la manière; mais ma paresse a été plus forte que ma curiosité. L'arsenic n'est que de l'orpiment sublimé avec du sel, car de mineral naturel on en trouve fort peu. L'orpiment mineral se divise en jaune & rouge, & comme je viens de dire, c'est de l'orpiment qu'on tire l'arsenic qu'on vend. Il me fit voir aussi du Borax mineral assez brun. Ce que l'on appelle marcassite, c'est l'étain de glace dont nous venons de parler. Il disoit qu'en fondant l'étain de glace & le jettant dans l'eau, il s'étend & forme une pellicule, dont les Pottiers se servent pour mettre sur la vaisselle qu'ils font, afin de la rendre plus belle & luisante.

J'ai vû de la litarge minerale, ainsi qu'elle vient naturellement dans la mine, en morceaux comme des tablettes, fort pesantes & rougeâtres, & ce fut le sieur Pomet qui me la fit voir. C'est sur ce modéle de la nature, imitée par l'art, que nous avons aujourd'hui ce que l'on vend dans les Boutiques, & dont les composées ne sont jamais si bonnes que les naturelles.

L'antimoine est un mineral composé de
vif

vif-argent & de beaucoup de soulphre grossier & inflammable. On en fait le regule, qui est la partie la plus métallique, & on y voit dans la superficie une étoile aussi-bien marquée que si un Peintre l'avoit fait. Si on fait infuser ce regule dans du vin & qu'on le boive après, il fait vomir & évacuer du haut & du bas. Basile Valentin a fait un Livre, intitulé *le Char de triomphe de l'antimoine*, où il étale ses vertus, qui sont en verité fort grandes. Et Paracelse en fait un si grand cas, qu'il prétend en faire une medecine à tous maux.

L'étain de glace se tire de la marcasite des métaux. C'est un mercure à demi métallisé, & non encore bien cuit. Ce mineral blanchit le cuivre, & sert à faire une mixtion avec l'étain ou le cuivre, avec laquelle on soude les métaux. On la contrefait, en mêlant du plomb avec l'arsenic. Mais cela n'est pas si facile, comme de contrefaire le Zing par le mêlange du soulphre. Ce qui nous peut faire voir la nature & la composition de ces divers minéraux ; c'est-à-dire, qu'en général ce n'est qu'un plomb imparfait, mêlé avec un de ces soulphres. *Car on ne peut contrefaire

---

* L'Arsenic ou le Commun.

une chose, qu'en se servant des mêmes matiéres dont la nature se sert, ou en ajoûtant, ou en ôtant. Quiconque voudra aprofondir d'avantage cette matiére pourrat voir Agricola, & les Philosophes Chimistes, entre autres, Basile Valentin, & Paracelse, qui me semblent en avoir parlé plus à fond, & mieux que les autres, aussi-bien que Roger-Baccon, & Richard Anglois qui n'en ont pas trop mal parlé.

Fin de la troisiéme Partie,
& du second Tome.

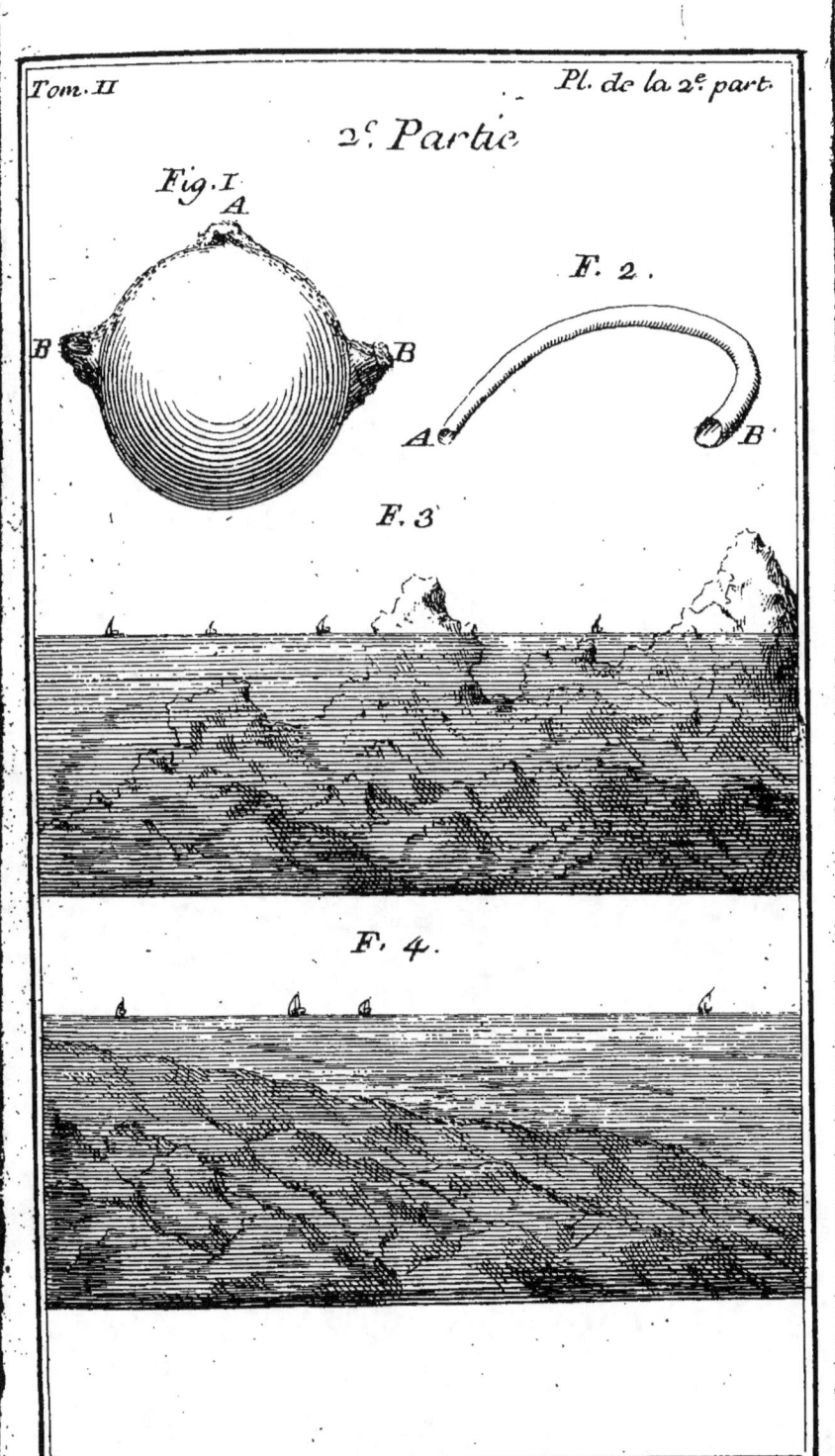

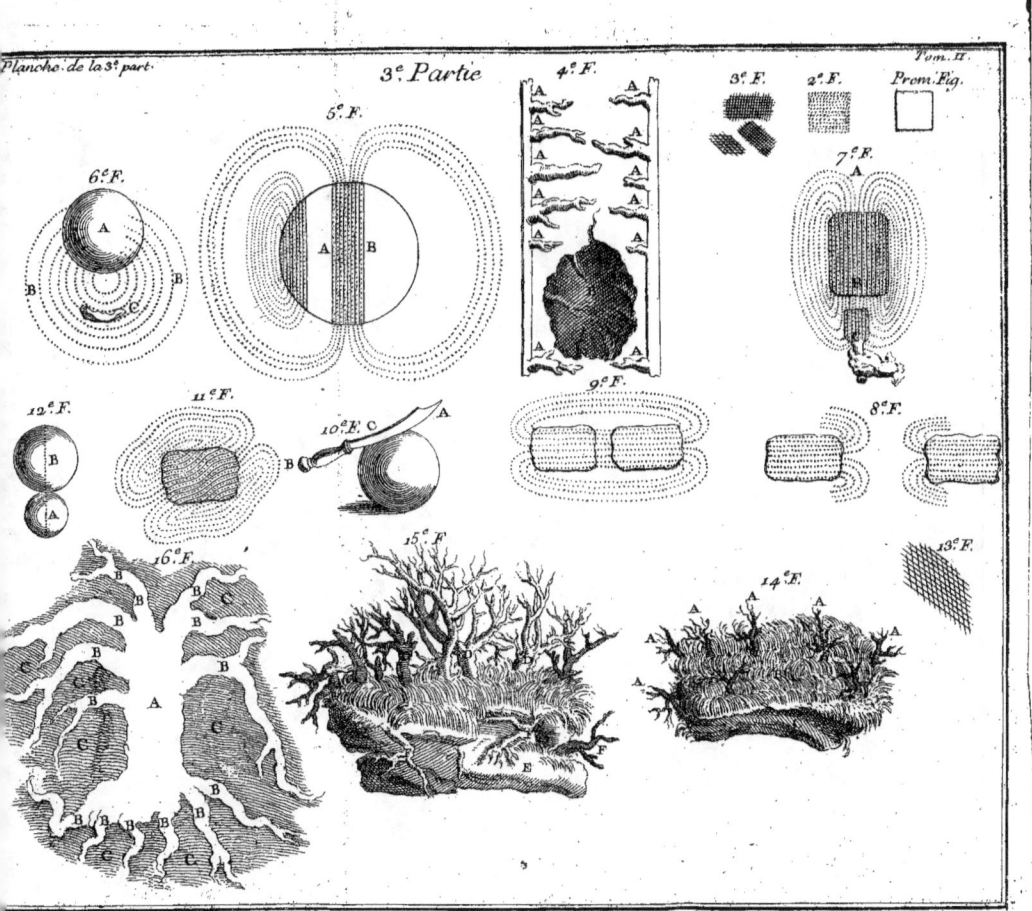

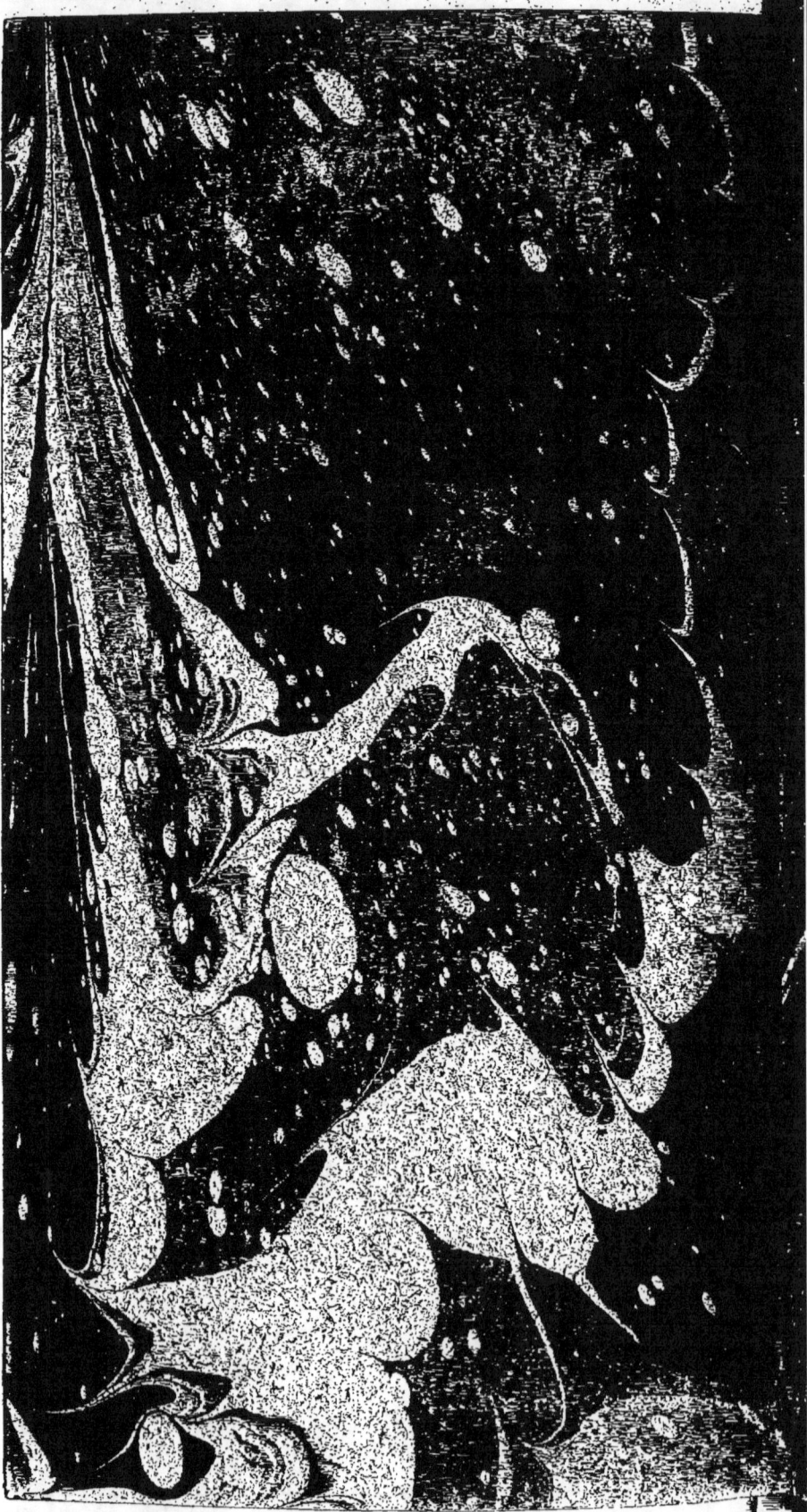

www.ingramcontent.com/pod-product-compliance
Lightning Source LLC
Chambersburg PA
CBHW071417230426
43669CB00010B/1573